FUNDO PÚBLICO,
VALOR e POLÍTICA SOCIAL

Dados Internacionais de Catalogação na Publicação (CIP)
(Câmara Brasileira do Livro, SP, Brasil)

Behring, Elaine Rossetti
Fundo público, valor e política social / Elaine Rossetti Behring. — 1. ed. — São Paulo : Cortez Editora, 2021.

ISBN 978-65-5555-051-1

1. Ciências sociais 2. Ciências políticas 3. Estado 4. Fundo público - Brasil 5. Política social I. Título.

21-57620 CDD-361.1

Índices para catálogo sistemático:
1. Política social : Problemas sociais 361.1

Aline Graziele Benitez - Bibliotecária - CRB-1/3129

Elaine Rossetti Behring

FUNDO PÚBLICO, VALOR e POLÍTICA SOCIAL

1ª edição
1ª reimpressão

São Paulo – SP

2021

FUNDO PÚBLICO, VALOR E POLÍTICA SOCIAL
Elaine Rossetti Behring

Preparação de originais: Patrizia Zagmi
Revisão: Ana Paula Ribeiro; Márcia Leme
Diagramação: Linea Editora
Editora-assistente: Priscila Flório Augusto
Coordenação editorial: Danilo A. Q. Morales

Direitos para esta edição
CORTEZ EDITORA
R. Monte Alegre, 1074 — Perdizes
05014-001 — São Paulo-SP
Tel.: +55 11 3864 0111 / 3611 9616
cortez@cortezeditora.com.br
www.cortezeditora.com.br

Impresso no Brasil — junho de 2021

Abraçar e agradecer

"(...) A beira do abismo,
O punhal do susto de cada dia.
Agradecer as nuvens que logo são chuva,
Sereniza os sentidos
E ensina a vida a reviver.
Agradecer os amigos que fiz
E que mantém a coragem de gostar de mim, apesar de mim...
Agradecer a alegria das crianças,
As borboletas que brincam em meus quintais, reais ou não.
Agradecer a cada folha, a toda raiz, as pedras majestosas (...)
Agradecer as marés altas
E também aquelas que levam para outros costados todos os males.
Agradecer a tudo que canta no ar,
Dentro do mato sobre o mar,
As vozes que soam de cordas tênues e partem cristais.
Agradecer os senhores que acolhem e aplaudem esse milagre (...)"

Maria Bethânia

Serei breve. Dedico a todas e todos que inspiraram e/ou participaram diretamente desta caminhada a gratidão em forma de poesia de Maria Bethânia, do alto de seus 50 anos de carreira, da qual selecionei alguns trechos. Não sei se serei tão longeva ou escreverei outro livro no futuro próximo, neste período tão difícil do mundo e também de novos ares e temas que convocam. Espero que sim! Mas, para o momento, quero apenas dizer que este livro sobre o fundo público na sua relação com a teoria do valor e a política social vem sendo acalentado nos últimos doze anos, lançado a conta-gotas em capítulos, comunicações, palestras e notas. Cada linha dele tem muita gente envolvida, diálogos, provocações, afetos e amor, projetos coletivos, a universidade pública, a resistência e a luta social. Tudo isso aí está "junto e misturado". Fica registrada, então, minha imensa gratidão à Ivanete Boschetti que partilha comigo o amor, a vida com suas delícias — entre elas nosso cachorrinho, Chico Aram, atento observador deste trabalho —, e dores. Iva foi incentivadora, leitora e me presenteou com o belo prefácio a este livro. Agradeço à minha mãe, Vera, sempre na torcida e apoio para a finalização do livro. Agradeço aos meus amigos/as queridos/as, com as inevitáveis desculpas pelas ausências e, sobretudo, pelos memoráveis e felizes encontros para arejar a alma, reais e virtuais, amigos/as que **não vou listar**, pois não são poucos/as e para não gerar ciúmes em tempos de tantas saudades.

Agradeço aos meus colegas docentes, discentes e técnicos da Universidade do Estado do Rio de Janeiro (UERJ), destacadamente os que fizeram e fazem parte do Grupo de Estudos e Pesquisas do Orçamento Público e da Seguridade Social (GOPSS)/UERJ/Conselho Nacional de Desenvolvimento Científico e Tecnológico (CNPq) e do Centro de Estudos Octavio Ianni (CEOI/UERJ/CNPq), arenas qualificadas de debate, informação e formação. No CEOI destaco a importante interlocução com a querida amiga e referência Marilda Iamamoto e a guerreira Maria Inês Bravo. No GOPSS, o diálogo permanente, profundo e instigante com Juliana Fiúza Cislaghi, Felipe Demier, Márcia Cassin, Mariela Becker e Tainá Souza inspira muito as linhas que seguem. Minha gratidão também aos docentes e discentes do Projeto do Programa Nacional de Cooperação Acadêmica Procad/Coordenação de Aperfeiçoamento de Pessoal de Nível Superior (CAPES) (2014-2020) — Universidade de Brasília (UnB), Universidade Federal do Rio Grande do Norte (UFRN), UERJ, onde compartilhamos muitos debates que constam neste livro e concretizamos o papel da universidade pública. Aqui vai especial abraço carinhoso para Ivanete Boschetti, Evilásio Salvador, Sandra Teixeira,

Silvana Mara Morais dos Santos, Andrea Lima e Rita de Lourdes de Lima, que, comigo, coordenaram essa experiência.

Agradeço aos estudantes da graduação, pós-graduação e pesquisadores(as) que vieram realizar seu pós-doutorado no GOPSS, com nossos debates quentes e abertos, destacadamente os que estiveram sob minha orientação. Agradeço ao Serviço Social crítico brasileiro pela intensa interlocução em tantos eventos, conferências e minicursos pelo país, organizados pelo Conselho Federal de Serviço Social (CFESS), Conselhos Regionais de Serviço Social (CRESS), Associação Brasileira de Ensino e Pesquisa em Serviço Social (ABEPSS) e Executiva Nacional dos Estudantes de Serviço Social ENESSO. Agradeço aos militantes da Resistência/PSOL a acolhida e partilha intensa nesse último período e ao site *Esquerda Online* (EOL), no qual passei a escrever uma coluna contra os retrocessos.

Do ponto de vista do importante suporte institucional **público, pois pesquisa não se faz sem orçamento**, ainda que muitos não compreendam o **óbvio**, registramos agradecimentos à UERJ, por meio da Faculdade de Serviço Social, do Programa de Pós-Graduação em Serviço Social (PPGSS) e dos Programas Prociência e Procad/SR2, ao CNPq, com financiamento da pesquisa e Bolsas de Produtividade e Programa Institucional de Bolsas de Iniciação Científica (PIBIC), e à CAPES, por meio do Projeto Procad/CAPES (2014-2020) e da bolsa de pós-doutorado realizado na França entre 2011 e 2012.

Para Iva e Chico Aram,
meus amores.
E para Juliette e
Maitê, afilhadas queridas,
apostas na esperança, no futuro,
na emancipação.

Sumário

Parte II

Capitalismo em crise, fundo público e ajuste fiscal no Brasil

Prefácio

"A crítica arrancou as flores imaginárias dos grilhões, não para que o homem suporte grilhões desprovidos de fantasias ou consolos, mas para que se desvencilhe deles e a flor viva desabroche." (Karl Marx, 1843/1844, p. 152)[1]

Agosto é mês de ventos fortes. Desses que levantam poeira, que chacoalham folhas e galhos de árvores altas e de raízes fortes, que sibilam e verberam sons por todos os cantos. O texto de Elaine Behring, *Fundo público, valor e política social*, irrompeu em agosto de 2020 e traz em si as propriedades desses ventos fortes. Em sua apresentação, diz a autora que elabora essa obra há 12 anos. Ainda que as primeiras redações do que se tornaram partes desse belo livro possam ter essa longevidade, arrisco ir além e dizer que a autora "mexe e remexe" essa temática desde que lançou seu primeiro livro, *Capitalismo tardio e política social*, em 1998. E o faz com o mesmo afinco e dedicação com que Cora Coralina fabricava seus doces nos tachos da casa do Rio Vermelho, dia após dia, mas aqui, começando e recomeçando frases, descobrindo e redescobrindo leituras, fruindo com deleite cada preciosidade revelada nas sucessivas e dedicadas incursões na colossal obra marxiana e sua principal referência — *O Capital*.

1. Todas as citações de Karl Marx foram extraídas da *Crítica da Filosofia do Direito de Hegel — Introdução*. 3. ed. São Paulo: Boitempo Editorial, 2013.

Já naquele livro de 1998, a então jovem mestra nos indicava em sua pesquisa de mestrado o embrião de sua principal crítica à constituição do fundo público pelo ângulo do trabalho excedente e do trabalho necessário. Ainda não a conhecia pessoalmente, mas o livro sacudiu os estudos de pesquisadores/as do campo das políticas sociais, em que me incluo, e suas produções passaram a integrar definitiva e determinantemente as minhas (e de outros/as tantos/as) referências nas reflexões e debates sobre políticas sociais. Seu percurso desde aí já anunciava que não se tratava de simplesmente articular economia e política social, mas de exercitar o essencial do método marxiano, contribuir para "arrancar as flores imaginárias" (MARX, p. 152) das políticas sociais no capitalismo, por meio da crítica da economia política, até então quase inexistente no trato dessa temática.

Quem acompanha suas produções desde então sabe de seu empenho na desmistificação das perspectivas endogenistas da política social como produtoras de "bem-estar" e seu esforço para mostrar suas viscerais determinações no modo de produção capitalista em sua busca incessante de superlucros. Também é dela o mérito de provocar o espraiamento das incorporações de Ernest Mandel nas produções sobre política social no Serviço Social e em outras disciplinas. Pode-se afirmar que o Serviço Social brasileiro se apropriou e se apaixonou por Mandel por meio dos trabalhos de Elaine Behring. Hoje, é difícil encontrar trabalhos que não o citem nas reflexões sobre o capitalismo tardio, as crises do capital, as funções do Estado social. Inegavelmente, esse se tornaria um dos principais aportes de suas produções subsequentes e também comparece, de forma ainda mais desenvolvida, no seu segundo livro, agora de 2003 — *Brasil em contrarreforma*: desestruturação do Estado e perda de direitos, livro este que se tornou emblemática no debate sobre a formação social brasileira e nos advertiu que os sucessivos desmontes de direitos e políticas sociais não podem ser tratados como "reformas" sociais, sob o risco de reforçar sua deificação como algo positivo. Os processos destrutivos das conquistas da classe trabalhadora são, nos lembra a autora, vorazes contrarreformas que transferem fundo público para o capital.

É nessa trilha que suas pesquisas e produções vêm perseguindo, perseverantemente e por sucessivas aproximações, a apreensão e a edificação da crítica radical sobre o lugar do fundo público na produção e na reprodução do capital. Sua empreitada não se limita à produção de conhecimento, mas o faz com o propósito militante de colocá-lo a serviço das lutas da classe trabalhadora.

Parece-me incontestável que o livro que foi tecido durante o período de confinamento, em razão da pandemia da Covid-19, e que agora vem a público, é a mais contundente expressão da trajetória da autora nessas duas décadas. Dois decênios fecundos que denotam o profundo mergulho teórico na vasta produção marxiana, orientada por um projeto acadêmico comprometido teórica e politicamente com processos histórico-sociais para "desmascarar a autoalienação em suas formas não sagradas", como afirmou Marx, em *Crítica do Direito de Hegel* — Introdução (p. 152).

Desde que decidiu ser *gauche* na vida, como gosta de dizer, sua produção jamais padeceu do academicismo pretensamente neutro e mistificador do real. O conteúdo que se desfia ao longo dos nove capítulos que compõem essa obra expressa não só seu amadurecimento intelectual, mas também seu domínio e apreensão do método de Marx, para quem "a teoria é capaz de se apoderar das massas tão logo demonstra *ad hominem* e demonstra *ad hominem* tão logo se torna radical. Ser radical é agarrar a coisa pela raiz. Mas a raiz para o homem é o próprio homem" (p. 157).

É isto que o leitor encontrará nas páginas que seguem: a crítica radical que revela e desvela o real significado do fundo público na reprodução ampliada do capital, encharcada da convincente e admirável demonstração da relação imanente entre fundo público, valor e política social no capitalismo. O percurso teórico-metodológico revela, em cada página, em cada explicação bem escrita, sua rica e impecável apreensão da teoria do valor, da lógica de produção e reprodução do capital em Marx. Daí resulta uma inédita argumentação que atesta o nexo entre o fundo público e a rotação do capital, nos processos de acumulação, na reprodução da força de trabalho, em que a política social se apresenta com função incontornável. O fundo público é apreendido a partir de seu movimento real e sua aparência mitificada é demolida. A radicalidade de sua apreensão teórica situa o fundo público na totalidade do modo de produção capitalista em seus momentos de produção e circulação, revelando, assim, sua formação, composição e apropriação pelo capital, com participação ativa do Estado. Não reside na análise nenhuma unilateralidade, simplismo nem monocausalidade. Ao ser apreendido como movimento do real, constitui-se no processo de luta das classes fundamentais — produtores e capitalistas — na totalidade concreta.

Como os ventos de agosto que levantam poeira, as assertivas desenvolvidas ao longo do livro suscitam reflexões, argumentos, proposições, constatações e articulações de temas fortemente enraizados na tradição marxista, fruto de corajosa e destemida produção, que, na tempestade de elaborações medíocres, temerosas ou insípidas, ousa levantar a voz contra o obscurantismo, a serpente do fascismo, os conservadores ou os falsos crédulos. A crítica pungente que brota nessas páginas não quer "jogar uma pedra no vento", como poetiza Manoel de Barros, mas "dar ao vento uma forma concreta", aquela que somente a crítica radical pode fornecer.

Como os ventos de agosto que chacoalham folhas e galhos de árvores altas e de raízes fortes, as persuadidas e convincentes análises ousadamente sacodem pensamentos e posições muitas vezes tidas ilusoriamente como verdades absolutas, incontestáveis ou indiscutíveis. Aos arautos do pensamento burguês, a crítica se forja aqui como "crítica num combate corpo a corpo, e nele não importa se o adversário é nobre, bem nascido, se é um adversário interessante (...). Trata-se de não conceder (...) um instante sequer de autoilusão e de resignação" (MARX, p. 154). Aos autores e autoras do campo crítico-marxista, o diálogo crítico assume o tom da polêmica fecunda, necessária e basilar ao avanço do conhecimento científico, que tal como ventos fortes, pode também não destruir, mas balança dialeticamente o que parecia ter firmeza imperturbável.

Como os ventos que sibilam e verberam sons por todos os cantos, a unidade dialética entre teoria e prática, entre economia e política, entre afirmação e negação, entre estrutura e conjuntura, transcorre ao longo da exposição e desmascara as perspectivas unilaterais do fundo público e das políticas sociais. Essas "unidades contraditórias" são tratadas e expostas pelo que são — movimentos do real — e como tais se movem no confronto da luta de classes. Se o fundo público e as políticas sociais são elementos indissociáveis da reprodução ampliada do capital, como demonstra, de modo irrefutável, as formulações que seguem, também se forjam nas lutas da classe trabalhadora em disputa pela apropriação da riqueza socialmente produzida. A "vida é mutirão de todos, por todos remexida e temperada", nas palavras de Guimarães Rosa, por isso, tal como os ventos que sibilam, o livro que tenho o inenarrável prazer em prefaciar, que vi nascer cotidianamente nesses últimos cinco meses, "principia as coisas (...) e desde aí perde o poder de continuação", porque tenho a convicção que ecoará em muitas vozes, muitas letras, e reverberará nas lutas que o tempo presente e o futuro nos exigem.

Rio de Janeiro, agosto de 2020.

Ivanete Boschetti

Introdução

Este livro reúne um conjunto de sistematizações e reflexões oriundas do trabalho de pesquisa que venho realizando nos últimos anos acerca da relação entre fundo público, lei do valor e política social. Pelo ângulo da crítica marxista da economia política, busco adensar de determinações uma categoria — fundo público — que não comparece nas formulações originais marxianas, embora esteja, de certa forma, enunciada como espero explicitar neste livro, ou seja, a proposta é reconstruir o fundo público como categoria, como modo de ser do ser social, conforme a imprescindível síntese de Netto (2009) acerca do método. Partimos do estudo da teoria social marxiana e das posteriores formulações na tradição marxista, para observar seu movimento na totalidade concreta, a sociedade burguesa contemporânea, tendo em vista caracterizar seu significado e sentido. Pelo fato de o fundo público ser o meio pelo qual o Estado capitalista e os governos materializam suas políticas e projetos, é possível apreender o próprio modo de ser do Estado, seu lugar no capitalismo em crise e decadente, suas contradições e relação com as classes sociais e os projetos societários. Assim, torna-se também mais precisa ou explícita, pelo ângulo do financiamento compreendido como formação e alocação do fundo público, a condição da política social neste início do século XXI.

Após todos esses anos de estudos teóricos e empíricos, esses últimos centrados especialmente no orçamento público brasileiro,[2] a

2. Ainda que não exclusivamente, já que realizamos estudos sobre o orçamento da França (BEHRING, 2013) e há estudos comparados em curso no Grupo de Estudos e Pesquisas do

partir da criação, em 2003, do Grupo de Estudos e Pesquisas do Orçamento Público e da Seguridade Social/Universidade do Estado do Rio de Janeiro-Conselho Nacional de Desenvolvimento Científico e Tecnológico e Coordenação de Aperfeiçoamento de Pessoal de Nível Superior (GOPSS/UERJ-CNPq e CAPES), é evidente o lugar estrutural e inarredável do fundo público na economia política do capitalismo maduro, especialmente no contexto de sua crise. Também são contundentes os impactos dessa dinâmica no campo da política social, o que reforça nossa perspectiva metodológica da totalidade para o trato da política social, articulando economia e política (BEHRING, 1998; BEHRING; BOSCHETTI, 2006; WOOD, 2003).

Com base nas conclusões a que tenho chegado e, bem antes disso, do ensaio seminal de Francisco de Oliveira (1998), com o qual mantenho diálogo crítico, de continuidade e ruptura como se verá adiante, o tema do fundo público tem ganhado cada vez mais densidade, tornando-se objeto de pesquisas e debates. Surgiram nesse percurso alguns argumentos polêmicos, os quais também pretendo abordar neste livro, na perspectiva de estimular ainda mais o necessário debate acadêmico e a pesquisa e saturar de determinações o fundo público em seu modo de ser. Para tanto, no desenvolvimento do livro, tematizo algumas dessas polêmicas sobre o fundo público, mas também sobre a política social, o que permite explicitar melhor meu próprio ponto de vista sobre a relação entre fundo público e valor, política social e Estado, partir da crítica da economia política.

O(a) leitor(a) verá ao final que, em meio às polêmicas, todas no campo da teoria crítica, é possível vislumbrar ao menos um grande consenso: a centralidade cada vez maior do fundo público, interferindo no processo de produção e reprodução social, como expressão da contradição entre o desenvolvimento das forças produtivas e as relações sociais de produção, ainda mais exponenciada nestes últimos decênios de reação burguesa à crise estrutural do capitalismo maduro

---

Orçamento Público e da Seguridade Social (GOPSS) sobre orçamento em outros países, a exemplo da pesquisa sobre a saúde na Venezuela, na Colômbia e no Brasil desenvolvida por Tainá Souza.

e decadente. A crise, cabe ressaltar, assume uma dramaticidade inédita enquanto escrevo estas linhas[3], dado o efeito catalisador da pandemia de covid-19 ao redor do mundo, com seu rastro de destruição econômica e mortes, especialmente da classe trabalhadora.

Com a centralidade do fundo público na produção e na reprodução do capital, o Estado passa, então, a ser disputado de forma muito mais intensa para assegurar as condições gerais de produção e administrar a crise, para além de suas funções repressivas e integradoras (ou de legitimação), cuja importância permanece decisiva[4]. Nessa condição de destruição de forças produtivas comandada pela lógica do valor, da qual faz parte a punção do fundo público para o processo de acumulação, as restrições à democracia e aos direitos tendem a crescer, em compasso com os processos de supercapitalização (privatização e mercantilização), expropriação e pauperização absoluta e relativa de grandes contingentes da classe trabalhadora.

Nada mais emblemático que o golpe de Estado de novo tipo que aconteceu no Brasil em 2016 e vem tendo sua continuidade destrutiva, ocasião em que, por meio de uma decisão do Congresso Nacional, se afastou uma presidenta eleita, sem a configuração de crime de responsabilidade, como assumiu a própria propositora da ação[5], abrindo ainda mais as gambiarras de escoamento do fundo público para os interesses de segmentos ultraconservadores. Estes vêm dispostos a uma imensa ofensiva sobre os direitos dos trabalhadores — com as contrarreformas trabalhista e da Previdência Social, especialmente, entre outras —, aliada à apropriação privada ainda mais intensa do fundo e do patrimônio públicos, por meio de processos de privatização e de parcerias público-privadas, sem falar nos dutos ilícitos de

3. O ponto final na redação do livro foi inserido em meados de outubro de 2020.

4. Para o debate das funções do Estado no capitalismo maduro, confira o capítulo 15 da *Opus magnum*, de Ernest Mandel, *O capitalismo tardio* (1982), o que pode ser complementado pelo debate de Octavio Ianni em *Estado e capitalismo* (1984). Confira também Behring (2014).

5. Os jornais deram ampla divulgação às declarações de Janaína Paschoal em seu twitter sobre a "fraude" do *impeachment*. Disponível em: https://twitter.com/janainadobrasil/status/1172814003015471106

apropriação do fundo público. Após o golpe e como consequência dele, com a chegada ao poder de um governo de extrema-direita neofascista e que leva para a política econômica os *Chicago Boys* comandados por Paulo Guedes, é implementado um programa ultraneoliberal. Este aprofunda as tendências colocadas em curso pelo Novo Regime Fiscal de Temer, cujo carro-chefe foi a Emenda Constitucional nº 95 ("teto de gastos"), que praticamente congela os gastos primários federais por 20 anos, preservando as despesas com a dívida pública.

A captura do fundo público para assegurar as condições gerais de produção, dando suporte à "caça apaixonada do valor", como diz Marx, em *O Capital*, nesse tempo histórico que se abre na década de 1970, de uma crise estrutural do capitalismo maduro e decadente, é, portanto, insidiosa e profunda. A meu ver, este processo atualiza para o início do terceiro milênio a conhecida caracterização de Marx e Engels (1998) no *Manifesto do Partido Comunista*, de 1848, quando afirmavam que "o Executivo do Estado moderno não é mais do que um comitê para administrar os negócios coletivos de toda a classe burguesa" ([1848] 1998, p. 7).

Isso significa que o Estado, este *capitalista total ideal* agora nos termos mandelianos, não é atravessado por contradições? Aponta que o Estado deixou de ter certa autonomia relativa diante das classes e seus segmentos, a qual teria sido uma característica dos "anos de ouro" da social-democracia (1945-1975) hoje superada? Teria o Estado passado a representar uma espécie de poder total da burguesia, sob hegemonia do capital financeiro, acima inclusive das injunções da democracia burguesa, hoje em profunda crise, blindada aos interesses dos "de baixo", como constata o historiador Felipe Demier (2017) e aponta Agamben (2004), por meio da formulação Estado de Exceção? Restaria aos trabalhadores apenas políticas sociais compensatórias, polícia e encarceramento, ante um fundo público consumido majoritariamente pelos aportes ao capital, na pista de Loïc Wacquant (2007)? O que representa essa captura do fundo público para o papel dos Estados dependentes na periferia do mundo do capital e que não tiveram a experiência do pleno emprego keynesiano?

Por fim, qual é a condição do fundo público e da política social nesse contexto em geral, e na particularidade brasileira dos últimos 26 anos, diga-se, desde o Plano Real de 1994, que inaugura uma espécie de *ajuste fiscal permanente*, com parcos deslocamentos e inflexões, apesar das mudanças de governo? Por que as políticas sociais padeceram com o crescimento vegetativo de seus orçamentos, apesar das lentas mudanças relacionadas à tonalidade do governo de plantão no ambiente neoliberal contínuo? Quais são as inflexões que o ultraneoliberalismo em curso, hoje, no Brasil, impõe a esse processo? Essas são algumas das inquietações para as quais este livro sugere caminhos de análise, sem a pretensão de esgotar os temas em pauta. Ademais, trata-se de questões sobre as quais se debruçam muitos pesquisadores e intelectuais em busca de compreender a realidade desafiante deste momento histórico, o que é uma tarefa coletiva dos que querem não apenas interpretar o mundo, mas transformá-lo, como nos provoca Marx em suas conhecidas *Teses sobre Feuerbach* ([1846] 2007).

Porém, a intenção mais profunda ao reunir esses estudos em livro é consolidar o tema do fundo público como imprescindível para compreender as contradições deste mundo evolvido em que vivemos. E, sobretudo, como dizia Renato Ortiz, ao lembrar Octavio Ianni num evento em homenagem a esse último: o que se quer é "alimentar os demônios"[6]. Ou seja, a partir da pesquisa e da socialização de seus resultados, trata-se de subsidiar a crítica do mundo do capital, da mercantilização de todas as coisas, do fetichismo da mercadoria e da reificação, das ignomínias da desigualdade, da exploração, da pauperização, das guerras, da fome, dos desastres ecológicos que se sobrepõem uns aos outros como "crônicas de mortes anunciadas", a exemplo de Mariana e Brumadinho e da recentíssima pandemia.

---

6. Referimo-nos ao Colóquio sobre o Pensamento de Octavio Ianni e que fundou o Centro de Estudos Octavio Ianni na Faculdade de Serviço Social da UERJ, realizado entre 22 e 23 de novembro de 2006, e deu origem ao livro *Pensamento de Octavio Ianni:* um balanço de sua contribuição à interpretação do Brasil (2009), que tivemos o prazer de organizar ao lado da professora Marilda Villela Iamamoto. Nessa coletânea se encontra a contribuição de Renato Ortiz. Aproveitamos esta nota para agradecer o privilégio da convivência e aprendizado com esta grande amiga, professora e pesquisadora do Serviço Social.

Trata-se de uma crítica para a resistência e para a disputa de hegemonia pela classe trabalhadora, que passa pela direção do fundo público. Falar do fundo público não é apenas debater números: é deslindar o enorme sofrimento humano que nos acompanha todos os dias pelas ruas ou pelas notícias, cuja lógica causal pode ser encontrada na valorização do valor, estando o fundo público a seu serviço. Sob a aridez dos números e do debate teórico, é de gente de carne e osso que pretendemos falar. Basta observar os imensos volumes de fundo público mobilizados para salvar bancos e indústrias no contexto do dramático momento da crise do capital de 2008/2009, enquanto boa parte da humanidade não tinha as mais elementares necessidades atendidas.

E o mesmo ocorre neste momento da pandemia, a exemplo do Brasil que destinou parcos 13,8 bilhões para a recomposição do orçamento da saúde, enquanto disponibilizou 1,2 trilhão de lastro para empréstimos bancários. Basta visitar os estudos da Associação dos Auditores-Fiscais da Receita Federal do Brasil (Anfip)[7], da Auditoria Cidadã da Dívida[8] e do Comitê para a Abolição das Dívidas Ilegítimas (CADTM)[9], dos quais saltam aos olhos quem são os beneficiários da imensa punção do fundo público nestes tempos de financeirização do capital. Nesse sentido, falar da lógica que preside a alocação do fundo público é desvelar sua perversidade, que compromete o futuro das pessoas e do meio ambiente, diga-se, compromete a vida. Assim, o fundo público, como compósito entre trabalho excedente e trabalho necessário, a partir da lei do valor, como vamos abordar neste livro, tal como o papel-moeda, os títulos da dívida e outras formas, é uma "'objetivação' das relações de produção entre pessoas", seguindo a pista de Rubin ao tratar da centralidade do fetichismo da mercadoria na teoria social de Marx ([1928] 1987, p. 26).

Nessa direção, o livro organiza-se em duas partes e nove capítulos. A Parte I — Crítica da economia política e fundo público — reúne

7. https://www.anfip.org.br/

8. https://auditoriacidada.org.br/

9. http://www.cadtm.org/CADTM-International?lang=pt

quatro capítulos inteiramente conectados, três deles abordando os fundamentos da lei do valor decorrentes da releitura sistemática de *O Capital*, de Karl Marx, e o último dialogando com as polêmicas sobre fundo público e Estado. A partir de Marx, estabeleço um diálogo mais amplo com a literatura pertinente, mas sempre retornando ou realizando sínteses com base no texto clássico. O capítulo 1 tematiza como se pode compreender o movimento do fundo público em sua relação com o valor, num diálogo com Marx, em *O Capital*, livro I. Trata-se de discutir como se forma o fundo público a partir da lei do valor e em que momento se torna estrutural e estruturante para a produção e a reprodução ampliada do capitalismo, com nova qualidade, tornando-se um elemento *in flux* da produção e reprodução ampliadas do capital. O capítulo 2 resgata o debate marxiano sobre a rotação do capital no livro II de *O Capital*, tendo em vista observar o lugar do fundo público nesse processo, mas também sinalizando a relação entre rotação do capital e política social, o que se busca ademais ao longo de todo o livro. O capítulo 3 dialoga com o livro III de *O Capital* e aborda a relação entre o fundo público, a lei da queda tendencial da taxa de lucros e a totalidade do movimento do capital, objeto deste *gran finale* de Marx editorado por Engels. Por fim, no último capítulo dessa primeira parte, como dissemos em linhas anteriores, dialogaremos crítica e fraternamente com o debate que vem se desenvolvendo sobre o fundo público a partir do texto já referido de Francisco de Oliveira e também de outros autores no campo da tradição marxista brasileira recente, do serviço social e das políticas públicas e sociais.

O objetivo é desnudar as determinações e contradições que envolvem a política social em sua relação com a economia política, dando sequência ao esforço que vimos realizando desde o livro *Política social no capitalismo tardio* (1998). Por fim, pontuamos algumas reflexões sobre o Estado capitalista, desdobrando elementos discutidos desde o livro *Brasil em contrarreforma* — Desestruturação do Estado e perda de direitos (2003).

Iniciando a Parte II — Capitalismo em crise, fundo público e ajuste fiscal no Brasil — no capítulo 5, o foco é novamente o movimento do capital como um todo e suas tendências de crise e o lugar do fundo público na repartição do capital e no seu processo de reprodução ampliada, em intensa conexão com os aportes do livro III de *O Capital*, mas também com as teorias da mais-valia, de Marx, porém discutindo esse tema num nível maior de concretude, diga-se, a crise atual do capitalismo, para caracterizá-la com o rigor que a realidade exige. No capítulo 6, realizamos o debate da dívida pública como um elemento central que determina a lógica de formação e alocação do fundo público e seus impactos para a democracia, a política social e o Estado.

No capítulo 7, examinamos as tendências de constituição e alocação do fundo público no contexto do que denominamos ajuste fiscal permanente no Brasil com o advento do neoliberalismo, desde a implantação do Plano Real com sua lógica da estabilidade econômica a qualquer custo. No capítulo 8, tratamos do momento presente do Brasil sob o neofascismo e o ultraneoliberalismo, em que o ajuste fiscal ganha contornos ainda mais duros e dramáticos. Finalmente, o capítulo 9 realiza um debate programático sobre a política social na agenda da esquerda, a relação entre reforma, contrarreforma e revolução e a atualidade do programa de transição de Trotsky e da teoria da revolução permanente, elementos que consideramos centrais para a construção da perspectiva de uma sociedade emancipada.

Cabe uma advertência aos leitores: este livro reúne textos que tiveram versões publicadas anteriormente, já que ao longo do tempo fui publicando resultados parciais da pesquisa, especialmente a partir de 2008. No entanto, além do inédito capítulo 3, todos os demais foram revisados, ampliados e atualizados, tendo em vista o aprofundamento do debate e a interlocução teórica e política ao longo desses anos, o processo de maturação dos temas e, sobretudo, para assegurar a unidade da presente obra, que tem um fio condutor central: o fundo público. Ao longo do livro, em notas de rodapé, indicamos a versão anterior publicada.

PARTE I

Crítica da economia política e fundo público

CAPÍTULO 1

Fundo público e valor*

"... a caça apaixonada do valor..."
Marx [1867], 1988. p. 126

Neste capítulo, busca-se aprimorar a apreensão dos fundamentos da crítica marxiana da economia política para precisar a análise sobre o lugar estrutural do fundo público no capitalismo, destacadamente na sua maturidade e decadência, ou seja, nas últimas décadas, ainda que o capital nunca tenha prescindido do fundo público. Adiante ficará mais explícito que houve uma mudança quantitativa e qualitativa do lugar do fundo público na reprodução ampliada do capital, acompanhando o movimento de monopolização, bem como seus ciclos longos, nos termos de Mandel ([1972] 1982). Assim, no capitalismo maduro, o fundo público se torna condição de vida ou morte para a valorização do valor.

Tais aportes marxianos estão localizados no conjunto da obra *O Capital*[1], principalmente nos livros II e III, quando Marx trata do capi-

---

* Este capítulo é uma versão revista e ampliada do texto publicado sob o título Crise do capital, fundo público e valor. In: BOSCHETTI, I.; BEHRING, E. R.; SANTOS, S. M. M.; MIOTO, R. T. (Orgs.). *Capitalismo em crise, política social e direitos*. São Paulo: Cortez, 2010.

1. Ao longo deste livro, trabalhamos com a mais antiga, bem traduzida e muito cuidada edição brasileira da Coleção Os Economistas, da Abril Cultural (1982) e Nova Cultural (1988).

talismo em geral e da repartição da mais-valia socialmente produzida. Não existe, porém, nesse texto fundamental, um momento analítico sobre o fundo público e o Estado. Aliás, o termo fundo público pouco aparece ao longo de todos os tomos. Afinal, nos tempos de Marx, este não tinha o mesmo peso quantitativo, ou seja, o Estado não extraía e repartia parcela tão significativa da mais-valia socialmente produzida e não se apropriava de parte do trabalho necessário de forma tão intensa como hoje vem se fazendo pela via tributária, especialmente na periferia do capital marcada por estruturas tributárias regressivas[2]. O fundo público não possuía também nos tempos de Marx o papel qualitativo que passa a ter no capitalismo monopolista e imperialista, sobretudo com o keynesianismo-fordismo após a II Guerra Mundial.

Na verdade, o que se observa é que o fundo público assume tarefas e proporções cada vez maiores no capitalismo contemporâneo, diga-se, em sua fase madura e decadente — fortemente destrutiva na atualidade —, com o predomínio do neoliberalismo e da financeirização, não obstante todas as odes puramente ideológicas em prol do Estado mínimo, amplamente difundidas desde a década de 1980. Basta observar a reação capitalista à crise de 2008/2009, uma nítida crise estrutural, sistêmica e endêmica (capítulo 5), com a injeção de trilhões de dólares, euros e reais, tendo em vista conter a espiral da crise, numa imensa socialização de custos, tão ou mais ampla que aquela desencadeada em 1929-1932, e que se repete hoje como resposta aos impactos da crise sanitária.

Cabe, portanto, à crítica marxista atual apanhar o conjunto de determinações objetivas e subjetivas que operam no capitalismo maduro e decadente (MANDEL, 1994) e que implicam essa dinâmica da valorização do capital sobre a qual interfere o fundo público. Qual é o sentido de retomar Marx, se queremos compreender os processos

---

2. Para um debate sobre o sistema tributário brasileiro e seu caráter regressivo, conferir o importante trabalho de Salvador (2010a). Falamos de regressividade quando o sistema tributário não implica qualquer redistribuição vertical, de cima para baixo de renda e riqueza, recaindo o ônus maior sobre a renda dos trabalhadores, tendência que veio se aprofundando no capitalismo maduro, destacadamente na onda longa de estagnação e na reação burguesa neoliberal.

atuais? Nossa intenção, partindo do suposto marxiano de que o modo de produção capitalista é histórico, se modifica e complexifica, é buscar na crítica fundadora de Marx, sobretudo na sua descoberta e sistematização da lei do valor e de seus desdobramentos na totalidade concreta da sociedade burguesa, elementos para compreender o papel do fundo público no capitalismo.

Não há aqui nenhuma impropriedade, considerando que o capitalismo permanece orientado à busca de superlucros, de valorização do capital e sua acumulação, por meio da produção de mais-valia, o que implica a permanência da relação valor-trabalho como determinação fundamental das relações sociais de produção e desenvolvimento das forças produtivas, com fortes implicações para as condições gerais da luta de classes.

Supondo a atualidade, ademais impressionante, de *O Capital*, apesar de elementos necessariamente situados historicamente, trata-se de afinar os fundamentos da análise sobre o tema que inquieta e convoca: o significado do crescimento do fundo público e sua relação com o processo de valorização do capital. Ao fazê-lo, buscamos também o diálogo com um amplo espectro de reflexões sobre a teoria do valor na tradição marxista, segundo o critério dos que consideram que a teoria do valor, na acepção de Marx, é decisiva para explicar as relações sociais ontem e hoje. Neste passo, também sinalizaremos, eventualmente e com o recurso de notas de rodapé, nosso distanciamento de algumas interpretações que não enxergam validade neste que é um pilar da teoria social de Marx.

O livro I de *O Capital* (MARX, 1982a e 1988) traz diversas alusões poéticas relacionando o valor a uma pulsão visceral do capital — como uma paixão que modifica a vida dos seres humanos incontrolavelmente[3] —, para que se realize, de forma plena, o circuito D — M — D[4],

3. Veja, por exemplo, a referência irônica ao preço como "os olhos amorosos com que as mercadorias piscam ao dinheiro" (1988, p. 97). São muitas e tão belas analogias que chamam a atenção. Sobre a paixão, esse sentimento mobilizador, confira os belos ensaios contidos em *Os sentidos da paixão* (2009).

4. Conforme Marx, temos aqui a metamorfose de dinheiro (D) em mercadoria (M) e, novamente, em dinheiro, agora acrescido de valor (D').

ou seja, o ciclo de produção e realização do valor, que é necessariamente mediado pela produção de mercadorias. Vamos resgatar brevemente aspectos que consideramos centrais desse processo, buscando cotejar algumas poucas, porém importantes, alusões feitas por Marx acerca do Estado, fundo público e temas conexos neste seu trabalho maduro.

Nessa primeira incursão, o centro é sistematizar o ponto de partida da análise marxiana, acompanhando seu movimento metodológico, de determinações mais simples para a totalidade concreta, ou, dito de outra maneira, de como a sociedade burguesa aparece na sua epiderme e se chega ao concreto pensado: a lógica interna do capital marcada pela busca desenfreada e aguerrida do valor e que Marx mostrará no livro III como um movimento da totalidade.

Marx sinaliza como a sociedade burguesa se mostra como um grande arsenal de mercadorias, constituindo-se a marca aparente por excelência desse modo de produção. O caminho de Marx para desvelar essa aparência é bastante conhecido[5]: ele mostra que a produção de mercadorias para o capital, se tem nos valores de uso e no trabalho concreto a sua base material, se orienta efetiva e contundentemente para a produção de valores de troca, ou seja, ao processo de valorização, no qual o trabalho humano comparece como trabalho abstrato, como uma "gelatina indiferenciada" (1988, p. 67), tempo de trabalho socialmente necessário, abstraindo-se as qualidades particulares do trabalho concreto.

O que o capital persegue apaixonadamente é o acréscimo de valor que apenas a subsunção do trabalho ao capital e sua exploração no processo de produção, que conjuga ao mesmo tempo processo de trabalho e de valorização, podem concretizar.

Para que capital e trabalho se defrontassem nas condições requeridas pelo mundo do capital — uma acumulação prévia de riquezas prontas para serem convertidas em forças produtivas capitalistas e

5. Para acessar outros desenvolvimentos densos sobre o tema do valor, sugerimos ainda: Rubin (1987), Mandel (1977) e Harvey (1990); no campo do Serviço Social, Netto e Braz (2006) e Iamamoto (1982, capítulo I).

"trabalhadores livres como os pássaros" —, foi necessário um longo processo histórico de expropriações[6], constituído a ferro, fogo e sangue como desvela o impressionante capítulo XXIV do livro I, sobre "A assim chamada acumulação primitiva" (MARX, 1982a).

O núcleo central da contribuição marxiana para desvendar a essência da sociedade burguesa é, portanto, a lei do valor. Criadas as condições de oferta de força de trabalho e de sua exploração, o livro I revela os caminhos do processo de produção de mercadorias e de valor. Assim, tem-se que a força de trabalho (capital variável), ao movimentar os meios de produção (capital constante fixo e circulante) — o que é uma potência exclusiva do trabalho no processo, mesmo quando a maquinaria é poupadora de força de trabalho[7] — e produzir um determinado *quantum* de mercadorias, além de transferir o valor agregado em capital constante (fixo e circulante) e em capital variável (seu próprio salário) para o valor final das mercadorias, acresce a elas um valor a mais.

A análise de Marx revela que o processo de valorização ocorre porque a força de trabalho não é remunerada pelo que produz, mas

6. A ofensiva burguesa para a retomada das taxas de lucro na crise atual do capital tem recolocado o debate sobre as expropriações. Assim, se o movimento de expropriação foi originário do modo de produção capitalista, é também elemento constitutivo permanente, ainda que suas formas e escala sejam outras para além daquelas clássicas de separação entre os trabalhadores e os meios de produção. Há um empolgante debate sobre o tema em Harvey (2004), Fontes (2010), Boschetti (2016) e na coletânea de textos organizada por Boschetti (2018), onde temos uma contribuição relacionando a dinâmica do fundo público com as expropriações no tempo presente (BEHRING, 2018b).

7. Fato que coloca em xeque as perspectivas, mesmo que diferenciadas, que apontam para o fim da centralidade do trabalho no momento presente, em função dos avanços tecnológicos e da expulsão de força de trabalho do processo de produção. Nesse sentido, vale retomar Marx quando aponta: "A mais-valia não se origina das forças de trabalho que o capitalista substituir pela máquina, mas, pelo contrário, das forças de trabalho que ocupa com ela" (MARX, 1982, livro I, tomo 2, p. 31), intensificando a jornada dos que ficam, ou seja, incrementando a mais--valia relativa. Assim, a tecnologia torna-se uma força hostil ao trabalhador, um concorrente poderoso no contexto do capitalismo, com o que seu potencial emancipador fica subsumido a uma dinâmica essencialmente perversa. Esses argumentos que envolvem o lugar da ciência apropriada pelo capital são desenvolvidos por Marx no capítulo Maquinaria e grande indústria, do tomo II, do livro I.

pelo cálculo social de suas necessidades de reprodução como tais, que variam historicamente com o desenvolvimento das forças produtivas, das necessidades sociais e da luta de classes, mas que estão abaixo do que as forças do trabalho transferiram e acrescentaram de valor ao produto final.

Parte da jornada de trabalho é trabalho necessário, cobrindo as necessidades de reprodução da força de trabalho na forma de salários; outra parte é trabalho excedente, ou seja, mais-valia, valor acrescentado apropriado pelo capitalista. A magnitude da exploração da força de trabalho no processo de produção está relacionada à luta de classes e ao desenvolvimento das forças produtivas, essas últimas implicando mais ou menos composição técnica e orgânica do capital.

Esses dois elementos interferem em formas de extração de mais-valia enunciadas por Marx — a extensão da jornada de trabalho, com ampliação da parte excedente — a mais-valia absoluta — e/ou a intensificação do processo de trabalho, produzindo mais em menos tempo — a mais-valia relativa. Segundo Marx, "o valor não traz escrito na testa o que ele é" (1988, p. 72), e sua natureza de produto do trabalho humano disfarçada sob o dinheiro é uma espécie de hieróglifo social a ser decifrado, ao lado da aparência de que se trata da relação entre coisas e não de uma relação social. Falamos aqui da importante referência marxiana ao fetichismo da mercadoria que marca a sociedade burguesa, o que é ressaltado também por Rubin ([1928] 1987) e Iamamoto (1982 e 2007).

Neste mundo pseudoconcreto, repleto de claro-escuros de verdade e engano, como nos ensina Kosik (1986), uma tendência que se impõe com a busca desenfreada de valorização, e que não é visível e muitas vezes se mostra a partir de suas contratendências[8], é a queda tendencial da taxa de lucros[9], resultante de um modo de produção que se move pela concorrência, fortemente fundada na introdução de

8. Já tive a oportunidade de fazer referência a esse tema em Behring (1998).

9. Vamos retomar e aprofundar essa discussão no capítulo 3 deste livro. Nesse momento, é apenas enunciada.

tecnologias em busca do diferencial de produtividade do trabalho num mesmo ramo ou entre países (MANDEL [1972], 1982). É intrínseca à dinâmica desse modo de produção, segundo Marx ([1895] 1982c, livro III, tomo I), uma progressiva tendência de queda das taxas de lucro em função do decréscimo relativo do capital variável em relação ao capital constante, gerando uma composição orgânica crescentemente superior ao capital global. Trata-se da "proporção decrescente da própria mais-valia em relação ao capital global adiantado e, por isso, é independente de qualquer divisão que se faça dessa mais-valia em diferentes categorias" (ibidem, p. 164/165).

Marx quer alertar para o fato de que tal queda independe da repartição da mais-valia, já que opera no contexto de sua produção. Nosso autor também diferencia taxa de lucro de massa de lucro. A segunda pode estar em crescimento conjuntural, apesar da operação da queda tendencial da taxa de lucros no médio prazo, gerando uma aparência de que esse movimento essencial não ocorre. Na verdade, essa tendência só não é mais contundente e profunda porque são desencadeadas "causas contrariantes", entre as quais Marx destaca: a elevação do grau de exploração da força de trabalho; a introdução de novas tecnologias capital-intensivas que impõem óbices imediatos pela intensa exploração da força de trabalho, mas operam mediatamente para a queda das taxas de lucro, o que implica profunda contradição; a compressão do salário abaixo do seu valor médio; o barateamento dos elementos do capital constante; o aumento da superpopulação relativa como pressão sobre os salários; o comércio exterior.

Vale dizer que existem dois elementos que também interferem nessa dinâmica: a resistência dos trabalhadores à exploração e a ação do Estado, seja por meio de sua capacidade de intervenção, seja agindo sobre o processo de rotação do capital, considerando que o capitalismo é unidade entre produção e circulação para a realização do ciclo global, expresso em D — M — D'.

O fato é que há tendência de queda do valor das mercadorias, na medida em que se expulsa a força de trabalho com a introdução de tecnologias. Contudo, os capitalistas individuais permanecem trabalhando com preços médios que gravitam em torno do valor (o efeito da pressão do lucro médio), o que gera superlucros aos que partem na frente. Ocorre que, na sequência, os demais buscam se recuperar nas relações concorrenciais, adquirindo o novo padrão de composição técnica e orgânica do capital, equalizando a taxa de lucro num patamar de valor mais baixo e criando novas e mais fortes contradições: "A produção capitalista procura constantemente superar essas barreiras que lhe são imanentes, mas só as supera por meios que lhe antepõe novamente essas barreiras e em escala mais poderosa. A verdadeira barreira da produção capitalista é o próprio capital" (MARX [1895], 1982c, livro III, tomo I, p. 189).

Os "dramas" permanentes do capital e que implicam a sua "luta heroica" (HARVEY, 1993, p. 170), considerando suas tendências de desequilíbrio e crise, são principalmente dois. Primeiro, produzir mais-valia não é necessariamente realizá-la, inclusive porque parcelas significativas da força de trabalho ficam fora do circuito do consumo, especialmente no contexto de crise e busca de melhores condições de exploração pelo capital, com a expansão do desemprego e da superpopulação relativa.

Para que a mais-valia se realize e a mercadoria acrescida de mais-valia se metamorfoseie em dinheiro (sendo ambas formas do valor), é necessário que haja a mudança de forma de M para D', processo que ocorre na circulação, o que, aliás, gerou, historicamente, a aparência de que a acumulação se produz nesse momento do ciclo, segundo a economia política clássica, e ainda mais em sua decadência ideológica (NETTO, 2010). Segundo, há queda tendencial da taxa de lucros, referida anteriormente, sendo um processo que força a um conjunto de movimentos para que ela não se imponha como contradição nodal do mundo do capital.

A esta altura, o(a) leitor(a) deve estar se perguntando sobre a relação dessas categorias ontológicas reveladas pela crítica da economia política marxiana com o fundo público. Vejamos. O fundo público se forma a partir de uma punção compulsória — na forma de impostos, contribuições e taxas[10] — da mais-valia socialmente produzida, ou seja, é parte do trabalho excedente que se metamorfoseou em lucro, juro ou renda da terra e é apropriado pelo Estado para o desempenho de suas múltiplas funções.

O fundo público atua na reprodução do capital, retornando para seus segmentos, sobretudo nos momentos de crise (como se verá no capítulo 5), para socorrer o capital, e cada vez em menor proporção atua na reprodução da força de trabalho, com a redução cada vez mais aguda de investimentos na implementação de políticas sociais. Em vários momentos de *O Capital*, os impostos aparecem como subformas da mais-valia (ex.: [1895] 1982c, livro III, tomo I, p. 39).

No entanto, se essa aproximação é pertinente nos tempos de Marx, ela é insuficiente para o contexto do capitalismo monopolista plenamente desenvolvido, considerando que o instrumento de punção é o sistema tributário, e que parte cada vez maior do fundo público é sustentada nos e pelos salários. Ou seja, o fundo público não se forma — destacadamente no capitalismo monopolizado e maduro — apenas com o trabalho excedente metamorfoseado em valor, mas também com o trabalho necessário, na medida em que os trabalhadores pagam impostos direta e, sobretudo, indiretamente, por meio do consumo, onde estes estão embutidos nos preços das mercadorias.

Vamos sustentar, pelo exposto, que a exploração da força de trabalho na produção é complementada pela exploração tributária[11],

---

10. Observe como Marx vê essa punção e sua relação com a produção de mais-valia: "A supressão de tais impostos não altera absolutamente nada no *quantum* de mais-valia que o capitalista extorque diretamente ao trabalhador. Ela modifica apenas a proporção em que o capitalista embolsa mais-valia ou precisa dividi-la com terceiros" (MARX, 1982b, vol. 1, tomo 2, p. 115). Portanto, para Marx, a punção compulsória está relacionada à repartição da mais-valia socialmente produzida.

11. Esse termo apareceu para nós pela primeira vez em James O'Connor (1977), no livro que cunhou também a expressão crise fiscal do Estado, essa última muito utilizada — sem qualquer referência a seus fundamentos na tradição marxista e na crítica do militarismo — pelos arautos da contrarreforma do Estado (BEHRING, 2003). No entanto, o autor incorpora o debate de Baran e Sweezy acerca do capitalismo monopolista, segundo os quais o valor não é a relação social organizadora central no capitalismo, mas a dinâmica da alocação do excedente. Fizemos

que se combina hoje e num mesmo passo a processos de expropriação (BEHRING, 2018b), crescentes nesses tempos de intensa crise e metabolismo do capital. Em espaços geopolíticos nos quais as lutas de classe empreendidas pelos trabalhadores não conseguiram historicamente impor barreiras a sistemas tributários regressivos, o fundo público se sustenta fortemente sobre a renda e o consumo dos trabalhadores. Qual é o papel do fundo público na totalidade concreta, especialmente quando adquire proporções tão contundentes, como no período pós-Segunda Guerra até hoje, contrariando os discursos meramente ideológicos dos neoliberais em favor de um Estado mínimo?

Se retornarmos a Marx para encontrar pistas, podemos inferir das suas reflexões que o fundo público atua constituindo "causas contrariantes" à queda tendencial da taxa de lucros, interferindo no ritmo da circulação de mercadorias e dinheiro, estimulando a metamorfose de um em outro, enfim, *intensificando e mediando os ritmos do metabolismo do capital*. Ou seja, o fundo público participa do processo de rotação do capital, tendo em perspectiva o processo de reprodução capitalista como um todo, e ainda mais intensamente em contextos de crise.

Por outro lado, o fundo público realiza mediações na própria repartição da mais-valia — pelo que é disputado politicamente pelas várias frações burguesas, cada vez mais dependentes desse "retorno" mediado por um Estado embebido do papel central de assegurar as condições gerais de produção e reprodução (MANDEL [1972], 1982). No mesmo passo, participam também desse processo os trabalhadores retomando parte do trabalho necessário na forma de salários indiretos (políticas sociais) ou na forma de bens públicos, de maneira geral, disputando sua repartição em condições desiguais, considerando a correlação de forças na sociedade e no Estado.

Ressalta-se aqui a dimensão política desse processo, num contexto de hegemonia burguesa e de forte e sofisticada instrumentalização do Estado, que atualiza em novas formas o "comitê para gerir os negócios

---

a crítica das proposições dos autores em Behring (1998), mas resgatamos aqui essa intuição da exploração tributária com seu fundamento na lei do valor.

comuns da burguesia" para as requisições do ambiente neoliberal e de crise e decadência do capitalismo.

Quando se fala em repartição da mais-valia socialmente produzida, considerando o papel do Estado no circuito do valor, tem-se em Marx que esta, que é a "substância que se esconde", se dá pela chamada fórmula trinitária, entre lucro, juro e renda da terra, ainda que Marx em várias passagens trate de outros segmentos que participam da repartição, como o capital comercial e o próprio Estado. Marx refere-se ao capital industrial como o representante de todos os participantes do butim (1982a, livro I, tomo II, p. 151), aos quais acrescenta os "prebendados do Estado" (1982a, livro I, tomo II, p. 175), com sua paixão pelo gasto, aqui citando Malthus; ou em outro momento do texto, "o governo e seus funcionários" (1982b, livro II, p. 311), conforme o próprio Marx. Vale dizer que, em alguns momentos, o fundo público em Marx comparece como uma espécie de fundo perdido, necessário a funções bastante limitadas, ainda que fundamentais para a reprodução ampliada do capital nas condições específicas do século XIX.

No contexto do capitalismo monopolista, desde o final do século XIX, em sua fase madura, após a crise de 1929-1932 e o fim da Segunda Guerra Mundial (1945), e vivendo hoje uma profunda crise estrutural, o fundo público passou a se constituir como um elemento nem *ex-ante*, nem *ex-post* do processo de produção e reprodução capitalista, como se supõe que fosse ao período concorrencial[12], mas um componente *in flux* dele, que está ali presente no ciclo D — M — D', *mediando as metamorfoses do capital*.

Sugerimos, partindo de Marx, observar a repartição da mais-valia em dois movimentos. Num primeiro movimento, o trabalho excedente se reparte em lucros, juros, renda da terra e fundo público, por meio da tributação sobre o capital e suas personas. Porém, cabe sublinhar que o Estado se apropria também do trabalho necessário, diga-se,

12. Aqui concordando com a caracterização de Oliveira (1998), com o qual mantemos um diálogo, mas sem incorporar a ideia de antivalor, como pudemos desenvolver em Behring (2008a). Retomamos a polêmica no capítulo 4 deste livro.

de parte dos salários, via tributação, com o que *o fundo público é um compósito de tempo de trabalho excedente e tempo de trabalho necessário.* Mas essa repartição tem continuidade num segundo movimento: no retorno de parcelas do fundo público na forma de juro — o que, sem dúvida nenhuma é a destinação predominante no tempo presente de financeirização do capital (CHESNAIS, 1996; TOUSSAINT, 1998; BEHRING, 2017, e no capítulo 6 deste livro). Esta ocorre por meio dos mecanismos da dívida pública — mas também nas outras formas: pela via das compras e contratos estatais, oferta e regulação do crédito[13], pela complexa rede de relações público-privadas que se estabelece no capitalismo maduro, tendo em vista atuar no processo de rotação do capital.

Com essa atuação, o Estado age acelerando, interferindo nos ritmos da metamorfose D — M — D', num contexto de monopolização do capital, no qual os automatismos do mercado efetivamente não funcionam para amortecer as tendências de crise, e quando muda o lugar estrutural do Estado (MANDEL, 1969/1977; NETTO, 2005; BEHRING, 1998 e 2003).

Voltemos a Marx para qualificar melhor a questão da rotação do capital. Quando o capital fica imobilizado em uma de suas formas M ou D, "não atua nem como formador de produto, nem como formador de valor" (1982b, livro II, p. 35). Ao contrário, a velocidade maior ou menor dessa metamorfose interfere diretamente na escala da produção. A paralisação do ciclo, seja da produção, seja da circulação de D — M ou M' — D', leva necessariamente a um contexto de crise,

13. Observe esta citação de Marx sobre o sistema de crédito: "Com a produção capitalista constitui-se uma potência inteiramente nova, o sistema de crédito, que, em seus primórdios, se insinua furtivamente como modesto auxiliar da acumulação, levando por fios invisíveis recursos monetários, dispersos em massas maiores ou menores pela superfície da sociedade, às mãos de capitalistas individuais ou associados, mas logo se torna uma nova e temível arma na luta de concorrência e finalmente se transforma em enorme mecanismo social para a centralização dos capitais" (1982a, livro I, tomo 2, p. 197). Vale notar que nos tempos de Marx não existiam o crédito ao consumidor nas proporções atuais, o cartão de crédito nem a grande diversidade de papéis e produtos financeiros envolvendo o crédito, o que mostra a grande sagacidade marxiana para perceber tendências gerais e perenes no capitalismo.

considerando que não é possível a transformação de D em D′ sem a mediação da produção (e da circulação/realização), em que pese "as nações de produção capitalista serem periodicamente assaltadas pela vertigem de querer fazer dinheiro sem a mediação do processo de produção" (MARX, [1885] 1982b, livro II, p. 44). Nesse sentido, é um objetivo central para a reprodução do processo como totalidade encurtar a rotação do capital. Segundo Marx,

> quanto mais curto o período de rotação do capital — portanto, quanto mais curtos forem os períodos em que se renovam seus prazos de reprodução durante o ano —, tanto mais rapidamente se transforma a parte variável de seu capital, originalmente adiantada pelo capitalista em forma-dinheiro, em forma-dinheiro do produto-valor criado pelo trabalhador para repor esse capital variável (que, além disso, inclui mais-valia); tanto mais curto é, portanto, o tempo pelo qual o capitalista precisa adiantar dinheiro de seu próprio fundo, tanto menor é, em proporção ao volume dado da escala de produção, o capital que ele adianta em geral; e tanto maior é relativamente a massa de mais-valia que, com dada taxa de mais-valia, ele extrai durante o ano, porque ele pode comprar mais frequentemente o trabalhador, sempre de novo com a forma-dinheiro de seu próprio produto-valor, e colocar seu trabalho em movimento ([1885] 1982b, livro II, p. 232-233).

Segundo Marx, a rotação do capital é esse movimento que se repete, envolvendo produção e reprodução, ou seja, o ciclo global, e que articula produção e circulação. Cada capital individual é uma espécie de fração do ciclo global ([1885] 1982b, livro II, p. 261) que abrange o tempo de trabalho e o tempo de circulação. Esses tempos são determinados pela base material do processo produtivo e reprodutivo, diga-se, uma operação mais longa na produção e circulação implica mais riscos, exigindo suportes de crédito maiores. O Estado pode cumprir importante papel nesse processo e, efetivamente, vem cumprindo desde a "revolução keynesiana", seja contratando essas operações, seja ofertando crédito, seja mediando complexas relações de crédito e débito, e, muito especialmente, financiando a rotação por meio do endividamento público.

No ciclo do capital, parte do capital está sempre "em alqueive", seja na forma de capital monetário, de estoques de matéria-prima, de capital-mercadoria não vendido, de créditos não vencidos, pronta para ser mobilizada. E a luta do capital pela sua perenidade é a luta pela diminuição do tempo de rotação: "Quanto mais breve o tempo de rotação, tanto menor se torna essa parte em alqueive do capital, comparada com o todo; tanto maior se torna também, com as demais circunstâncias, a mais-valia apropriada" (MARX [1895] 1982c, livro III, tomo I, p. 55).

Se o principal meio de redução do tempo de rotação do capital é o aumento da produtividade do trabalho, entram aí também o progresso das comunicações e o incremento do comércio mundial. Acrescentamos à importante contribuição de Engels neste momento de *O Capital* o lugar estrutural do fundo público como suporte à rotação mais rápida em contexto de ampliação dos riscos dos investimentos, pelos efeitos da compressão espaço-temporal produzida pela busca da diminuição do tempo de rotação, como bem aponta Harvey (1993). No livro III (1982b, tomo II, p. 53), Marx faz uma referência ao crédito como o regulador da velocidade da circulação, o que interfere na rotação do capital, mas submete o processo como um todo a uma espécie de hipersensibilidade à crise, considerando os processos especulativos e o caráter fictício que parte desses créditos na forma de letras e papéis pode adquirir.

Para finalizar este capítulo, cabem algumas palavras sobre o crescimento da importância do fundo público para a sustentação do modo de produção capitalista. A chave heurística para uma reflexão sobre o fundo público reside na seguinte afirmação de Marx:

> Mas cada forma histórica determinada desse processo desenvolve ulteriormente os fundamentos materiais e as formas sociais do mesmo. Tendo uma vez chegado a certo grau de maturidade, a forma histórica determinada é removida e dá lugar a uma mais elevada. Que o

> momento de tal crise tenha chegado mostra-se assim que a contradição e a oposição entre as relações de distribuição e, por isso, também, por um lado, a configuração historicamente determinada das relações de produção que lhes correspondem, e por outro, as forças produtivas, a capacidade de produção, e o desenvolvimento de seus agentes, ganhe em amplitude e profundidade. Surge então um conflito entre o desenvolvimento material da produção e sua forma social ([1895] 1982c, livro III, tomo II, p. 315).

O crescimento e as funções cada vez mais centrais do fundo público no capitalismo contemporâneo denotam o acirramento do conflito ao qual se refere Marx, socializando os custos cada vez mais elevados do capitalismo em sua fase madura, decadente e destrutiva, com confirmações factuais do esgotamento de sua capacidade civilizatória. Evidentemente, a remoção dessa forma histórica não está relacionada a qualquer automatismo do desenvolvimento das forças produtivas. Como fato histórico com sua hemorragia de sentidos (BENSAÏD, 1999), esse processo depende das relações sociais, ou seja, das incidências da luta de classes.

CAPÍTULO 2

Fundo público e rotação do capital*

"Os olhos amorosos com que as mercadorias piscam ao dinheiro."

Marx [1867], 1988, p. 97

Este capítulo dá continuidade às reflexões desenvolvidas nas páginas anteriores acerca das mediações que ligam o fundo público à Lei do Valor. Aqui, exploramos com mais profundidade o debate sobre os processos de rotação do capital, cuja interrupção constitui o nó górdio da reprodução ampliada da acumulação, levando aos recorrentes processos de crise. Continuamos cotejando os argumentos de Marx, em *O Capital*, com destaque para o livro II. A investigação sobre a rotação do capital e a crise estrutural (capítulo 5) mostra que o fundo público se torna ainda mais imprescindível para viabilizar a reprodução ampliada do capital, confirmando, parcialmente, as teses

* A primeira versão deste texto foi publicada, como primeira parte de nosso capítulo na coletânea *Financeirização, fundo público e política social* (Cortez Editora), organizada por Evilásio Salvador, Ivanete Boschetti, Sara Granemann e Elaine Behring (2012).

de Oliveira (1998) e as que vimos desenvolvendo num diálogo com esse último (BEHRING, 2008a e 2010; capítulo 4).

Já quanto à política social, esta é abordada como mecanismo no qual é alocada parcela significativa do fundo público, ainda que numa condição secundária, e, sobretudo, sob a tensão da supercapitalização (MANDEL, [1972] 1982), processo subjacente à expropriação contemporânea, que se faz também pela via dos direitos (FONTES, 2010; BOSCHETTI, 2016; BOSCHETTI (org.), 2018 ; HARVEY, 2004), e à expansão de políticas sociais destinadas a estimular e manter o consumo, via programas focalizados comumente chamados de «transferência de renda», mas que preferimos caracterizar como de transferência monetária. A condição contemporânea de destruição das políticas sociais coloca para a classe trabalhadora a sua defesa na qualidade de universais e gratuitas, e dos direitos sociais na forma de serviços e benefícios por elas materializados na agenda anticapitalista. Afinal, estes são mecanismos de reprodução da força de trabalho centrais nesse momento histórico, bem como significam a disputa de destino do fundo público no contexto da luta de classes[1], porém sem olvidar sua natureza contraditória e que as políticas sociais são parte do processo de rotação do capital.

2.1 Rotação do capital em Marx

Em reflexão no capítulo 1, apontamos que o fundo público participa diretamente do processo de rotação do capital, tendo em perspectiva o processo de reprodução capitalista como um todo; isso ocorre especialmente em contextos de crise. Assim, o fundo público é um elemento fundamental, constituindo-se em causa contrariante da queda tendencial da taxa de lucros, tendência

1. Retomamos esse argumento no capítulo 9.

intermitente do capitalismo e que está na origem do advento das crises. Vamos agora realizar uma incursão mais detalhada na questão da rotação do capital em Marx, para melhor caracterizar o papel do fundo público.

Já sabemos que o segredo da autovalorização do capital "se resolve em sua disposição sobre determinado *quantum* de trabalho alheio não pago" (MARX [1867], 1982a, livro I, tomo II, p. 124). Compreendemos ainda que todo o processo de produção é, ao mesmo tempo, processo de reprodução social, sendo as condições da primeira, as mesmas da segunda (idem, p. 153), e trata-se também de produção e reprodução da relação capital, ou seja, das classes sociais. São, portanto, processos inseparáveis no âmbito da totalidade (idem, p. 161) e que envolvem uma dimensão material, mas também subjetiva e histórica. Uma condição decisiva para que o ciclo do capital ocorra como produção e reprodução é a de que exista metamorfose permanente da forma capital-mercadoria em capital-dinheiro mediada pela produção e pela circulação como processos ininterruptos:

> trancar o dinheiro para que não circule seria exatamente o contrário de sua valorização como capital, e acumulação de mercadorias com sentido de entesouramento, mera loucura. Acumulação de mercadorias em grandes quantidades é o resultado de uma paralisação da circulação ou de superprodução (idem, p. 170).

A finalidade do processo global, na verdade sua lei geral absoluta, é a produção de mais-valia, centro da acumulação de capital, e cuja alavanca é a produtividade do trabalho. No entanto, existe um conjunto de mediações fundamentais para que esse processo se movimente, para que as "mudanças de pele" (idem, p. 198) aconteçam em favor do processo de acumulação e consigam alimentar um curso "normal", considerando as tendências de crise que operam na lógica interna do capitalismo. O mecanismo do crédito é recorrentemente citado como uma dessas mediações decisivas. Mas, em vários momentos de *O*

Capital, Marx se refere ao suporte do Estado ao capital[2]. Embora o termo fundo público seja inusual em Marx, inferimos que trata do suporte material do Estado ao processo de reprodução ampliada do capital, conforme tivemos oportunidade de abordar nas linhas anteriores. Isso nos faz concordar com Mandel ([1972] 1982) quando se refere ao Estado como parteiro do modo de produção capitalista desde a chamada acumulação primitiva.

Essas referências de Marx e de Mandel ao papel do Estado e dos recursos que mobiliza reforçam nossa compreensão da importância do fundo público como uma mediação decisiva no capitalismo. Vejamos essa irônica caracterização marxiana: "O crédito público torna-se o credo do capital. E com o surgimento do endividamento do Estado, o lugar do pecado contra o Espírito Santo, para o qual não há perdão, é ocupado pela falta de fé na dívida do Estado" (idem, p. 288). E outra mais contundente: "O moderno sistema tributário tornou-se um complemento necessário do sistema de créditos nacionais" (idem, p. 289). Para Marx, a dívida pública era uma das mais enérgicas alavancas da acumulação primitiva, e o crédito e a dívida pública vão permanecer como elementos, a nosso ver, cada vez mais importantes do processo de reprodução social ampliada, o que mostra que boa parcela dos eternos argumentos liberais de autorregulação do mercado — no último período neoliberais e hoje, no Brasil, ultraneoliberais — e sobre redução do Estado foi e é mera fraseologia.

Pois bem, o capital não pode ficar parado. Depois de valorizado na forma M' — lembrando aqui que o capital produtivo/funcionante é a única função que gera valor —, apenas a sua transformação em D', que ocorre na circulação, poderá realizar aquele valor, aumentando no final do ciclo a grandeza do valor inicialmente adiantado (D), mas que será repartida pelos vários participantes do processo. Após a repartição, parte retorna ao capital produtivo ou funcionante, realimentando o processo produtivo. A velocidade desse processo

2. Com destaque para Marx, 1982a: livro I, tomo II, p. 234, 268, 277 e 286, além das citadas ao longo deste capítulo.

vai depender de inúmeras mediações que se relacionam à *rotação do capital*. Nela, o capital assume suas variadas formas — mercadorias, dinheiro, capital variável, capital fixo, capital circulante —, no tempo e no espaço, na produção e na circulação.

Trata-se de processos intimamente interligados e que expõem o conjunto do sistema a grandes abalos, porque é da natureza da produção capitalista não ter um fluxo "normal", seja por razões objetivas, a exemplo do desencontro dos processos de metamorfose da mercadoria em dinheiro no tempo e no espaço, seja também por razões subjetivas, já que o sistema caminha sobre pernas humanas, das classes, da sua ação política e com impactos materiais muito importantes, a exemplo de uma greve geral por tempo indeterminado. Portanto, esse processo de concomitantes pontos de partida e de retorno que se repetem periodicamente constitui a rotação do capital, mas que pode ser interrompida, retardada ou acelerada por inúmeros fatores intervenientes no processo de produção e circulação. Como aponta Marx, o capital está sempre ansioso para mudar de forma, para não ficar em alqueive (Marx, 1982b, livro II, p. 55).

Todo esse processo pouco tem a ver com necessidades reais e move-se com a demanda por pagamento (solvente), pela necessidade inadiável da metamorfose em dinheiro. Na reprodução ampliada do capital, dinheiro ou mercadorias em alqueive significam que o processo de rotação foi interrompido de alguma forma, engendrando superprodução e/ou superacumulação de capitais, diga-se, um contexto de crise[3]. Marx aponta que "todo caráter da produção capitalista é

---

3. No contexto recentíssimo da pandemia de Covid-19, todas as movimentações contra o isolamento social por parte de governos conservadores e de ultradireita, têm relação com essa dinâmica. O mote tem sido "a economia não pode parar" ou a "defesa do emprego", como se antes da pandemia o capitalismo estivesse passando muito bem, o que não corresponde à realidade. Na verdade, a pandemia foi uma espécie de catalisador dos elementos de crise que já estavam em curso e atinge em cheio a metamorfose, a rotação do capital. A contraface da postura genocida da extrema-direita tem sido o aumento explosivo dos óbitos, que após quase um ano ultrapassam 2,2 milhão em todo o mundo. Apenas no Brasil, aonde a pandemia chegou com tempo de preparação, enquanto escrevo essas linhas, ultrapassamos 225 mil mortes e 8 milhões de infectados, fora a subnotificação, resultado da irresponsabilidade e ausência de

determinado pela valorização do valor-capital adiantado, portanto, em primeira instância, pela produção do máximo possível de mais-valia; em segundo lugar, no entanto, pela produção de capital, portanto pela transformação de mais-valia em capital" (idem, p. 59). Realizada, metamorfoseada em dinheiro, essa mais-valia pode ingressar no circuito do "dinheiro que aparentemente gera dinheiro", transformando-se em títulos ou depósitos que rendem juros ou mesmo num fundo de acumulação monetária para fazer face às perturbações do ciclo (idem, 63), seja dos capitalistas individuais, seja um fundo global.

É muito sugestiva essa inferência marxiana, pois os atuais fundos soberanos e inúmeros outros mecanismos de amortecimento das crises desencadeados pelo chamado capitalista total ideal — o Estado, segundo Mandel ([1972] 1982) — ou capitalista coletivo (IANNI, 1984), podem cumprir esse papel. Vale registrar que Marx se referia, naquele momento, basicamente aos fundos de acumulação monetária dos capitalistas individuais. Contudo, seu papel, seja em nível microeconômico, seja no contexto da reprodução ampliada, é fazer rotar, diga-se, alimentar a metamorfose ou o incessante metabolismo do capital, como prefere Mèszáros (2002).

As mudanças de forma do capital são fluidas, são "momentos simultâneos e sucessivos do giro global" (idem, p. 78). O capital, assentado na exploração do trabalho assalariado, portanto, nunca está em repouso. Ao contrário, só se pode compreendê-lo como movimento, inclusive desigual e combinado (TROTSKY, [1932] 1967), considerando que há também uma superposição de estágios de desenvolvimento das forças produtivas, operando processos de punção e transferência de mais-valia, determinados por processos de dominação no contexto da hierarquia e relações de poder entre os Estados, regiões e corporações num mesmo ramo de produção, com diferentes níveis de produtividade do trabalho e de composição orgânica do capital.

políticas públicas consequentes e centralizadas e de uma atitude negacionista e individualista do governo federal e de alguns governos estaduais e municipais, e que contagia segmentos da população brasileira lamentavelmente. Retornaremos a essa caracterização do momento presente no capítulo 8.

Aqui se estabelecem as relações de dependência, as trocas desiguais, a hierarquia entre os países (MARINI, [1973] 2005). Essa natureza desigual e combinada é ainda mais visível no contexto do atual capitalismo mundializado, como bem analisa Chesnais (1996 e 2011).

Quanto à rotação do capital na produção, Marx observa que um interveniente no processo é o grau de aproximação entre o tempo da produção e o tempo de trabalho. Quanto mais próximos, maior é a produção de valores de uso e de troca. Quanto menos próximos, há mais porosidade e menos absorção de mais trabalho, rompendo-se a lógica de valorizar mais em menos espaço de tempo. Daí decorrem todos os esforços de desenvolvimento das forças produtivas, de aumento da composição técnica e orgânica do capital, tendo em vista acelerar a produtividade do trabalho e diminuir a porosidade no processo de produção, controlando os tempos de homens e máquinas. Diríamos que essa busca ocorre, sobretudo, nas corporações de ponta, líderes de "preços", considerando a transferência de mais-valia que vão obter com o diferencial de produtividade do trabalho a que nos referimos anteriormente. Daí advêm os movimentos mais recentes de deslocalização das empresas e de reestruturação produtiva.

Na circulação, trata-se de induzir, de forma ótima, a transformação de capital-mercadoria em capital-dinheiro, já que neste momento não se produz mais-valia, mas esta se realiza, condição *sine qua non* para a consecução do ciclo. A contração ou expansão do tempo de circulação funciona como parâmetro para o tempo de produção, como um limite negativo, ou seja, "quanto mais o tempo de circulação for igual a zero ou se aproximar de zero, tanto mais funciona o capital, tanto maior se torna sua produtividade e autovalorização" (idem, p. 91). O comerciante é essencialmente um agente dessa transmutação, dessa mudança de pele. Na esfera do capital comercial, não há criação de valor, mas apropriação de parte dele que foi gerada na produção. A função do capital comercial é, assim, uma espécie de máquina para interferir nos ritmos da rotação, por meio de uma intermediação particular[4].

4. No capitalismo atual, tal intermediação se combina a uma intensa precarização do trabalho, na busca por ampliar a parte do butim do capital comercial. Autores da sociologia do

Marx fala também dos custos dos serviços que agregam valor, como os de transportes e de estocagem (trabalho novo, vivo e acrescentado), que constituem os falsos custos de produção: não entram diretamente na produção, mas são imprescindíveis para o subsequente processo de realização da mais-valia, ou seja, interferem na rotação do capital e seus ritmos. Para Marx, segundo compreendemos, o transporte de mercadorias, por exemplo, é uma espécie de processo de produção dentro da circulação (idem, p. 110).

Adentremos agora, dando sequência a este esforço de apreensão da reflexão de Marx, na seção II do livro II de *O Capital*, que aprofunda exclusivamente a rotação do capital. A rotação do capital é esse percurso realizado que envolve sua metamorfose em várias formas de existência, tem como objetivo a valorização e acumulação de capital e articula produção e reprodução social. Marx afirma: "O ciclo definido não como ato isolado, mas como processo periódico chama-se rotação do capital. A duração dessa rotação é determinada pela soma de seu tempo de produção e de seu tempo de circulação. Essa soma de tempos constitui o tempo de rotação do capital" (idem, p. 115). Contudo, o tempo da produção contém distintos tempos de rotação de seus elementos a partir da particularidade de sua inserção no processo produtivo. Assim, o capital fixo — cuja função é ser meio de produção — tem seu tempo de rotação determinado pela durabilidade como meio de produção, enquanto transfere constantemente seu valor para o produto final, até que, separado de seu cadáver, seja inteiramente transformado em dinheiro, pagando o investimento adiantado.

No entanto, os elementos de concorrência intercapitalista também interferem na rotação do capital fixo, podendo antecipar sua substituição, sobretudo quando se trata de inovações tecnológicas decisivas

---

trabalho vinculados à tradição marxista têm produzido análises importantes sobre esse processo de flexibilização, precarização e até uberização do trabalho. Entre uma extensa bibliografia, destacamos algumas obras que analisam as mudanças no mundo do trabalho: Antunes (2018), Dal Rosso (2017), Antunes e Braga (2009), Alves (2005), a importante coletânea organizada por Antunes (2006) e a coletânea organizada por Druck e Franco (2007).

e em grande escala, a exemplo de uma mudança na base energética. Considerando que o capitalismo tem uma lógica de revolução contínua dos meios de produção, há uma espécie de depreciação moral antes do fim da vida física dos meios de produção. Para Marx, os períodos de depressão, atividade média ou de crise são a antessala de um grande investimento novo, formando a base material para um novo ciclo de rotação.

Já as matérias-primas e auxiliares rotam, tendo seu valor inteiramente transferido ao produto final pela força de trabalho, na medida em que são consumidas ou transformadas pelo processo de trabalho que é ao mesmo tempo processo de valorização. A força de trabalho é comprada por determinado prazo e agrega seu valor na forma de salário ao produto final, além de criar mais valor. Há, assim, uma diversidade da rotação dos elementos do processo de produção segundo sua especificidade no processo de valorização. Uma parte é inteiramente consumida e outra tem desgaste gradual. Enquanto o capital fixo rota uma vez, o capital variável e fluido rota muitas vezes.

Considerando a natureza fixa do capital na forma de meios de produção, frequentemente os capitalistas lançam mão do sistema de crédito, para amortizar o impacto dos processos de rotação que, neste caso, exigem somas substantivas de recursos e implicam mais riscos. O sistema de crédito e o capital comercial são centrais para interferir nos processos de rotação, tendo em vista sua aceleração, seja na ponta da produção, seja na circulação, especialmente no consumo. Não é ocioso registrar mais uma vez que o crédito ganhou dimensões maiores desde o tempo de Marx. O capitalismo contemporâneo literalmente se assenta sobre um mar de dívidas privadas e públicas, que tem relação com esse lugar visceral do crédito (MANDEL, 1990).

Marx se refere a perturbações e interrupções que podem comprometer sistemas conexos de produção, com implicações para o processo global de rotação. Ele percebe e aponta que, muitas vezes, o Estado assume esses sistemas conexos, por exemplo, construindo estradas e realizando investimentos de mais envergadura que alimentam a rotação global em vários ramos da produção. Se o tempo é essencial no processo de rotação, tanto na produção quanto na circulação, o espaço também se torna fundamental, sobretudo com o desenvolvimento tecnológico, superando barreiras naturais para a realização.

E Marx percebe essa dimensão de forma muito explícita: "As diferenças relativas podem, devido ao desenvolvimento dos meios de transporte e de comunicação, ser deslocadas de modo tal que não correspondam às distâncias naturais" (idem, p. 188). E ainda: "A própria distância relativa entre os centros de produção e os grandes mercados de escoamento pode ser deslocada, o que explica a decadência de velhos centros de produção e a ascensão de novos, com a alteração dos meios de transporte e de comunicação" (idem, p. 188). Bem se vê que os desenvolvimentos teóricos do conjunto da obra de David Harvey sobre a dimensão espacial na obra marxiana para a construção de uma crítica da geografia fazem todo o sentido[5], bem como sua análise da compressão espaço-temporal para o debate das saídas atuais da crise do capitalismo (1993). Cabe pontuar esse nítido momento de universalidade do pensamento de Marx para quem hoje convive com a internet e compras *on-line* e a mobilidade veloz de enormes massas monetárias.

Elemento central na reflexão marxiana sobre a rotação é de que sempre há uma parte do capital em rotação na produção e outra, na circulação. Uma é condição para a existência da outra. Se aparentemente se apresentam como formas autônomas, elas não o são. Marx faz um estudo sobre a proporção de capitais retidos num momento ou noutro — produção e circulação — e suas consequências para a rotação, tendo em vista a liberação de capitais, que tem que se constituir em regra, enquanto a retenção de capitais deve ser a exceção, já que o objetivo é valorizar e liberar capitais na forma monetária, claro, para realimentação do ciclo e apropriação privada dos donos

5. Destaco aqui seu estudo intitulado Los limites del capitalismo y la teoría marxista (Fondo de Cultura Económica, 1990), onde o autor faz o estudo de Marx, perseguindo os fundamentos para uma geografia crítica. Mas o conjunto da obra de Harvey se orienta nessa direção, que constitui seu projeto intelectual.

dos meios de produção ou dos prestamistas. O crédito se desenvolve, portanto, como um elemento central, ao mesmo tempo que é alimentado pelo processo de rotação. Ele é suporte, fundamento e subsidia permanentemente todo o processo. Lembramos aqui que o fundo público participa desse processo já que também opera como crédito, a exemplo dos bancos públicos de desenvolvimento.

Por vezes, ficamos a imaginar como Marx analisaria o gigantesco movimento dos capitais na forma monetária e de papéis que temos hoje: não teria muitas dificuldades, certamente, considerando que já identificava sua importância desde os primórdios do capitalismo, inclusive na forma do fundo público, que, vimos ressaltando, se comporta também como mecanismo de crédito. Os ritmos da rotação do capital na produção e circulação podem, segundo Marx, levar a uma pletora de capital monetário. Pode ocorrer a seguinte situação:

> determinada parte do valor-capital adiantado tornou-se supérflua para a operação do processo de reprodução social no seu conjunto (que inclui o processo de circulação) e que, por isso, na forma de capital monetário foi excluída; uma pletora nascida, com escala constante da produção e preços constantes, mediante a mera contração do período de rotação (idem, p. 211).

Ou seja, há necessidade permanente do conjunto do sistema de capital-dinheiro, mas pode existir uma combinação de tempos de rotação que gera excesso de capital nesta forma, com uma série de consequências. O interessante é perceber como o capitalismo no seu conjunto é muito sensível a abalos sísmicos cíclicos, não como processos naturais — é fundamental dizer —, mas como processos econômicos e históricos que envolvem a base material e a ação dos sujeitos políticos e sociais[6]. Marx analisa inúmeras possibilidades de eventos envolvendo os fatores da produção — o capital circulante,

---

6. Essa observação remete à ideia mandeliana de que os ciclos do capitalismo não são uma espécie de respiração natural, mas têm a ver com o desenvolvimento das forças produtivas e as relações sociais de produção, diga-se, com a luta de classes. Essa incursão específica dos

o capital variável e o capital fixo — ou os movimentos na circulação que interferem nos seus tempos, com impactos importantes na totalidade, inclusive o movimento dos preços como transferência de mãos de valores socialmente produzidos — "o que um perdeu o outro ganhou" (idem, p. 218).

A questão central aqui é que, nesse movimento de perdas e ganhos, não existe tendência ao equilíbrio, e os capitalistas vão demandar sempre para sua gestão cotidiana do processo de produção e reprodução um capital adicional e líquido, diga-se, na forma de capital monetário, inclusive para a compra de capital variável na continuidade da produção, mesmo enquanto a rotação anterior ainda não terminou. Tudo isso pressiona para a *aceleração dos processos de rotação, tanto na produção quanto na circulação*. Neste momento do texto, há uma importante nota de rodapé de Marx:

> Contradição no modo de produção capitalista: os trabalhadores como compradores de mercadoria são importantes para o mercado. Mas, como vendedores de sua mercadoria — da força de trabalho —, a sociedade capitalista tem a tendência de reduzi-lo ao mínimo do preço. Contradição adicional: as épocas em que a produção capitalista usa todas as suas potências se revelam regularmente como épocas de superprodução, porque os potenciais de produção nunca podem ser aplicados ao ponto de que, assim, mais valor possa ser não só produzido, mas também realizado; a venda das mercadorias, a realização do capital-mercadoria, portanto, também da mais-valia, é, no entanto, limitada não pelas necessidades de consumo da sociedade, em que a grande maioria é sempre pobre e tem que permanecer pobre (idem, p. 234).

Trata-se de uma observação precisa de Marx, considerando que não se pode superestimar o papel dos trabalhadores como consumidores no processo de rotação, já que a tendência é à compressão dos salários e dos custos de reprodução do capital variável de maneira

---

nossos estudos no trabalho de Mandel encontra-se no capítulo 1 de *Brasil em contrarreforma* (BEHRING, 2003).

geral, condição para a extração cada vez mais ampliada de mais-valia, em especial em tempos de predominância da mais-valia relativa e busca de superlucros. Por outro lado, como o modo de produção capitalista não se pauta pelas necessidades, mas pela metamorfose do capital, tendo em vista a acumulação, também daí advém a contradição adicional da superprodução.

Aqui fazemos uma espécie de aparte: esta é uma observação marxiana que nos remete ao carro-chefe da política social contemporânea, que destina parte expressiva do fundo público aos programas de transferência monetária, ainda que sempre aquém das necessidades, para não romper com a "ética do trabalho", suporte para a exploração deste. Esses programas atuam na ponta do consumo, amortecendo os efeitos dessas contradições, dentro de limites muito estritos, mantendo certo nível de rotação na produção e circulação em alguns ramos industriais de produtos de massa, baixa qualidade e, em geral, de lógica fortemente produtivista e antiecológica.

Trata-se da ideia da cidadania pelo consumo, bem desenvolvida por Mota (1995) e retomada por Demier (2017). Michel Husson[7] é um crítico veemente dessa linha da proteção social atual. Ele argumenta que um projeto verdadeiramente de transição para outra sociabilidade não deve investir nesse caminho, cuja direção é apenas alargar o poder de consumo, e que é contraditório com um programa de desmercantilização, não produtivista e ecológico. Subscrevemos a preocupação de Husson, no sentido estratégico, mas nos parece importante defender tais programas taticamente, numa sociedade monetizada onde tais programas — destacadamente na periferia do capitalismo — atuam muitas vezes no limiar entre a vida e a morte.

Para sair dessa contradição, seria importante fortalecer cada vez mais os serviços, pautando sua organização e oferta pelos critérios

7. Anotações de sua palestra intitulada *Dette & crise: quelles alternatives?*, realizada a convite da Fondation Copernic, que organiza regularmente seminários sobre temas importantes, especialmente a economia política. Este se realizou em 13 de março de 2012. Mais informações sobre essa organização e alguns seminários em vídeo podem ser encontradas no site: http://www.fondation-copernic.org/.

de universalidade, gratuidade, publicidade e qualidade sinalizados também por Husson. Porém, o fundamental, no sentido da reflexão neste capítulo, é sinalizar que essa dinâmica da política social se articula à questão da rotação, mostrar as contradições que esse projeto desencadeia e revelar como o fundo público convertido nessa forma de política social hoje faz parte do processo ampliado de reprodução social. Consideramos fundamental combater certa ode salvacionista feita a esses programas, que muitas vezes também se prestam à reprodução política de blocos no poder, explorando a condição de miséria econômica de grandes parcelas da população. Prossigamos.

O crédito é um elemento que vai ganhando destaque na análise marxiana à medida que avança na sua compreensão da rotação do capital. Isto porque se constitui em capital adicional a ser mobilizado para a gestão da escala da produção, para adiantamento do capital variável, para renovação do capital fixo, e um conjunto de outros procedimentos da reprodução ampliada do capital, e eleva a "capacidade funcional da massa monetária efetivamente em funcionamento" (idem, p. 255). Mas também se constitui em tesouro, que pode se transformar em papéis e títulos individuais ou dos Estados, valorizando-se em torno da produção futura. Essa é a base de processos especulativos, que autonomiza aparentemente a esfera da circulação de dinheiro da esfera da circulação de capital, já que a circulação de dinheiro pode não expressar um intercâmbio mercantil real (idem, p. 253).

Mas Marx chama atenção: "Não se deve alimentar concepções místicas sobre a força produtiva do sistema de crédito, à medida que põe capital monetário à disposição ou o mobiliza" (idem, p. 255). A produção de mais-valia ocorre apenas na produção. Já o capital monetário latente para uso posterior consiste em: depósitos em bancos (soma relativamente pequena); títulos públicos (créditos sobre o produto anual da nação); ações (títulos de propriedade sobre o capital de uma corporação e de direito sobre a mais-valia produzida). Em nenhuma das formas acima existe a acumulação, mas há entesouramento e mecanismos de transferência e captura de mais-valia (idem, p. 257), além de o capital monetário ser um elemento propulsor do processo. Assim, o dinheiro vai sempre para algum lugar após se desfazer da pele de mercadoria!

Operações longas e extensas na esfera da produção requisitam adiantamentos maiores de capital monetário, o que, a nosso ver, é um papel também do Estado como executor adjunto do fornecimento de créditos[8], além de empréstimos a baixos juros por bancos públicos, garantias, subvenções fiscais etc. Para Marx, o entesouramento é uma espécie de momento imanente (idem, p. 359) do capitalismo, e a alegria causada pelo sistema de crédito tem a ver com a disponibilidade de capital monetário para a rotação, para que possa acontecer de forma vicejante (idem, p. 360). Marx faz a seguinte, tão atual e irônica, observação sobre o dinheiro entesourado:

> É um peso morto (*dead weight*) da produção capitalista. O afã de tornar utilizável essa mais-valia, que se entesoura como capital monetário virtual para lucro ou rendimento, encontra no sistema de crédito e nos papeizinhos o alvo de seu anseio. O capital monetário adquire por meio disso, sob outra forma, enorme influência sobre o curso e o desenvolvimento vigoroso do sistema de produção capitalista (idem, p. 363).

Finalizamos este capítulo apontando que Marx não acreditava em equilíbrio sob a produção capitalista, a não ser como circunstância pontual ou mesmo coincidência, considerando que a forma geral da produção capitalista implica cursos anormais dos fluxos de mercadorias e dinheiro em escala ampliada, ou seja, implica tendências de crise. Complexas e imanentes possibilidades de abalos na rotação do capital, que procuramos apanhar do texto de Marx até aqui, passam a requisitar, por sua vez, crescentemente, a intervenção do Estado, com o suporte do fundo público em variadas formas, o que inclui, como vimos sinalizando, a política social. Sigamos agora para um aprofundamento do estudo do livro III, tendo em vista sustentar melhor nossa compreensão do fundo público.

---

8. Cf. a pesquisa de Silva (2016) sobre o papel do crédito público via BNDES no Brasil.

CAPÍTULO 3

Fundo público e o movimento do capital como um todo

"O verdadeiro é o todo.
Mas o todo é apenas a essência que se implementa
através de seu desenvolvimento."
Hegel (*Fenomenologia do Espírito*)

Neste capítulo, buscaremos refletir acerca do fundo público com base no livro III de *O Capital*, editado por Engels[1] e disponibilizado em 1895, onde estão expostas as "formas concretas que surgem do

1. Na verdade, é possível reconhecer que, em algumas passagens, Engels é quase um coautor no livro III, dadas as dificuldades que ele mesmo aponta no prefácio para "dar ao público este volume", especialmente nos capítulos 3 e 4, como nos alertou Marilda Iamamoto na introdução à disciplina que ofertamos juntas no Programa de Pós-Graduação em Serviço Social da Universidade do Estado do Rio de Janeiro sobre o livro III. Engels foi algumas vezes criticado por supostamente decupar o texto de Marx, mas, ao contrário dessa perspectiva, pensamos que seu esforço foi inestimável. Sugerimos a leitura dos prefácios na ótima edição da Boitempo Editorial do livro III, de *O Capital*, escritos por Marcelo Carcanholo e Rosa Luxemburgo (2017), excelentes introduções não apenas ao livro III, mas à *sinfonia* que é conjunto desta obra, na metáfora musical também de Marilda Iamamoto em sala de aula. Alain Bihr, com seu trabalho *La logique méconnue du "capital"* (2010), também nos oferece muitos elementos orientadores para a leitura de *O capital* no seu conjunto.

processo de movimento do capital considerado como um todo" (MARX [1895], 1982c, p. 23). No passo do movimento metodológico de Marx, trata-se, agora, de apreender o movimento da totalidade concreta, apanhando-a no nível do pensamento como concreto pensado. Nossa visita mais sistemática ao livro III vai apontar algumas descobertas de Marx, tendo em vista estabelecer correlações com o papel do fundo público e tendo como fundamento os elementos dos capítulos anteriores retomados aqui.

A primeira questão é o efeito da rotação do capital na taxa de lucros, pois quanto mais breve a rotação, tanto maior a mais-valia apropriada, considerando a mais breve retomada do ciclo, sendo os principais meios de redução do tempo de produção a elevação da produtividade do trabalho e a redução do tempo de circulação, o que inclui a comunicação, impactando o comércio mundial. Assim, busca-se rotar mais rápido e mais vezes, desencadeando também estratégias de economia nas condições de produção e diminuição de custos (maquinaria, gestão de resíduos etc.), tendo em vista se apropriar do mesmo *quantum* de mais trabalho em condições de menores custos.

Nesse sentido, utilizam-se as vantagens do sistema global da divisão social do trabalho e da concentração da força de trabalho em cooperação em larga escala. Marx refere-se ao "fanatismo do capitalista em economizar meios de produção" (idem, p. 65), evitando o desperdício, o que implica o disciplinamento e o adestramento dos trabalhadores. Para nosso interlocutor nascido em Trier[2], a fúria pelo lucro e a concorrência a ela intrínseca obrigam à produção mais barata possível, o que remete ao controle das condições de trabalho, especialmente do capital constante como função do capitalista. A "sovinice" da produção capitalista implica o desperdício do material humano, já que, segundo Marx, a produção capitalista

2. Tive a oportunidade, emocionada e na companhia luxuosa de Ivanete Boschetti e nossa afilhada Juliette Hugon Diniz-Silva, em 2017, de visitar a casa de nascimento de Marx, em Trier, e que hoje é um museu que conta sua história e influência. Mas a presença de Marx e Jenny Westphalen está em toda a cidade. Uma visita virtual ao museu pode ser feita em https://www.fes.de/en/museum-karl-marx-haus.

> é pródiga com seres humanos, com trabalho vivo, pródiga não só com carne e sangue, mas também com nervos e cérebro. De fato, só com o mais monstruoso desperdício de desenvolvimento individual é que o desenvolvimento da humanidade é assegurado e efetivado ao todo na época histórica que precede imediatamente a reconstituição consciente da sociedade humana (MARX [1895], 1982c, p. 69).

No mesmo passo, encurta-se o tempo de trabalho socialmente necessário à produção das mercadorias, o que forja fortes contradições no processo como um todo. Na busca incessante por baixar os custos de produção, Marx destaca a introdução de novas invenções e do capital fixo, mas também a permanente perseguição da baixa dos preços (considerados por Marx oscilações reais de valor, ainda que o preço não se confunda com o valor) das matérias-primas e auxiliares. Nesse aspecto, salta aos olhos a estratégia burguesa de baixar taxas aduaneiras sobre matérias-primas, bem como seu próprio valor, já que a alta dos preços das matérias-primas tende a comprometer o processo de reprodução como um todo.

Isso ocorre, pois a incapacidade de assumir os custos da matéria-prima pode implicar ociosidade do parque produtivo e a pressão da concorrência pode ter fortes implicações na lida com as matérias-primas, inclusive com mudanças na base técnica, tendo em vista a tenaz perseguição da baixa dos custos das condições de produção. Daí o necessário suporte do sistema de crédito, considerando a ampliação dos riscos do processo como um todo, como vimos sinalizando. Uma alta dos preços das matérias-primas pode levar à queda das taxas de lucro, implicando um processo que alimenta a espiral da crise.

Quanto à força de trabalho/capital variável, há incidências sobre os meios de subsistência para sua reprodução, tendo em vista diminuir os salários que correspondem ao tempo de trabalho necessário e aumentar o trabalho excedente e a extração de mais-valia. Há, ainda, a introdução de tecnologias/desenvolvimento de forças produtivas, exigindo menos trabalhadores para colocar em movimento o capital constante fixo. No entanto, há aqui, a nosso ver, já que Marx não alude neste momento do texto, ainda mais uma determinação: a luta de classes e a pressão dos trabalhadores em torno das condições de reprodução da força de trabalho. O fato é que a oscilação dos elementos do processo de valorização do valor remete às tendências de revulsão do processo como um todo.

Esses movimentos do capital em busca do valor, que têm relação com a composição orgânica do capital, vão incidir na formação da taxa média de lucros e na formação dos preços. Diferentes taxas de lucro são equalizadas pela concorrência, levando a uma taxa geral de lucros que vai balizar o preço de produção da mercadoria e o *quantum* de mais-valia que efetivamente o capitalista individual vai obter, o *lucro médio*, ou seja, "sua participação proporcional no empreendimento global" ou "parte da alíquota do capital global empregado na produção social em sua totalidade" (idem, p. 124). Portanto, a taxa geral de lucro é determinada pelas diferentes composições orgânicas dos capitais e suas diferentes taxas individuais de lucro e pela distribuição do capital social global na proporção da parcela relativa que cada esfera particular engole.

Marx distingue o preço de custo das mercadorias, no qual não está acrescentado o mais valor, dos preços de produção que incluem o mais-valor e as incidências da taxa geral de lucros, produzindo flutuações dos preços. É importante lembrar que essa dinâmica em geral leva a uma aparência — ilusão na qual incorrem o capitalista prático e a teoria econômica que lhe é correspondente — que a taxa de lucros se descola do momento da produção, quando, na verdade, Marx quer ressaltar e provar que a variação das taxas médias de lucro tem profunda conexão com a composição orgânica do capital e a exploração da força de trabalho. A mais-valia não se confunde com o lucro, embora constitua seu fundamento central.

Outro aspecto aqui é que o ritmo da oscilação da taxa geral de lucros tem relação com os ciclos do capital, o que, ao nosso ver, remete à interpretação mandeliana dos ciclos longos do capital relacionados à composição orgânica e técnica do capital e à exploração do trabalho/ luta de classes. O fato é que para o capitalista individual e o economista político, segundo Marx, economia de trabalho — não apenas do trabalho necessário para fabricar determinado produto, mas também do número de trabalhadores ocupados — e maior aplicação de trabalho morto (capital constante) aparece, do ponto de vista econômico imediato, como operação inteiramente acertada e não parece de antemão afetar, de modo algum, a taxa geral de lucro e o lucro médio (idem, p. 132) diluindo-se a determinação do valor pelo tempo de trabalho contido nas mercadorias.

Para Marx, há um processo de equalização das taxas de lucro induzido pela concorrência no mercado, onde capitais de composições superior, média e inferior se defrontam e se relacionam. Os preços são determinados pela lei do valor, mantendo a relação visceral com o tempo de trabalho socialmente necessário para a produção das mercadorias: se o tempo de trabalho cai, caem os preços; se sobe, sobem os preços. As mercadorias de empresas com maior composição orgânica que produzem por valor abaixo da média realizam mais-valia extraordinária, superlucro, enquanto aquelas que produzem acima da média não realizam parte da mais-valia contida nas mercadorias que produzem, já que aquela é parcialmente apropriada por outrem na forma do superlucro.

A questão central para Marx é que a lei do valor domina esse movimento e não a clássica lei da oferta e da procura. Essa última, na verdade, se funda no valor, inclusive no valor de uso, base material do valor, já que a relação da oferta e da procura está ancorada num determinado *quantum* de necessidades para as quais há meios de pagamento para sua satisfação. Dito de outra forma, o capitalismo não se pauta pelas necessidades sociais, mas pela metamorfose da mercadoria em dinheiro para a realização do valor. Para tanto, é decisivo que as mercadorias atendam às necessidades que encontrem os meios de pagamento para adquiri-las.

Vale ressaltar que o Estado pode interferir nessa dinâmica, a partir das suas encomendas, como um mecanismo "extraeconômico", no qual entraria a alocação do fundo público. Também pode interferir como "empresário", controlando determinados ramos de produção que interferem na taxa geral de lucros e no lucro médio. Ou seja, a política econômica do Estado pode produzir flutuações importantes nos preços de mercado e, com o advento posterior do keynesianismo e dos monopólios, passou a fazê-lo cotidiana e estruturalmente.

Para Marx, a questão central é que, subjacente à relação entre oferta e procura, está o móvel real do conjunto do processo: a valorização do valor. Se a relação entre oferta e procura explica algo, esse algo está apenas na superfície do processo social em foco, qual seja, o *modus operandi* do capitalismo, que supõe a existência das classes e seus segmentos e a repartição da *revenue* global da sociedade. Quanto mais desenvolvido o capitalismo, maior a equalização das contínuas desigualdades, segundo Marx (idem, p. 150), sendo supostas a disponibilidade e a mobilidade dos capitais e da força de trabalho, tendo em vista a exploração desta, a liberdade completa de comércio e o sistema de crédito, no qual opera também o Estado, com o fundo público na forma do crédito, inclusive contraindo dívida pública.

A seção III do livro III, tomo I, debate a Lei da queda tendencial da taxa de lucros, que retomaremos aqui, ainda que já exista um trato inicial do tema no primeiro capítulo deste livro, na perspectiva de aprofundar sua apreensão. Esse é um elemento central da dinâmica de desigualdades, desequilíbrios e contradições que marca o modo de produção capitalista e requisita, de forma diferenciada ao longo dos ciclos de expansão e crise do capitalismo, o suporte do fundo público.

Observamos que a relação dessa tendência com o fundo público é visceral, especialmente quando este se torna um elemento estruturante do conjunto do processo de acumulação, uma espécie de pressuposto geral, *in flux*, como dissemos antes. Esta lei — que em Marx sempre tem o sentido de tendência — aponta que as modificações constantes na composição orgânica média do capital global, na sua relação com o capital variável, implicam "uma queda gradual na taxa de lucro geral" (idem, p. 163). Vejamos uma formulação mais completa de Marx. Para ele, referindo-se à produção capitalista em geral,

> Esta, com o progressivo decréscimo relativo do capital variável em relação ao capital constante, gera uma composição orgânica crescentemente superior do capital global, cuja consequência imediata é que a taxa de mais-valia com grau constante e até mesmo crescente de exploração do trabalho se expressa numa taxa geral de lucro em queda contínua (há de se mostrar mais adiante porque esse declínio não surge nessa forma absoluta, mas mais como uma tendência a uma queda progressiva) (idem, p. 164).

Para Marx, essa é uma característica peculiar do modo de produção capitalista. As taxas de lucro podem cair por diversas razões, mas há uma tendência imanente, que surge das contradições do capitalismo, a uma taxa geral de lucros em queda. A tendência de queda da taxa geral de lucros independe também da repartição do lucro entre as várias personas do capital. Com uma parte cada vez menos despendida em trabalho vivo, há tendência de decréscimo da absorção de mais-valia numa perspectiva de mais largo prazo. Para Marx, no modo de produção capitalista existe crescimento da massa de mais-valia em convivência com o decréscimo da taxa geral de lucros, pois as mesmas causas que concentram massas de exércitos de trabalhadores sob o comando de capitalistas individuais são exatamente as que inflam a massa do capital fixo empregado, assim como a das matérias-primas e auxiliares, em proporção crescente em face do trabalho vivo empregado (idem, p. 168).

Vale ressaltar que se trata para Marx de uma *condição de existência* e não algo que pode ocorrer circunstancialmente. É uma contradição — aumento da massa de lucros (massa global de mais-trabalho) acompanhada da queda tendencial da taxa de lucros — que decorre da lógica de conjunto do capitalismo, em especial da concorrência e da luta de classes que mobilizam esse modo de produção. Sobre essa última determinação, basta lembrar a relação intrínseca entre as lutas em torno da jornada de trabalho e a decorrente expansão da mais-valia relativa.

Tem-se, portanto, a mobilização de um *quantum* maior de meios de produção que põe em movimento um *quantum* menor de força de trabalho, o que implica menos quantidade de trabalho excedente no valor final das mercadorias. A contradição é que cresce imediatamente o tempo de trabalho excedente incrementado pela produtividade do trabalho, com implicações para a taxa de lucros. Assim, faz-se necessário alterar as demais circunstâncias para uma contraposição a essa variação da proporção entre os distintos componentes do valor, base para os preços das mercadorias, que tem tendência à queda, com menos incorporação de trabalhos pago e não pago. Ocorre que essa é uma tendência que opera em média ou larga duração, o que remete à análise dos ciclos longos com base nos elementos da lei do valor, tal como o realizou Mandel ([1972] 1982).

Num sentido mais imediato e satisfatório ao pragmatismo cego do burguês que quer acumular, pode-se ter o superlucro, já que o "capitalista que emprega meios de produção mais aperfeiçoados, mas ainda não generalizados, vende abaixo do preço de mercado, mas acima de seu preço de produção individual; assim, a taxa de lucro sobe para ele até que a concorrência tenha equalizado isso" (idem, p. 176).

A queda da taxa de lucros para Marx, portanto, não é maior ou mais rápida, apresentando-se como *tendência de larga ou média duração* porque existem influências contrariantes em jogo que "cruzam e superam" a tendência de queda da taxa de lucros. Ou seja, ela opera, porém com suas *causas contrariantes*. E podemos supor — e temos inúmeras razões para isso — que o Estado, como garantidor das condições gerais de produção e reprodução, um capitalista total ideal (MANDEL [1972], 1982, capítulo XV), é um pressuposto e um elemento decisivo *in flux* na impulsão e garantia dessas causas contrariantes. Vejamos.

A primeira causa contrariante arrolada no texto marxiano é a elevação da exploração da força de trabalho por meio do prolongamento da jornada e/ou da intensificação do trabalho. No entanto, Marx aponta que a elevação da taxa de mais-valia pela ampliação da jornada ou pela introdução de inovações tecnológicas tem impacto imediato de aumento na taxa de lucros, mas, no sentido mediato, corrobora com a tendência de queda, dada a tendência de equalização. Ou seja, esses elementos enfraquecem a tendência, mas não a eliminam. O paradoxo é exatamente este: a taxa de lucro cai mediatamente porque o trabalho se torna mais produtivo. A compressão dos salários abaixo do valor também é uma causa contrariante, o que significa modificar o valor dos componentes da reprodução da força de trabalho ou impor derrotas significativas no contexto da luta de classes.

Esta tem sido uma linha mestra no ambiente mais recente do horror econômico capitalista neoliberal e ultraneoliberal, a exemplo da contrarreforma trabalhista brasileira de 2017. Nesse sentido, Marx retoma a existência da superpopulação relativa — como havia tratado no capítulo XXIII, A lei geral da acumulação, do livro I — como elemento central de contrapeso à queda da taxa de lucros, porque opera no barateamento da força de trabalho. A atualidade de Marx salta aos olhos. A viragem para um ciclo longo com tendência à estagnação a partir da década de 1970 teve na expansão do desemprego e de um exército industrial de reserva ou superpopulação relativa um de seus pilares, como nos informam Mandel (1990), Husson (1999), Harvey (1992), Anderson (1995) e Antunes (1995), entre outros, confirmando a hipótese de Marx. Desta forma, a tendência à queda das taxas de lucro pode ser no médio prazo amortecida.

O incremento do comércio exterior também é apontado como uma contratendência fundamental à queda da taxa de lucros, especialmente considerando os termos desiguais de troca que proporcionam superlucros para os países "mais adiantados", diga-se, com mais produtividade do trabalho, mas que negociam preços das mercadorias acima do valor que produzem, mesmo que sejam mais baratas que as de seus concorrentes. Aqui, Marx fundamenta os debates subsequentes sobre o desenvolvimento desigual e combinado, a hierarquia entre os países na economia mundial e as relações de dominação e dependência. Marx fecha esse importantíssimo capítulo com a seguinte síntese:

> E assim mostrou-se, de modo geral, que as mesmas causas que acarretam a queda da taxa geral de lucro provocam efeitos contrários, que inibem, retardam e em parte paralisam essa queda. Eles não anulam a lei, mas debilitam seu efeito. Sem isso, seria incompreensível não a

> queda geral da taxa de lucro, mas, pelo contrário, a relativa lentidão dessa queda. Assim, a lei só opera como tendência cujos efeitos só se manifestam de forma contundente sob determinadas circunstâncias e no decorrer de períodos prolongados (idem, p. 181).

Marx passa, então, a investigar desdobramentos das contradições internas da lei da queda tendencial da taxa de lucros. Se a acumulação tende a concentrar capital e trabalho em larga escala, a queda da taxa de lucros, por sua vez, acelera novamente a concentração de capital, inclusive desapropriando pequenos capitalistas, ou seja, com a expropriação de pequenos produtores diretos onde ainda houver espaço para tanto. No mesmo movimento, com a queda da taxa de lucros (sendo ela, a taxa de lucros, o "aguilhão da produção capitalista"), retarda-se a formação de novos capitais, o que promove superprodução, especulação, crises, capital supérfluo e população supérflua (idem, p. 183), gerando, assim, uma espécie de barreira do capital para si mesmo. Na verdade, trata-se do encontro conflituoso com seu limite histórico.

Interrupções na rotação do capital, contrapondo o imenso desenvolvimento das forças produtivas, e a estreita base de consumo, diga-se, de realização, também são expressão desse limite histórico, o que leva a um conflito entre expansão da produção e valorização. Há, ainda, limitações para a elevação do grau de exploração da força de trabalho para compensar esse conflito, seja pela interveniência da luta de classes, seja por limites histórico-morais, dos quais Marx nos fala no livro I ao discorrer sobre a jornada de trabalho (capítulo VIII).

Os "agentes antagônicos" atuam simultaneamente uns contra os outros: aumento real da população trabalhadora oriundo do aumento do capital global em operação em contraponto com a superpopulação relativa; crescimento da massa de capitais no mesmo passo da desvalorização de capitais para conter a queda da taxa de lucros; crescimento da parte constante do capital na sua relação com o capital variável, o que remete à lei geral da acumulação (capítulo XXIII, livro I).

Periodicamente, esse conflito entre agentes antagônicos, que tem relação com a queda tendencial da taxa de lucros, gera as crises como "soluções momentâneas violentas das contradições existentes, irrupções violentas que restabelecem momentaneamente o equilíbrio perturbado" (idem, p. 188). Para Marx, a produção capitalista busca superar suas barreiras imanentes, por meios que as recolocam em escala ampliada, de forma que "a verdadeira barreira da produção capitalista é o próprio capital" (idem, p. 189).

Este, evidentemente, não é um processo automático, ainda que inerente e essencial: o modo de produção capitalista, para Marx, é um meio histórico para desenvolver a força produtiva material e para criar o mercado mundial que lhe corresponde, mas que entra em contradição com as relações sociais de produção. Esse elemento histórico e social não sai em momento algum do horizonte marxiano, já que a presença das classes é transversal à lógica do capital, é um elemento interno ao valor, não uma externalidade (BEHRING, 1998).

Marx prossegue desvelando as contradições decorrentes da queda tendencial da taxa de lucros. Nesse contexto, o capitalista individual precisa de um volume maior de recursos para o emprego produtivo do trabalho, o que se relaciona ao crescimento da concentração de capitais, por um lado, e ao crescimento da pletora de capital dos pequenos produtores por outro (superacumulação de capital), parte dela tendo em vista a oferta na forma do crédito, mas que pode ficar "desocupada", em alqueive, da mesma forma que parte da força de trabalho. Esse ambiente de superacumulação, desemprego e superprodução leva à aniquilação de parte dos produtores, mas também a saídas para o exterior, para os que têm condições para tanto, mesmo que haja carência de atendimento de necessidades internas.

Como o capital não se move pelas necessidades sociais, mas pelo lucro, a busca de mercados no exterior se coloca como alternativa. A queda tendencial da taxa de lucros, portanto, acirra a concorrência entre os capitais e as tendências de crise. Se a taxa de lucro é o que impulsiona a produção capitalista e o capital só produz o que dá lucro, paradoxalmente, no mesmo passo, criam-se condições para a superação do capitalismo, diga-se, para a existência de um modo de produção superior, dado o desenvolvimento das forças produtivas.

As contradições econômicas e sociais do capitalismo colocam em evidência seu caráter histórico, transitório, senil "e que cada vez mais sobrevive a si mesmo" (MARX [1895], 1982c, p. 197), o que se expressa em suas crises periódicas e tendências destrutivas (MÉSZÁROS, 2002). A tendência de queda da taxa média de lucro convive com a pressão pela equalização da taxa de lucros, que é a submissão desta à lei geral da concorrência e à lógica do lucro médio, com a introdução generalizada dos novos métodos de produção.

Após esse breve percurso na seção III do livro III de *O Capital*, é possível perceber vivamente a presença do fundo público como causa contrariante à queda tendencial da taxa de lucros, meio pelo qual o Estado capitalista assegura as condições gerais de produção e reprodução do capital e realiza a gestão das crises que foram se tornando cada vez mais agudas ao longo do século XX e deste início do século XXI. O fundo público se tornou uma espécie de pressuposto geral do capital exatamente por seu papel em escala cada vez mais ampliada, após a crise de 1929-1932, de atuar na gestão das contradições enunciadas anteriormente.

Essa atuação ocorre, seja cotidianamente no processo de produção e reprodução social *in flux*, seja nos momentos de crise, injetando volumes significativos extraídos desigualmente das classes sociais para amortecer os efeitos mais perversos daquelas contradições e das crises. Trata-se de assegurar a continuidade do ciclo D — M — D' como um esteio do metabolismo do capital.

Com as tendências de concentração e monopolização do capital, e mais recentemente com a hegemonia do capital financeiro (LENIN, [1917] 1987) e da financeirização (CHESNAIS, 1996), a direção política da composição e alocação do fundo público tende a favorecer abertamente a hegemonia desses segmentos — o que exige condições políticas determinadas nos espaços geopolíticos —, deliberadamente remetendo os custos da crise "para todos", como se esta fosse uma eventualidade que atinge igualmente as classes sociais, e difundindo uma "cultura da crise" (MOTA, 1995).

Sigamos com Marx, agora, na seção IV. Ele passa a analisar as várias formas/personas em que o capital se metamorfoseia em sua busca incessante para a valorização e a realização do valor. No caso do capital comercial, há o comércio de mercadorias e de dinheiro. O comércio de mercadorias cumpre uma função absolutamente vital na esfera da circulação, que é a realização dos valores das mercadorias, como já vimos no capítulo 2 acerca da rotação do capital. É um gênero especial e autônomo de capitalistas que requisita um investimento específico de capital.

Para qualificar melhor o papel do capital de comércio de mercadorias como forma da divisão social do trabalho, Marx considera esse segmento como um agente autônomo e distinto do produtor e que adianta capital (emprestado ou próprio) para que o processo de reprodução ocorra, transformando mercadoria em dinheiro. O capital de comércio de mercadorias é um mediador do processo como um todo e não há, nesse momento, valorização do valor, mas um adiantamento de capital aos produtores que será recuperado como parte do butim do valor (considerando a interveniência da lógica do lucro médio) pelos comerciantes.

O capital-mercadoria completa sua metamorfose em dinheiro remunerando as diversas personas. Um mesmo capital comercial faz rotar o capital de diversos produtores, bastando pensar numa loja de departamentos ou num supermercado, ou seja, seu tempo de rotação está relacionado à rotação na produção de um ou vários capitais industriais.

Duas formas constituem o capital comercial — capital monetário e capital mercadoria — que se defrontam e funcionam na esfera da circulação, uma fase do processo de reprodução, de realização do valor, mas não de criação do valor, voltamos a dizer, já que este está contido na forma capital mercadoria. No entanto, Marx chama atenção de que o encurtamento do tempo de rotação na circulação tira mais rapidamente a mais-valia do confinamento na sua forma de mercadoria e eleva a parte empregada na esfera da produção.

Assim, nesse momento, retomamos a questão central da rotação do capital, da qual tratamos anteriormente, e seus impactos na taxa de lucros. O lucro comercial é uma parte do butim da mais-valia socialmente produzida, apropriada pelo comerciante ao mediar o metabolismo social. Ou seja, constitui-se em parte da mais-valia global, considerando aqui a questão do lucro médio: "capital que participa do lucro sem participar de sua produção" (MARX [1895], 1982c, p. 215). Apesar de o capital comercial vender, em geral, as mercadorias acima do preço de compra, isso não significa produzir mais-valia, mas participar da constituição do lucro médio, da formação da taxa de lucro. Mais precisamente, nas palavras de Marx,

> O capital comercial entra, portanto, na equalização da mais-valia de acordo com o lucro médio, embora não na produção dessa mais-valia. Por isso, a taxa geral do lucro já contém a dedução da mais-valia que cabe ao capital comercial, ou seja, a dedução do lucro do capital industrial (idem, p. 216).

O comerciante tem custos para realizar sua mediação do processo como um todo, com espaço físico e força de trabalho (caso seja um negócio médio ou grande). Se pensamos nisso fora do tempo de Marx, esse setor tem sido o mais intensivo em força de trabalho. Para Marx, esse é um trabalho que não cria valor, mas é explorado tendo em vista mais captura de parte do butim pelo capital comercial. Isso explica o ritmo alucinante dos trabalhos de telemarketing e os níveis de exploração da força de trabalho comerciária, boa parte dela feminina, o que implica outra mediação neste debate que não está em Marx, mas no feminismo marxista, o patriarcado e o machismo, associando relações sociais de sexo e divisão sexual do trabalho[3].

---

3. Existe uma ampla e densa produção do feminismo ligado à tradição marxista sobre esses temas, que não inventariaremos aqui sob pena de deixar autoras importantes e reflexões de fora. Confira também a nota 25, no capítulo 2.

Segundo Marx, "assim como o trabalho não pago do trabalhador cria diretamente mais-valia para o capital produtivo, o trabalho não pago do trabalhador assalariado comercial cria para o capital comercial uma participação naquela mais-valia" (idem, p. 221). O capital industrial renuncia a parte do seu butim para fazer o capital rotar mais rápida e intensamente. O capital industrial poderia controlar o conjunto do processo e o faz eventualmente, a exemplo da indústria automobilística atual que muitas vezes engloba o conjunto da cadeia, inclusive mecanismos de crédito ao consumidor e instituições financeiras próprias. Mas, de forma geral, a tendência é transferir cada vez mais ao capital comercial a função de compra e venda de mercadorias ao consumidor, intensificando a forma específica da exploração do trabalho nos termos de Marx, como segue:

> O trabalhador comercial não produz diretamente mais-valia. Mas o preço de seu trabalho é determinado pelo valor de sua força de trabalho, portanto por seus custos de produção, enquanto o exercício dessa força de trabalho enquanto tensão, dispêndio de força e desgaste, como no caso de qualquer outro trabalhador assalariado, não é de modo algum limitado pelo valor da sua força de trabalho. Seu salário não guarda, portanto, nenhuma relação necessária com a massa do lucro que ele ajuda o capitalista a realizar. O que custa ao capitalista e o que lhe rende são grandezas diferentes. Rende-lhe não por produzir diretamente mais-valia, mas ao ajudá-lo a diminuir custos da realização de mais-valia, à medida que ele executa trabalho em parte não pago (idem, p. 225).

E Marx vai ainda mais longe sobre esse tema. Se, inicialmente, o trabalho no comércio tinha remuneração acima da média geral, a tendência é de queda do valor dessa força de trabalho, pela divisão do trabalho dentro dos estabelecimentos comerciais, tornando-o mais unilateral. Mas também, pela razão que segue e que expressa mais um grande acerto marxiano, inclusive com desdobramentos para a reflexão sobre a educação, um elemento forte e progressivamente assumido pelo fundo público, em uma perspectiva instrumental e rápida:

> (...) a formação preparatória, os conhecimentos comerciais e linguísticos etc. são reproduzidos com o progresso da ciência e da educação popular, de maneira cada vez mais rápida, fácil, geral e barata, quanto mais o modo de produção capitalista orienta os métodos pedagógicos etc. para a prática. A generalização do ensino popular permite recrutar essa espécie entre classes que antes estavam excluídas, acostumadas a um modo de vida pior. Ademais ela aumenta o afluxo e, com isso, a concorrência. Com algumas exceções, com o avanço da produção capitalista, desvaloriza-se a força de trabalho dessa gente: seu salário cai enquanto sua capacidade de trabalho aumenta. O capitalista aumenta o número desses trabalhadores quando há mais valor e lucro a serem realizados. O aumento desse trabalho é sempre um efeito, nunca a causa do aumento da mais-valia (idem, p. 225/226).

Embora a forma do grande capital comercial não estivesse plenamente desenvolvida nos tempos marxianos, vislumbra a tendência de concentração de capital em grandes conglomerados, como vemos hoje no capitalismo plenamente espraiado e mundializado dos *shopping centers*, lojas de departamento, supermercados gigantes, ou seja, imensos conglomerados comerciais. Diante do texto marxiano, muitas vezes nos surpreendemos (e nos encantamos) com sua impressionante atualidade!

Nosso clássico segue debatendo a rotação do capital comercial em sua relação com o capital industrial e a importância do moderno sistema de crédito, que se torna cada vez mais central para disponibilizar capital monetário para continuar comprando e vendendo mercadorias, mesmo que o estoque não tenha sido esgotado, o que é central para mediar a rotação do capital industrial. A aparente autonomização do capital comercial revela suas contradições, pois, levada ao limite, poderá compor estoques excessivos, rompendo a cadeia de empréstimos via crédito e impactando a rotação do capital industrial, ou seja, pode haver um curto-circuito na rotação, mesmo com as alternativas de comércio exterior.

Assim, irrompe a crise: letras de câmbio contra mercadorias que vencem, vendas forçadas para pagar dívidas em papéis etc. Para

Marx, a "alienação e irracionalidade" deste processo é ainda maior, pois um mesmo capital comercial pode mediar, simultaneamente, capitais produtivos diferentes, como afirmamos antes, ampliando a escala da crise.

Além da política de educação crescentemente assumida pelo Estado, vale a esta altura resgatar que as compras estatais, mediante a alocação do fundo público, fazem parte desse circuito do capital comercial e são intervenientes na formação do lucro médio. O aumento do peso dos orçamentos públicos em proporção ao PIB nos diversos Estados capitalistas, a partir da crise de 1929-1932, revela que o fundo público passou a ter um impacto relevante no processo ampliado da reprodução social.

Observemos, agora, o capital de comércio de dinheiro. Trata-se de capital na forma monetária que funciona como meio de circulação ou meio de pagamento. Uma parte do capital tem que existir na forma de tesouro, reserva de meios de compra, de pagamento que espera sua aplicação. A guarda desse dinheiro e seu controle engendrou na divisão social do trabalho uma categoria específica de agentes econômicos, um negócio específico, o de comércio de dinheiro. Marx aponta que a função cambial é um fundamento desse negócio.

Porém, ainda mais importante é a guarda, a contabilização do tesouro na forma de um fundo de reserva para compras e pagamentos, diga-se, de capital em alqueive para ser utilizado. Se, inicialmente, o comerciante de dinheiro funciona como um caixa para comerciantes de mercadorias e industriais, seu pleno desenvolvimento, com o aumento significativo do volume de recursos sob seus cuidados técnicos, aponta para a expansão do crédito, dos empréstimos, funcionando para o processo de reprodução como um todo. Seu lucro, tal como o do capital comerciante de mercadorias, também será uma parte do butim da mais-valia socialmente produzida, já numa forma mais complexa, a do capital portador de juros.

Para Marx, o juro é uma parcela do lucro que o capital em funcionamento — na indústria em especial, mas também no comércio — deve pagar ao proprietário de capital que lhe fez um adiantamento, contratos esses chancelados juridicamente e salvaguardados pelo Estado. O caráter específico do capital portador de juros é caracterizado da seguinte maneira por nosso autor:

> O possuidor de dinheiro que quer valorizar seu dinheiro como capital portador de juros aliena-o a um terceiro, lança-o na circulação, torna-o mercadoria como *capital*; não só como capital para si mesmo, mas também para outros; não é meramente capital para aquele que o aliena, mas é entregue ao terceiro de antemão como capital, como valor que possui o valor de uso de criar mais-valia, lucro; como valor que se conserva no movimento e, depois de ter funcionado, retorna para quem originalmente o despendeu, nesse caso o possuidor de dinheiro; portanto, afasta-se dele apenas por um período, passa da posse de seu proprietário apenas temporariamente à posse do capitalista funcionante, não é dado em pagamento, nem vendido, mas apenas emprestado; só é alienado sob a condição, primeiro, de voltar, após determinado prazo, a seu ponto de partida, e, segundo, de voltar como capital realizado, tendo realizado seu valor de uso de produzir mais-valia (MARX [1895], 1982c, p. 259).

Assim, o prestamista, proprietário do capital, é remunerado na forma de juro, após sua multiplicação no processo real de funcionamento do capital que ele impulsiona, ou seja, tendo-se completado o ciclo global e expressando um acordo jurídico entre prestamista e mutuário. Apenas ao final de um determinado prazo, o capital emprestado vai refluir inteiramente ao capital portador de juros. Marx ressalta que a aparência desse processo revela uma relação entre o prestamista e o mutuário, que obscurece o que ocorre efetivamente no ciclo do capital: o processo de produção e realização do valor das mercadorias. O juro é, portanto, parcela do lucro médio, ou melhor, parte da repartição do lucro médio.

O produto do capital é o lucro extraído da exploração da força de trabalho, em que o valor efetivamente se valoriza. Assim, a propriedade de capital é "comando sobre o trabalho alheio" que dá direito à apropriação de trabalho alheio. No entanto, para o capital portador de juros, tudo aparece como uma externalidade, como se houvesse uma autonomia do juro em relação ao lucro que não existe, já que o juro é regulado pelo lucro, ou seja, pela taxa média geral de lucro, acompanhando os ciclos de prosperidade ou de estagnação do capitalismo com tendências de alta ou de baixa a serem observadas mais conjunturalmente, pois podem expressar também movimentos especulativos em torno de papéis portadores de juros.

No entanto, como a taxa de juros se relaciona com o lucro médio, ou melhor, à taxa geral média de lucro (e não de setores específicos), há um limite nessas flutuações determinado por essa última. Por sua vez, a taxa geral média de lucros tem relação com a concorrência entre os diversos capitais com suas diferentes composições e relações com a força de trabalho. Já a taxa de juros aparece como uma espécie de dado da natureza fixado diariamente e com autonomia *aparente* em relação à taxa de lucros. Segundo Marx, "os boletins meteorológicos não registram a situação barométrica e termométrica com maior precisão que os boletins da Bolsa a situação da taxa de juros, não para este ou aquele capital, mas para todo o capital que se encontra no mercado monetário, isto é, o capital emprestável em geral" (idem, p. 275). E o banqueiro passa a controlar grandes massas de capitais, sendo a personificação social do capital.

Marx identifica uma tensão permanente nessa relação entre o capital funcionante e o capital prestamista, que leva à criação da taxa de juros, que, por sua vez, vai determinar as figuras do lucro bruto (lucro mais a taxa de juros) e do lucro líquido, aquilo que o capitalista funcionante efetivamente apropria. O juro é o que cabe ao proprietário do capital como tal, no entanto este não funciona, mas propicia tal funcionamento, o que introduz uma diferença qualitativa entre essas duas personas do capital. Contudo, com origem no lucro, a fonte real é a mesma: a exploração do capital sobre o trabalho. O juro, tal como o lucro, é mais-valia e seu fundamento é o trabalho subsumido realmente ao capital.

Neste passo, Marx afirma que "o capital portador de juros é o capital enquanto propriedade em confronto com o capital enquanto função" (idem, p. 283), já que nessa relação há uma antítese entre ganho empresarial e juro, na medida em que o capitalista funcionante desenvolve uma consciência de si como "quem trabalha", como se o ganho empresarial fosse sua remuneração. Ele seria uma espécie de superintendente do trabalho alheio, da exploração do trabalho de outrem, um funcionário da produção, um trabalhador em face do capitalista monetário. Já o capital portador de juros não se confronta diretamente com o trabalho, o que obscurece essa antítese num sentido imediato. Assim, no capital portador de juros, "a relação-capital atinge sua forma mais alienada e fetichista. Temos aí D — D', dinheiro que gera mais dinheiro, valor que valoriza a si mesmo, sem o processo que medeia os dois extremos" (idem, p. 293), pois "ele (o mais-valor) não traz nenhuma marca de seu nascimento" (idem, p. 294). O fundamento de ambos, do ganho empresarial e do juro, Marx insiste, está na potência criadora de valor da força de trabalho. Contudo, na figura mais fetichista e irracional do capital, tal fundamento desaparece. Tem-se, assim, a mais pura mistificação do capital, em que a fonte do juro não é mais reconhecível, e não se sabe como "o dinheiro tem agora amor no corpo" (*Fausto* — GOETHE em MARX [1895], 1982c, p. 295), ao ter contato com o trabalho vivo.

Essas considerações de Marx são muito importantes para que não nos deixemos cair em tentação neokeynesiana a respeito de uma suposta dicotomia produção *versus* rentismo/finança que muitas vezes toma o debate econômico e lembra a crítica ingênua de Lutero à usura que Marx critica em *O Capital*. Se há tensões de repartição entre as personas do capital, elas se diluem quando a força de trabalho toma a história nas mãos e confronta o capital no seu conjunto. Elas, porém, baixam de temperatura quando ocorre a luta econômica salarial imediata, inclusive com a mediação do Estado capitalista.

É fundamental sublinhar que muitas vezes o fundo público assume o lugar *sui generis* de capital portador de juros, capital de empréstimo, a exemplo dos bancos de desenvolvimento e bancos públicos que ampliaram sua presença após a crise de 1929, e das políticas econômicas keynesianas, como sinalizamos antes. No caso do BNDES, por exemplo, o importante estudo de Giselle Souza da Silva

(2016) mostra o aporte de recursos tributários, do tesouro nacional brasileiro para as políticas do banco de incentivo às chamadas empresas campeãs nacionais durante o "neodesenvolvimentismo" petista, com seus empréstimos a juros módicos e sua política de participação e recuperação de empresas.

No entanto, ao analisar o crédito e o capital fictício, Marx diz explicitamente que não vai cuidar do tema do crédito público, que estaria "fora da área analisada". É possível compreender seu movimento, considerando que em seu tempo o crédito público e o fundo público não tinham o peso econômico nem o papel estrutural que terão a partir da inflexão da crise de 1929-1932 e, especialmente, após o fim da Segunda Guerra Mundial, período que Mandel caracteriza como capitalismo tardio (maduro e decadente). Mas, ainda assim, os fundamentos desse debate estão na contribuição marxiana. Vejamos.

Para Marx, os comerciantes de dinheiro, os banqueiros, concentram grandes massas de capital emprestável, administrando o dinheiro de todos os prestamistas individuais, e o crédito passa a ser seu negócio especial. Eles se tornam "administradores gerais do capital monetário" (idem, p. 303). Os fundos de reserva da indústria e do comércio transformam-se em capital emprestável, livrando-se de certa ociosidade. Com a abertura de contas individuais, os bancos passam a ter disponíveis para empréstimos os recursos de todas as classes. Dessa forma, os bancos fazem empréstimos e adiantamentos, inclusive sobre mercadorias não vendidas e produção ainda não realizada, ou seja, adiantamentos sobre expectativa de produção.

Para Marx, o crédito pode gerar situações de embuste, das quais ele fornece alguns exemplos, ao analisar a crise de 1847/1848 e a grande fraude no comércio com as Índias Orientais que fez desvalorizar títulos públicos e ações lastreadas em operações financeiras fraudulentas. Os capitais monetários — superacumulados e concentrados — muitas vezes buscam operações arriscadas, já que o dinheiro em alqueive nada proporciona, gerando curtos-circuitos no metabolismo do capital, processo esse que reiterada e ciclicamente se repete na história do capitalismo. A dívida pública se constitui num dos meios de absorção da riqueza excedente, dado seu lastro no sistema tributário e no tesouro, assegurado aos detentores de títulos e regulado pela taxa média geral de juros. Contudo, a abundância de capital monetário desocupado força a entrar em exercício "o dinheiro adormecido", inclusive em aventuras especulativas, e nesse processo crescente, desenvolve-se a repartição entre lucros e juros.

Qual é, em síntese, o papel do crédito para a produção capitalista? Marx aponta que o crédito realiza uma mediação na equalização da taxa de lucro, movimento sobre o qual "repousa toda a produção capitalista" (idem, p. 331). O crédito diminui os custos de circulação, operando por fora das transações e, ao mesmo tempo, acelerando a circulação do meio circulante e acelerando a velocidade da circulação monetária, substituindo ouro por papel. Ou seja, o desenvolvimento do crédito acelera o metabolismo e a reprodução do capital no seu conjunto, no mesmo passo em que pode servir de base para a especulação ao manter separados os atos de compra e venda no espaço e no tempo.

O crédito favorece a constituição de grandes conglomerados empresariais na forma de sociedades por ações, diga-se a concentração social de força de trabalho e meios de produção, e a decorrente transformação do capitalista funcionante em administrador do capital alheio. Neste ponto, Marx faz uma interessante pontuação, pois a separação entre função e propriedade do capital é uma espécie de resultado do máximo de desenvolvimento da produção capitalista: "Um ponto de passagem necessário para a (re)transformação do capital em propriedade dos produtores, porém não mais como propriedade privada de produtores individuais, mas como propriedade dos produtores associados, como propriedade diretamente social" (idem, p. 332), donde decorre a transformação também de todas as funções de reprodução do capital em funções sociais.

Mas é nesse ponto também que Engels explicitamente introduz sua escrita de 1895, para sinalizar que essa socialização máxima dentro do próprio capitalismo, que é uma contradição, engendra também os processos de monopolização do capital, a forma da futura expropriação. Marx apontava isso como tendência desdobrada dessa contradição e que Engels consegue perceber mais claramente no final do século XIX. Marx identifica também o surgimento de uma nova aristocracia financeira, uma "nova espécie de parasitas" que opera um sistema de embustes e fraudes, por meio do sistema de ações.

O sucesso ou o insucesso dessas operações tem como decorrência expropriações em escala mais alta, seja dos produtores diretos, seja de capitalistas pequenos e médios. Para Marx, o sistema de créditos e a forja das sociedades por ações dá origem aos aventureiros do "puro jogo da Bolsa, em que os pequenos peixes são devorados pelos tubarões e as ovelhas pelos lobos da Bolsa" (idem, p. 334). Ele conclui com a seguinte caracterização do crédito:

> O sistema de crédito acelera, portanto, o desenvolvimento material das forças produtivas e a formação do mercado mundial, os quais, enquanto bases materiais da nova forma de produção, devem ser desenvolvidos até certo nível como tarefa histórica do modo de produção capitalista. Ao mesmo tempo, o crédito acelera as erupções violentas dessa contradição, as crises e, com isso, os elementos da dissolução do antigo modo de produção (idem, p. 335).

Pode ocorrer um colapso sistêmico nesse contexto, quando mercadorias e títulos se tornam invendáveis, letras de câmbio não podem ser descontadas e nada mais vale a não ser o pagamento à vista. Registramos que o fundo público tem sido um esteio central para as situações de colapso sistêmico, bem como atua como fornecedor de crédito, especialmente quando se tornou um assegurador das condições gerais de produção e reprodução social. Esse papel desponta embrionariamente nas notas de Engels, ao perceber o processo em curso de monopolização e suas requisições para a intervenção do Estado.

Marx prossegue caracterizando o processo global da produção capitalista, no livro III, tomo 2, que passamos a percorrer agora, sempre perseguindo o lugar do fundo público no movimento do capital como um todo. No importante capítulo XXIX, Partes constitutivas do capital bancário, tem-se que enquanto a "economia de banqueiros" quer convencer que "o dinheiro é o capital *par excellence*", Marx reafirma que o capital monetário é uma "forma transitória", como o capital mercadoria e o capital produtivo. O "capital bancário" se compõe de dinheiro em espécie, ouro ou notas e de títulos de valor.

Os títulos podem ser comerciais, como letras de câmbio que vencem de tempos em tempos, e são "o verdadeiro negócio do banqueiro", já que se relacionam com o funcionamento do capital e a valorização do valor mais diretamente, e títulos públicos de valor, a exemplo de títulos do Estado, do Tesouro, ações de toda espécie, hipotecas, ou seja, títulos portadores de juros.

Neste momento, Marx nos ajuda a pensar sobre a dívida pública, um elemento central do debate sobre o fundo público, dada sua importância crescente na reprodução ampliada do capital no tempo presente e a amplitude da parte do fundo público que é alocada e apropriada pelos detentores de títulos hoje[4]. Ao contrair uma dívida, o Estado tem que pagar aos credores — que detêm o título de propriedade daquele capital — um *quantum* de juros. Na medida em que o capital foi consumido e não existe mais, o credor possui direitos sobre as receitas anuais, o produto anual dos impostos, que vai remunerar o credor de acordo com a taxa de juros.

Marx afirma que o recurso foi já despendido pelo Estado, embora não despendido como capital, o que conservaria o valor investido — o que passa a acontecer com mais frequência no capitalismo monopolista, com a ampliação das funções estatais. Contudo, supondo um dispêndio improdutivo, os títulos representam um "capital ilusório, ou fictício". Ou seja, "por mais que essas transações se multipliquem, o capital da dívida pública permanece puramente fictício, e a partir do momento em que os títulos da dívida se tornam invendáveis, desaparece a aparência desse capital" (MARX [1895], 1982c, tomo II, p. 10).

4. No capítulo 6, desenvolvemos a condição do fundo público no tempo presente em sua relação com o endividamento generalizado. Para o momento, buscamos os fundamentos do processo em Marx.

A forma "aloucada" do capital fictício é um processo de capitalização no qual "toda a conexão com o processo real de valorização do capital se perde assim até o último vestígio, e a concepção do capital como autômato que se valoriza a si mesmo se consolida" (idem, p. 11). Evidentemente, isso é a aparência, uma mistificação, já que a relação direta D — D' não existe.

Já as ações podem ser capitalização para o funcionamento e valorização do valor, mas também ser mera fraude, por constituir um título de propriedade sobre uma mais-valia a realizar. Os títulos (públicos ou ações) são uma aparência de capital real e, ao se desenvolverem, se tornam mercadorias "cujo preço tem um movimento e uma fixação particulares" (idem, p. 11), dado seu caráter especulativo de projeção sobre a receita real de empresas ou de arrecadação e saúde econômica de Estados, requisitando certa segurança e avaliação de riscos. Na crise, a desvalorização dos papéis atua como meio de centralização das fortunas em dinheiro. Assim, parte significativa do capital bancário é investida nos papéis portadores de juros, que vão funcionar como capital real ou direito a um rendimento mais seguro (com destaque para a dívida pública) ou com mais riscos.

Marx ressalta que essas massas de capitais monetários centralizadas pelos bancos, em grande parte, constituem-se dos depósitos do público, que se deslocam, por essa intermediação, aos capitalistas industriais e comerciantes, também aos negociantes de títulos de valor nas Bolsas, ou para os governos na forma de empréstimos, passando a constituir o fundo público a partir da contração de uma dívida. O dinheiro, em que forma estiver, não fica em alqueive, parado. A multiplicação do capital engendrada com o capital portador de juros e o sistema de crédito, que fazem essas formas mudarem de mãos ou se metamorfosearem inúmeras vezes, é, em geral, fictícia, ainda que parte desse capital tenha relação com o capital real.

Se os papéis mudam de mãos, o capital real não muda. Os papéis implicam punção da mais-valia produzida, ou seja, rendimentos para os possuidores de tais papéis, mediados pela taxa de juros, o que estimula o jogo na Bolsa de Valores, que, segundo Marx, "toma o lugar do trabalho, como modo original de adquirir propriedade do capital, e também o lugar da violência direta" (idem, p. 20). Os "prestamistas de dinheiro por profissão", ao realizarem a mediação deste conjunto de processos, acumulam fortunas.

Marx volta sua lupa para os empréstimos à indústria e ao comércio, onde participam do processo real de valorização do valor (produção e realização). No caso do capital comercial, a letra de câmbio, como certificado de dívida com prazo determinado de vencimento, tende a ser a forma assumida. E seu pagamento depende da fluidez do processo de reprodução, "isto é, dos processos de produção e consumo" (idem, p. 21). O capital comercial — e mais ainda quando ganha o comércio exterior e escalas mais amplas — demanda uma reserva de recursos significativa.

Assim, o crédito se torna indispensável para esses setores, estimulando a transformação do capital-mercadoria em capital-dinheiro dentro do ciclo com suas intempéries, ou seja, mediando a metamorfose e a rotação do capital. Enquanto o refluxo (remuneração do capital prestamista) está assegurado na plena expansão do capital industrial, tudo vai bem.

Na estagnação, com os refluxos retardados em função dos mercados saturados e da ociosidade de capital fixo na indústria, há tendência de contração do crédito. Na crise, o capital desembolsado está desocupado em massa, "porque o processo de reprodução está parado" (idem, p. 24). Para Marx, a crise é sempre relacionada à pobreza e à restrição do consumo das massas, não se podendo falar em escassez. Mas as cadeias de crédito em articulação com as taxas de juros vão contornando e amenizando a tendência de crise, constituindo reservas, ainda que não indefinidamente, pois subitamente pode ocorrer colapso e nenhuma espécie de legislação bancária é capaz de eliminar a crise, quando o crédito do qual há uma dependência crescente cessa. E o "mundo de papel" dos proprietários de capital fictício tende a desabar mesmo que os Estados, via seus bancos centrais, ofertem algum suporte a essa expansão forçada do processo de reprodução e até mesmo aos "caloteiros".

Aqui, podemos observar mais uma vez o lugar do fundo público gerindo a crise. Engels, em importante nota, chega a dizer que há uma tendência a ciclos mais longos e crises mais violentas com a intermediação crescente do crédito (MARX [1895], 1982c, p. 28 — nota 8). Se as massas monetárias — que são mais-valia na forma dinheiro — são rebentas da produção, parte delas vira capital de empréstimo, ao se acumularem e não encontrarem um campo imediato de investimento produtivo. E elas podem ficar superacumuladas, engendrando o jogo dos "papeizinhos" nas Bolsas e toda sorte de especulação e punção de rendas e fundo público.

Em tempos de crédito contraído e de desvalorização das mercadorias, podem ser desencadeadas medidas coercitivas para assegurar a metamorfose da mercadoria em sua forma "puramente fantástica", o dinheiro. No entanto, para Marx, "enquanto o caráter social do trabalho aparecer como existência monetária da mercadoria e, por isso, como uma coisa fora da produção real, as crises monetárias independentemente de crises reais ou como seu agravante são inevitáveis" (MARX [1895], 1982c, p. 49).

A constatação marxiana é de que a existência do sistema de crédito — e que tem como lastro os "pretensos bancos nacionais" e o banco central — dá grande poder a essa classe de parasitas, inclusive de dizimar periodicamente capitalistas industriais. O sistema de crédito engendra uma espécie de "hipersensibilidade de todo o organismo". Enquanto a produção flui, o crédito expulsa o dinheiro e ocupa seu lugar, no entanto, se o crédito é abalado acompanhando a superprodução, a requisição geral é sua conversibilidade na forma dinheiro ou seu lastro em ouro e prata, nas formas líquidas.

Outra advertência marxiana é de que o sistema de crédito tem como pressuposto o monopólio da propriedade privada. Ele expressa e é força motriz do sistema — desde as formas pré-capitalistas — ao colocar à disposição dos capitalistas todo o capital potencial disponível, o que paradoxalmente também revela o caráter social da produção e a necessidade da abolição dessa mesma forma de propriedade.

A seção VI dedica-se ao tema da propriedade e da renda fundiária. Essa última é a forma pela qual a propriedade fundiária se valoriza, é o que é pago pelo arrendatário da terra ao proprietário pelo uso do solo como capital fixo. Aí podem estar acrescidos os juros do capital fixo incorporado ao solo, mas renda fundiária não se confunde com juros. A rigor, a terra não é produto do trabalho, é um recurso natural, comum. Portanto, para Marx, a existência da renda da terra é uma irracionalidade sob a qual "se esconde uma relação real de produção" (idem, p. 129).

Nessa relação real estão os trabalhadores agrícolas que enfrentam uma tendência de rebaixamento dos salários, tendo em vista o aumento da renda fundiária, o que implica uma tensão permanente entre as classes e seus segmentos no campo (trabalhadores, arrendatários e proprietários). Se a apropriação da renda "é a forma econômica em que a propriedade fundiária se realiza", toda renda fundiária é mais-valia, produto de mais-trabalho, e os produtos da terra são também mercadorias.

A peculiaridade aqui é a presença do proprietário que se apropria de parte da renda fundiária, que nem sempre é produzida por ele diretamente e pode ter até mesmo uma renda diferencial, quando, por exemplo, a terra dispõe de outros atributos como uma fonte ou queda d'água. Nesse caso, o proprietário poderá se apropriar de um superlucro. Marx aponta as tendências de concentração de capitais e de terras, mas nos diz também sobre a complexidade e inúmeras formas que a propriedade fundiária e as relações com arrendatários assumem no campo. A renda da terra comporá as massas monetárias potenciais disponíveis para o investimento produtivo e a especulação com títulos públicos ou privados. Comporá também o fundo público mediante tributação, ainda que esses setores sejam historicamente pouco tributados e muito subsidiados pelo fundo público, dado seu caráter estratégico na produção de alimentos e *commodities* e sua tradicional força política, a exemplo de suas expressões no Brasil.

Não vamos adentrar mais profundamente no tema da renda da terra, mas aqui é importante apontar que o Estado é central para as relações sociais de produção no campo, como fornecedor de crédito direto ou na forma de gasto tributário (renúncia fiscal), interferindo na concessão de exploração de terras e águas, realizando assentamentos, comprando e armazenando estoques, assegurando vias de transporte, contratos e outorgas etc.[5].

A seção VII intitulada O rendimento e suas fontes é uma espécie de síntese geral do movimento da ordem do capital. Aqui, Marx nos apresenta a trindade econômica ou fórmula trinitária, que "compreende todos os segredos da produção social" (idem, p. 269): capital, terra e trabalho. O capital, como relação de produção social pertencente a uma determinada formação sócio-histórica, não é uma coisa e esses elementos se relacionam socialmente como formas sociais historicamente determinadas, sendo preciso ir além de sua aparência imediata para não cair na armadilha da economia vulgar. É nessa passagem que Marx escreve sua frase tão conhecida como importante e necessária: "Toda ciência seria supérflua se a forma de manifestação e a essência das coisas coincidissem imediatamente" (idem, p. 217).

Os três rendimentos — lucro/juro, renda da terra e salário — são partes do valor em geral, tal como o produz o capitalismo como forma historicamente determinada do processo de produção social, como totalidade. O capitalista é a personificação do capital funcionando como portador do capital e extraindo mais-trabalho/mais-valia dos produtores imediatos. Parte desse mais-trabalho é exigido como um seguro contra os acasos e para garantir o processo de reprodução ampliada e o desenvolvimento das forças produtivas. Aqui, para Marx, reside um dos aspectos civilizadores[6] e superiores do capitalismo em

---

5. O estudo profundo de Yanne Angelim (2019), pesquisa de doutorado que tive o prazer de orientar, acerca da questão da água no Brasil em sua relação com o agronegócio, intitulado *Contribuição à crítica da apropriação capitalista da água no Brasil do agronegócio*, mostra essa relação. Sobre esse tema candente, confira, ainda, o estudo de Gustavo França Gomes (2013), Conflitos socioambientais e o direito à água.

6. Vários autores da tradição marxista debatem esse caráter civilizatório do capitalismo como esgotado e que apesar do desenvolvimento das forças produtivas permanecer como um elemento nodal de seu processamento, as forças destrutivas que desencadeia sobre a Natureza e a humanidade são cada vez mais incontroláveis (Mandel, [1969] 1977, [1972] 1982 e 1994;

relação aos modos de produção que o antecederam, produzindo até mesmo os germens de novas relações sociais, do reino da liberdade, onde cessa o trabalho determinado pela necessidade e pela adequação a finalidades externas. Ou seja, estão postas as condições para que "o homem social, os produtores associados, regulem racionalmente seu metabolismo com a Natureza, trazendo-a para seu controle comunitário" (idem, p. 273).

Porém, longe do reino da liberdade, diga-se, no capitalismo, a mais-valia se reparte de acordo com a cota que "pertence" a cada um do conjunto do capital social: o lucro de capital que envolve o ganho empresarial mais os juros; a renda fundiária; o salário, que é a forma de renda que assume o trabalho necessário. Aqui estão também as classes — o capitalista, o proprietário de terra e o trabalhador. Na síntese marxiana:

> para o capitalista, o capital é uma perene máquina de sugar mais-trabalho; para o proprietário da terra, o solo é um ímã perene para atrair uma parte da mais-valia sugada pelo capital e, finalmente, o trabalho é a condição e o meio sempre renovados para obter, sob o título de salário, uma parte do valor produzido pelo trabalhador e, daí, uma parte do produto social proporcional a essa parte do valor, os meios de subsistência necessários (idem, p. 274).

Contudo, a imagem das três fontes expõe a superfície, a aparência, já que a substância de todas as fontes de rendimento é o trabalho objetivado sob as condições de subsunção do trabalho ao capital, de alienação e fetichismo. O "mundo encantado e distorcido" do capital esconde seu caráter de "sugadouro de mais-trabalho". Marx mostra

---

Mèszáros, 2002), atualizando o dilema humano entre socialismo ou barbárie. Sobre o tema da barbárie, conferir as contribuições instigantes, polêmicas, e tão provocativas quanto imprescindíveis, de Marildo Menegat (2003, 2006, 2012). O título de seu último livro é muito sugestivo do tempo que temos hoje e se articula com a ideia de maturidade e decadência do capitalismo, a partir de um ponto de vista singular: a crítica do capitalismo em tempos de catástrofe. O giro dos ponteiros no relógio no pulso de um morto (2019).

como vai se perdendo o fio dessa conexão interna essencial, ocultando o mecanismo central do capitalismo que é a mais-valia a partir da exploração da força de trabalho e, em contrapartida, autonomizando as personas do capital, sendo a mais estranha o capital que rende juros, em que a conexão com a mais-valia como fonte fica soterrada. A trindade econômica da economia vulgar produz, portanto, a mais completa mistificação do capitalismo e a reificação das relações sociais, onde "*Monsieur le capital e madame la terre* exercem suas fantasmagorias ao mesmo tempo como caracteres sociais e imediatamente como meras coisas" (idem, p. 280).

A substância das fontes de rendimento das personas do capital, às quais estão subjacentes as classes, é a mais-valia, mais-trabalho, trabalho excedente. No caso do trabalho, seu rendimento corresponde ao trabalho necessário. Vimos desde o primeiro capítulo afirmando que o fundo público é um compósito de mais-valia — incidindo sobre o lucro/juro e a renda da terra — e sobre o trabalho necessário, haja vista a crescente tributação sobre os rendimentos da classe trabalhadora e também sobre as mercadorias que compõem sua cesta básica de reprodução (tributação indireta). Após esse percurso no livro III, essa concepção se reafirma e enriquece de determinações, já que o fundo público passou a ser um elemento estruturante da repartição do butim — realizando até uma nova repartição quando da sua alocação.

No mesmo passo, transforma a luta de classes em conflito distributivo, o que é também mera aparência, já que "a relação determinada de distribuição é, portanto, apenas expressão da relação de produção determinada" (idem, p. 314) e o conflito distributivo nada mais é que um conflito entre "o desenvolvimento material da produção e sua forma social" (idem, p. 315).

O crescimento substantivo do fundo público, inclusive realizando nova repartição do butim dos rendimentos do capital e se apropriando de parte do trabalho necessário, é a expressão dessa contradição. No mesmo movimento, o fundo público atua na reprodução ampliada do capital e do trabalho, constituindo causas contrariantes à queda da taxa de lucros.

CAPÍTULO 4

Polêmicas sobre fundo público, Estado e política social

"Nunca me esquecerei desse acontecimento
na vida de minhas retinas tão fatigadas.
Nunca me esquecerei que no meio do caminho
tinha uma pedra
tinha uma pedra no meio do caminho
no meio do caminho tinha uma pedra."

Drummond (1930)

Neste capítulo, apresentamos o tema do fundo público a partir do que pensamos que ele *não* é, já que com Marx nos dedicamos a pensar nos fundamentos de seu modo de ser. Aqui, o(a) leitor(a) vai se deparar com alguns argumentos polêmicos presentes no debate e com o diálogo crítico que realizamos com eles, considerando que esse confronto na batalha das ideias e com interlocutores qualificados ajuda a explicitar nossas próprias posições, enfrentando as "pedreiras". Ao final deste capítulo, desenvolvemos também alguns argumentos acerca do Estado no capitalismo em crise.

4.1 Fundo público: um debate teórico necessário[1]

Nosso primeiro contato com o tema do fundo público se deu com a categoria mandeliana de *capital estatal* (MANDEL [1972], 1982), que parece, a princípio, ter o mesmo sentido geral que o fundo público em Oliveira (1998), qual seja, o conjunto de recursos que o Estado mobiliza, que extrai da sociedade, na forma de taxas, contribuições, impostos etc., para o desempenho de suas funções. Salvador é bastante preciso quanto a essa visão mais geral. Segundo ele: "O fundo público envolve toda a capacidade de mobilização que o Estado tem para intervir na economia, seja por meio das empresas públicas ou pelo uso de suas políticas monetária e fiscal, assim como pelo orçamento público" (2015, p. 9). Salvador destaca quatro funções centrais do fundo público na economia capitalista: o financiamento do investimento, das políticas sociais, da infraestrutura e a remuneração do rentismo. Mas essa é ainda uma aproximação genérica, especialmente diante do percurso realizado nos capítulos anteriores e que nos mostra a relação entre fundo público e valor.

Se ultrapassamos esse patamar, portanto, vamos desvelar importantes diferenças entre Mandel e Oliveira, e mais, mediações e contradições que tornam o fundo público um tema palpitante para quem busca compreender, sob a lupa da crítica da economia política, a totalidade concreta, a sociedade burguesa contemporânea, madura e decadente. Vamos, brevemente, percorrer alguns argumentos e

---

1. Uma primeira versão do texto que segue foi apresentada como comunicação oral em mesa coordenada organizada pelos pesquisadores reunidos no projeto do Programa de Cooperação Acadêmica em Defesa Nacional/Coordenação de Aperfeiçoamento de Pessoal de Nível Superior Crise do capital e fundo público: implicações para o trabalho, os direitos e a política social, que envolveu a Universidade de Brasília, a Universidade do Estado do Rio de Janeiro e a Universidade Federal do Rio Grande do Norte, entre 2014 e 2019, no 15º Encontro Nacional de Pesquisadores de Serviço Social (ENPESS), realizado em Ribeirão Preto, em dezembro de 2016. Registro aqui a alegria da interlocução com essa equipe nesses anos de muito trabalho conjunto, incorporada certamente em cada linha deste livro, que pode ser considerado mais um produto desse processo.

caracterizações sobre o assunto no campo da tradição marxista brasileira, estabelecendo com eles um diálogo crítico, a partir da nossa própria visão do fundo público desenvolvida nos capítulos anteriores.

Uma primeira abordagem a ser de partida superada é aquela que confunde o fundo público como categoria teórica com os fundos setoriais conforme a definição constitucional-legal brasileira, que prevê fundos de gestão orçamentária, de gestão especial e de natureza contábil. Embora possa parecer óbvia, torna-se necessário estabelecer definitivamente essa distinção e refutar a confusão que se faz recorrente, menos em textos e mais em debates. Essa reflexão se encontra claramente sistematizada em Salvador e Teixeira (2014, p. 16-17), pelo que não vamos nos deter nesse tema. Busca-se apenas registrar que não nos referimos aqui aos fundos nacionais de saúde ou assistência social, nem ao fundo de participação dos estados e municípios e congêneres, mas ao *conjunto da capacidade extrativa do Estado*, que desborda até mesmo o orçamento público que é um dos instrumentos centrais de gestão do fundo público, mas que não se confunde com este.

Duas outras abordagens requisitam mais atenção: a que trata o fundo público exclusivamente como a categoria de excedente, sustentando-se na abordagem singular dos marxistas Paul Baran e Paul Sweezy, e a que aborda o fundo público mediante a caracterização de antivalor, em concordância parcial ou total com o texto seminal do marxista brasileiro Francisco de Oliveira (1998).

Temos sido indagadas em debates sobre se o fundo público não seria a parte do *excedente* econômico apropriada pelo Estado. Deparamo-nos também com uma publicação que sustenta o trato da política social na sua relação com a economia política, partindo dessa categoria em Baran e Sweezy (1978), a exemplo de Beatriz Paiva et al. (2010), ou que a contesta, mas sob uma angulação diferente da nossa, como em Rodrigo Souza Filho (2015a). Então, passemos à exposição desses argumentos, conforme pudemos compreendê-los. Paiva et al. (2010), após corretamente indicarem que a política social se coloca no terreno das relações sociais capitalistas, especificamente da ordem monopólica, com base em Netto (2005), afirmam que:

> Eis que chegamos a um ponto analítico primordial para a apreensão da política social na sociedade capitalista: o excedente. De acordo com estudo clássico de Baran e Sweezy (1966), a modificação essencial que opera o capitalismo dos monopólios, no curso da acumulação de capital, refere-se à *substituição* da lei da tendência decrescente da taxa de lucro pela *lei do excedente crescente* (2010, p. 159 — destaque nosso).

Nessa perspectiva, a política social integra um conjunto de expedientes do capitalismo monopolista assumidos pelo Estado para absorver o excedente crescente, o qual se torna um problema, já que o consumo e a acumulação não logram fazê-lo. As despesas com publicidade, gastos militares e a administração civil, na qual se incluem as políticas sociais, tornam-se, portanto, meios de absorção do excedente em abundância, o que tornaria obsoleta a abordagem marxiana da queda tendencial da taxa de lucros, cujas potência analítica e realidade ontológica pudemos observar nos capítulos anteriores. Para as autoras, a administração pública em escala de massa se torna inteligível pelas dificuldades de alocação do excedente econômico.

A partir daí, prossegue a reflexão sobre o excedente na periferia do capitalismo, mais especificamente na América Latina, do que não vamos tratar, dada a proposta deste capítulo, que persegue o debate teórico sobre o fundo público. Embora não operem com a categoria fundo público no texto, as indagações sobre se este é parte do excedente se materializam, a nosso ver, nessa reflexão, o que parece ser corroborado por Souza Filho (2015a, p. 6), na sua abordagem também crítica sobre o fundo público como excedente.

Tivemos a oportunidade de realizar anteriormente um estudo sobre a concepção de excedente em Baran e Sweezy (1978)[2]. Naquela

---

2. A publicação original norte-americana deste livro dos autores é de 1966 e a brasileira é de 1978. Sobre sua crítica, referimo-nos ao segundo capítulo de meu livro *Política social no capitalismo tardio* (1998).

ocasião, percorremos cuidadosamente o trabalho dos autores, na busca dos aportes da tradição marxista pós-guerra para compreender o capitalismo contemporâneo e a política social. Baran e Sweezy consideram que a obra marxiana requer revisões[3], já que se debruçou sobre o capitalismo competitivo. Quais revisões? Dar centralidade aos modos de utilização do excedente na ordem monopólica, que articulam economia e superestrutura política, cultural e ideológica. Para eles, o excedente é "a diferença entre o que a sociedade produz e os custos dessa produção" (1978, p. 19), contrapondo-se à ideia "tradicional" de mais-valia como lucro, juros e renda da terra.

Os autores mergulham nas estratégias dos monopólios para a maximização dos lucros que engendram uma tendência ao crescimento exponencial do excedente. Eles destacam as estratégias na esfera da circulação, especialmente os mecanismos de preços no mercado, afastando-se claramente da lei do valor como elemento nodal de explicação da dinâmica da concorrência no capitalismo. Isso fica ainda mais nítido quando afirmam que a lei do excedente crescente *substitui* a tendência de queda da taxa de lucro (1978, p. 79), embora desenvolvam, de forma muito insuficiente, esse argumento. Então, passam a descrever alguns aspectos importantes do capitalismo monopolista, sem dúvida expressões reais de suas contradições, mas cuja explicação se afasta da teoria do valor-trabalho. Já em nosso trabalho de 1998, questionamos sobre o crescimento do excedente (efetivo, potencial ou planejado), segundo as formulações, neste caso, de Baran (1984):

---

3. Pensamos que a obra de Marx (e Engels) não deve ser tratada como exegese de "livros sagrados" e as tentativas de atualização, na medida em que a história se move e o capitalismo se modifica, são inteiramente legítimas e mesmo constitutivas do método do materialismo histórico e dialético. Mas isso não significa aceitar toda e qualquer revisão, considerando a tradição marxista um amplo movimento, com grande fecundidade, mas também com invasões positivistas e desventuras históricas, a exemplo do que Carlos Nelson Coutinho ([1972] 2010) caracterizou como a miséria da razão também no marxismo e nos manuais stalinistas. Os marxistas norte-americanos Baran e Sweezy não padecem nem do estruturalismo nem do marxismo-leninismo empobrecido, mas dialogam claramente com o keynesianismo, o que traz implicações ecléticas ao seu trabalho.

> Não seriam (...) a expressão contundente da luta incansável do capital pela continuidade das relações capitalistas de produção? Não seriam as formas de utilização do excedente econômico potencial exatamente a criação de contratendências necessárias às crises cíclicas de superprodução, agora transformadas em recessões, no melhor estilo keynesiano? (BEHRING, 1998, p. 55).

O trabalho dos marxistas americanos é muito interessante quando mostra as várias formas de absorção do excedente, revelando aspectos importantes do capitalismo pós-guerra e da sociedade capitalista americana, com destaque agudo do armamentismo, do racismo e do desperdício, antecipando muito algumas reflexões de Mèszáros (2002) sobre o luxo e o consumo conspícuo. Porém, apesar de seus esforços e até de certa autocrítica quanto à ausência do debate do trabalho e da tecnologia em sua reflexão, ao fazerem a revisão de um pilar fundamental da teoria social de Marx, a lei do valor e, decorrente dela, a tendência de queda da taxa de lucros, em que pese o crescimento da abundância, não compreendem a natureza paradoxal e contraditória do excedente econômico e seu fundamento no valor, como vimos anteriormente, detendo-se numa concepção de excedente superficial e aparente.

Constatar a abundância não deve significar a recusa de seus fundamentos. Porém, os autores descartam a tendência de queda da taxa de lucro, um móvel decisivo das contradições do capitalismo e que vai requisitar suas causas contrariantes, parte delas operadas pelo fundo público, no âmbito da *contradição* intrínseca ao capitalismo entre abundância e queda da taxa de lucros. Nessas análises, permanece o problema distributivo do excedente, não enquanto mais-valia socialmente produzida e, em seguida, repartida, mas uma apreensão imprecisa que revela o capital buscando nichos de valorização, mas não as razões mais profundas de sua busca desesperada, incansável e destrutiva. Como vimos antes com Marx, a relação determinada de distribuição se funda na produção. Isso não significa negar a existência de um conflito distributivo no qual deve incidir a luta dos trabalhadores e seus segmentos, mas é fundamental compreender seus limites.

Desta forma, além de excedente não se confundir com fundo público, esse caminho no qual a questão central para o capitalismo monopolista é o estímulo da procura — o que mostra uma fronteira do pensamento dos autores com categorias do universo keynesiano —, longe de infirmar a tendência de queda da taxa de lucros, a nosso ver a confirmaria. Afinal, o excedente é mobilizado intensamente para conter as tendências de estagnação crônica, segundo os próprios autores, ou seja, de crise, cujas razões de ser estão na superprodução e superacumulação de capitais, categorias surpreendentemente ausentes no universo dos autores.

No caso da administração civil, onde, para os autores, se incluem alocações de excedente nas políticas sociais, trata-se de ampliar a procura efetiva — e novamente nos deparamos com Keynes. Nesse sentido, haverá uma luta — distributiva — em torno do dispêndio governamental e os autores chamam a atenção para o aumento abrupto das despesas militares, ainda que as transferências financeiras — seguro e benefícios sociais — também cresçam. O que mostra a perversidade dessa sociedade da abundância.

Se há uma abordagem anticapitalista e com passagens primorosas em Baran e Sweezy, o esvaziamento de determinações que vêm da produção e a remissão das contradições para a circulação e a luta distributiva constituem uma armadilha teórica (e política), razão pela qual não adotamos o conceito de excedente e de capitalismo monopolista dos autores para pensar acerca do fundo público, sua formação e alocação e sobre as políticas sociais. A nosso ver e como demonstramos nos capítulos anteriores, as formulações de Marx sobre o valor são de uma atualidade impressionante, sendo imprescindíveis como fundamento para pensar o capitalismo contemporâneo, apesar da necessidade metodológica de atualização e acompanhamento do desenvolvimento histórico-estrutural do capitalismo.

Esse é um esforço para o qual Baran e Sweezy contribuem, ainda que de forma limitada, razão pela qual consideramos mais fecunda, já desde 1998, a categoria de capitalismo tardio (ou maduro e decadente) em Ernest Mandel. Contribuição esta complementada pelos trabalhos de Istvan Mèszáros, David Harvey, François Chesnais, Michel Husson e Daniel Bensaïd, entre outros que buscam compreender as formas de operação da lei do valor, embebidas de luta de classes no tempo presente.

Souza Filho (2015a, p. 6) segue em semelhante direção crítica ao conceito de excedente nos autores, que, para ele, substituem a categoria mais-valia por excedente. Ele incorpora uma crítica de Mandel acerca de certa ausência da luta de classes e do trabalho no raciocínio dos autores e sua ênfase no excedente como um móvel praticamente automático. Neste passo, reivindica — como também vimos enunciando até aqui — o caminho da teoria do valor-trabalho e da luta de classes para a abordagem do fundo público. No entanto, Souza Filho (2015a e b) adota a perspectiva de que o fundo público é um antivalor, conforme a formulação de Francisco de Oliveira (1998), o que remete ao outro campo de polêmicas que queremos destacar sobre o fundo público. Aqui, temos dois eixos a comentar criticamente: o fundo público como antivalor e a possibilidade da "retração da base social da exploração" via fundo público como antivalor alocado nas políticas sociais.

A primeira observação a lembrar, já que foi feita na introdução deste livro, é a de que o ensaio de Francisco de Oliveira (1998) inaugura a formulação sobre fundo público de forma instigante e provocativa, ademais como o conjunto da obra do autor[4]. No entanto, vimos adotando suas teses neste livro em dois sentidos, ou seja, mantemos com elas uma relação de continuidade e ruptura.

Na linha de continuidade, incorporamos a ideia de que a mudança de qualidade da presença do fundo público no capitalismo após a Segunda Guerra Mundial é a expressão da maturidade do capitalismo

4. Tive a oportunidade mais que luxuosa de contar com Francisco de Oliveira na banca de avaliação de minha tese de doutorado e que depois se tornou o livro *Brasil em contrarreforma:* Desestruturação do Estado e perda de direitos (2003), para o qual ele escreveu um prefácio que é uma homenagem a todo o Serviço Social crítico brasileiro. Registro aqui meu agradecimento por essa interlocução. Nosso diálogo crítico com este texto — Os direitos do antivalor (1998) — se faz com imenso carinho e respeito pela grandeza desse pensador crítico do Brasil.

e das formas que assumem suas contradições entre o desenvolvimento das forças produtivas e as relações sociais de produção, implicando um *novo padrão de financiamento público*. Essa tese de Oliveira nos parece correta e irrefutável, por tudo o que afirmamos nos capítulos anteriores e o que se verá posteriormente, e constitui-se num fundamento da reflexão aqui desenvolvida.

Daí decorrente, é precisa a caracterização de que o fundo público passa a ser um componente estruturante, não somente *ex ante* ou *ex post*, segundo Oliveira (1998), mas *in flux* do capitalismo, como afirmamos nos capítulos iniciais deste livro. Esse entendimento é fundamental para compreender o quanto se tornou estratégica a direção do Estado burguês pelos vários capitais para operar uma nova repartição dessa parte do *butim*, na ironia marxiana. Essa parte do *butim*, o fundo público, é um *mix* de mais-valia (trabalho excedente) e trabalho necessário apropriado pelo Estado a partir de sua capacidade extrativa de parte dos juros, lucros, renda da terra e salários, a ser repartido majoritariamente em favor dos segmentos hegemônicos.

No tempo presente, por exemplo, o capital portador de juros na sua forma fictícia realiza a punção de grande parte do fundo público por meio da dívida dos Estados nacionais, de entes subnacionais e de empresas estatais. Porém, o fundo público é também central para os trabalhadores, tendo em vista se apropriarem do que deles foi extraído ou expropriado, no sentido de sua reprodução social imediata; ou seja, estamos com Oliveira (1998) quando mostra que a luta de classes e seus segmentos incide sobre a dinâmica do fundo público, seja de sua formação — com o conflito tributário —, seja de sua alocação, com o conflito distributivo, a exemplo das disputas de vida e morte em torno dos orçamentos públicos[5].

Para Oliveira (1998), o fundo público sofre pressões e funciona como um elemento fundamental para a reprodução do capital e também para a reprodução da força de trabalho, ou seja, existe uma *tensão*

---

5. Nos parágrafos que seguem, retomo alguns argumentos sobre o texto seminal de Oliveira, publicados em Behring (2008).

desigual pela repartição do financiamento público. Dessa forma, o fundo público reflete as disputas existentes na sociedade de classes, em que a mobilização dos trabalhadores busca garantir o uso da verba pública para o financiamento de suas necessidades expressas em políticas públicas. Já o capital, com sua força hegemônica, consegue assegurar a participação do Estado em sua reprodução por meio de políticas de subsídios econômicos, de participação no mercado financeiro, com destaque para a dívida pública, um elemento central na política econômica e de alocação do orçamento público, como vimos nos referindo.

Para além dessa caracterização de fundo público, Oliveira trava uma discussão sobre a centralidade que este possui atualmente para a reprodução do capitalismo. Se o financiamento público sempre foi historicamente um pressuposto para o capital — inclusive na "assim chamada" acumulação primitiva —, hoje este possui uma natureza diferenciada. Segundo o autor, no capitalismo concorrencial, o fundo público comparecia como um elemento *a posteriori*, já no capitalismo contemporâneo, "a formação da taxa de lucro *passa* pelo fundo público, o que o torna um componente estrutural insubstituível" (1998, p. 21). Ele demonstrará esse novo caráter da participação do fundo público por meio de mudanças na reprodução da força de trabalho. Houve um crescimento dos investimentos públicos em educação, saúde e programas de garantia de renda maior que o ritmo de crescimento do PIB, ou seja, um incremento do salário indireto pelo Estado, que libera o salário direto dos trabalhadores para dinamizar o consumo de massas, contribuindo para o aumento das taxas de lucro, ao lado de outros elementos: "o progresso técnico, a organização fordista da produção, os enormes ganhos de produtividade" (1998, p. 23). Vale mencionar que o autor fez essa análise considerando fortemente o *welfare state* europeu do pós-guerra e que nos países ao sul do Equador as políticas sociais nunca tiveram a mesma dimensão, o que Oliveira reconhece em outros textos quando fala de uma espécie de estado de mal-estar social no Brasil.

Essa atuação do Estado o fez contrair crescentes déficits públicos, configurando uma crise do padrão de financiamento público, que foi associada, em geral, aos custos com a reprodução do trabalho, e menos com "a presença dos fundos públicos na estruturação da reprodução do capital, revelando um indisfarçável acento ideológico na crítica à crise" (1998, p. 24). Assim, no contexto da chamada *crise fiscal do Estado* — termo cunhado por James O'Connor —, acirra-se a disputa pelo fundo público, sob acusações neoliberais de *estatização*, de desperdício e estímulo à dependência. Para Oliveira, há, ainda, uma "indisfarçável relação entre a dívida pública dos países mais importantes, suas posições no sistema capitalista e suas dinâmicas" (1998, p. 25).

Apesar dessa crítica, observa-se que têm crescido as receitas da maioria dos Estados nacionais, como percentual do PIB, a exemplo do Brasil, o que corrobora a ideia de que há um lugar estrutural do fundo público no sistema capitalista (BEHRING e BOSCHETTI, 2008a; NAVARRO, 1998). Dessa forma, ao contrário do argumento neoconservador e de direita, esse volume de recursos nas mãos do Estado, longe de representar a estatização, é expressão da contradição entre a socialização da produção e a "apropriação privada dos resultados da produção social" (OLIVEIRA, 1998, p. 26).

Oliveira desenvolve a ideia de *incompatibilidade entre o padrão de financiamento público e a internacionalização produtiva e financeira*, em que essa última rompe com o ciclo virtuoso do período anterior, já que o recurso público que antes era utilizado para os investimentos nacionais passa a ser direcionado a outros países, ao mesmo tempo que cada Estado-Nação permanece com a obrigação de assumir os gastos públicos referentes à reprodução da força de trabalho e do capital no seu território. Até aqui mantemos forte acordo com os aportes desse importantíssimo intelectual brasileiro, no entanto, daqui em diante, cessa nossa concordância. Vejamos os elementos de ruptura.

Oliveira defende a tese de que esse novo padrão de financiamento público coloca em questão a participação do fundo público na produção de valor, no processo de reprodução do capital. O fundo público agiria como um antivalor, ou seja, "*antimercadorias* sociais, pois sua finalidade não é a de gerar lucros, nem mediante sua ação dá-se a extração da mais-valia" (OLIVEIRA, 1998, p. 29). Essa tese é a que considero a mais polêmica, inclusive em relação ao próprio raciocínio que vinha sendo construído pelo autor. Se seguirmos seu pensamento, segundo o qual o fundo público é estrutural para geração de valor e que o capital não prescinde dele para sua reprodução, parece contraditório não considerar o fundo público na reprodução geral do capital, por meio de subsídios, negociação de títulos públicos, de garantias de condições, de financiamento e de reprodução mesma da força de trabalho como fonte de criação de valor, o que não é infirmado pela tendência contemporânea de expulsão da força de trabalho pela introdução de tecnologias poupadoras de mão de obra, considerando o lugar estrutural do exército industrial de reserva. Dessa forma, consideramos que o fundo público não poderia ser considerado um antivalor, como pensa Oliveira, uma vez que participa, de forma direta e indireta, do ciclo de produção e reprodução ampliada do capital.

O fundo público não gera diretamente mais-valia, a não ser quando o Estado participa diretamente como produtor, apesar de essa situação não ser a mais desejável para o capital, configurando-se como exceção, em geral, tendo em vista infraestrutura produtiva, preços subsidiados de matérias-primas e energia, operações de salvamento e saneamento de empresas em situação de falência e concordata, entre outras situações conjunturais. Porém, o fundo público, tencionado pela contradição entre a socialização da produção e a apropriação privada do produto do trabalho social, atua realizando uma punção de parcela da mais-valia socialmente produzida e do trabalho necessário para sustentar, num processo dialético, a reprodução da força de trabalho e do capital, socializando custos da produção e agilizando os processos de realização da mais-valia, base da taxa de lucros.

Temos convicção de que não se trata de revisão da lei do valor em Marx, como sugere Oliveira, mas de analisar mais detidamente os mecanismos de transformação da mais-valia em salários, juros, lucros e renda da terra e o lugar do fundo público no capitalismo contemporâneo, que opera transferências de valor, transmutando-as nessas formas e favorecendo forças hegemônicas quanto à apropriação privada da mais-valia socialmente produzida, ou participando diretamente da reprodução do capital e do trabalho por meio das mais variadas configurações da intervenção estatal, em tempos de neoliberalismo e até de ultraneoliberalismo.

O que é bastante interessante e sofisticado no raciocínio apresentado por Oliveira é o argumento de que "a função do fundo público no travejamento estrutural do sistema tem muito mais a ver com os limites do capitalismo, como um desdobramento de suas contradições internas" (1998, p. 35). Ou seja, a necessidade de crescimento do fundo público para garantir o processo de desenvolvimento das forças produtivas evidencia o esgotamento de uma suposta autorreprodução automática do capital, axioma fundamental dos liberais de ontem e monetaristas de hoje, segundo os quais o Estado apenas corrigiria "falhas do mercado", de forma mais ou menos contundente, variando conforme a ortodoxia do argumento. Aqui, há nitidamente uma chave heurística importante para analisar o lugar do fundo público e do Estado na contemporaneidade, sempre relacionado, é claro, à luta de classes.

Nesse sentido, meu interlocutor passa a se deter sobre a caracterização da esfera pública e a relacioná-la com o fundo público no contexto do *welfare state*. Oliveira se afasta da visão da *direita* que considera a esfera pública, asseguradora de direitos, um obstáculo para o processo de acumulação, propondo como alternativa a total desregulação das relações de trabalho. Recusa também certa interpretação da *esquerda*, que caracterizou — e ainda caracteriza[6] — os direitos como "ilusões e contribuições para reproduzir o capital" (OLIVEIRA, 1998, p. 38). Sua visão de Estado é a mesma da reflexão sobre o fundo público, ou seja, da existência de contradições, que fazem com que haja concessões para as classes em disputa, ainda que, diríamos, em condições muito desiguais, em especial em tempos neoliberais.

Para Oliveira, "a estruturação da esfera pública, mesmo nos limites do Estado classista, nega à burguesia a propriedade do Estado e sua

6. Cf. Lessa, 2007.

dominação exclusiva" (1998, p. 39). Ele aponta que a complexidade da esfera pública, que é sinônimo de consolidação da democracia, permite a multiplicidade dos sujeitos. O lugar estrutural do fundo público na reprodução das relações sociais seria o de criar medidas acima das relações privadas, ou seja, decididas na esfera pública. Nesse texto, Oliveira coloca o poder da esfera pública acima dos interesses privados, a exemplo de sua observação de que a esfera pública se sobrepõe às relações de conflito entre as classes, à medida que estas não são mais relações que buscam a anulação da alteridade, mas somente se perfazem numa perequação — mediada pelo fundo público — em que a possibilidade da defesa dos interesses privados requer desde o início o reconhecimento de que os outros interesses não apenas são legítimos, mas necessários para a reprodução social em ampla escala (1998, p. 41). Afirma, então, que na esfera pública as classes são expressões coletivas e sujeitos da história, mas modifica-se a relação entre elas.

Nesse contexto, temos uma "miríade de arenas de confronto e negociação" (1998, p. 43), gerando uma crescente autonomia relativa do Estado diante dos interesses privados. Assim, a direita neoliberal quer acabar com essas arenas, para criar espaço para um "Estado mínimo", numa clara tentativa de que o fundo público atue apenas como pressuposto do capital. O objetivo da reação da direita é a retomada de um Estado caritativo e assistencialista e o "desmantelamento total da função do fundo público como antivalor" (OLIVEIRA, 1998, p. 46), acoplado à destruição da regulação institucional e supressão da alteridade.

Assim, para esse autor, as privatizações no campo das demandas do trabalho não são equivalentes à desmontagem do suporte do fundo público à acumulação do capital, já que este depende visceralmente do fundo público para sua reprodução ampliada. Essa voracidade leva esse modo de produção ao limite — "o limite do capital é o próprio capital" (1998, p. 47), citando Marx — e deixada ao seu bel-prazer, pode levar a uma "tormenta selvagem", fazendo sucumbir a democracia e o sentido de igualdade nela inscrito, ainda que não realizado pelo projeto burguês.

Portanto, para Oliveira, a ofensiva neoliberal abala os fundamentos da democracia moderna, convertendo o Estado a uma completa subordinação ao capital, num verdadeiro "banquete dos ricos", atualizando mais do que nunca a crítica marxiana do Estado. Oliveira acredita que a experiência social-democrata colocou os valores de cada grupo social dialogando soberanamente, constituindo-se numa espécie de antessala do socialismo. Esta estaria sob o fogo cruzado da direita, na perspectiva de retomar o fundo público exclusivamente como fundamento do valor, destituindo-o do papel civilizatório adquirido com a condição de antivalor, no contexto de uma esfera pública densa em países de democracia consolidada. Esta é, portanto, parte da concepção de Francisco de Oliveira acerca da relação entre fundo público, esfera pública — com forte inspiração habermasiana — e sujeitos políticos. Retomaremos criticamente algumas de suas ilações polêmicas mais adiante.

Voltemos ao diálogo com Souza Filho. Ele afirma que Oliveira quis ressaltar a contradição do sistema do capital expressa no antivalor (2015b, p. 17). Refuta a crítica feita a Oliveira em Behring (2008a) e que recuperamos anteriormente, mas não explora todas as consequências do raciocínio do sociólogo marxista. Lembramos que, a partir da lógica do antivalor, Oliveira sustenta a existência de um *novo modo social-democrata de produção*, configurado na experiência do *welfare state* — vale dizer, geopolítica e historicamente situada — e no desenvolvimento da esfera pública acima do conflito de classes. Assim, em contraponto à sustentação que Souza Filho faz da posição de Oliveira, afirmamos que o antivalor, em Oliveira, é mais que "apenas a tensão/contradição do sistema, mas não sua superação" (SOUZA FILHO, 2015b, p. 17), na medida em que a experiência social-democrata é apontada como um novo modo de produção, onde o fundo público, funcionando como antivalor, representa a possibilidade de "retração da base social da exploração".

Souza Filho chega a dizer que as reflexões de Oliveira encontram respaldo nos aportes de Mandel ([1972] 1982), na medida em que esse último identifica a expansão do Estado e as contradições daí decorrentes, citando uma passagem de Mandel que não me parece corroborar a lógica de Oliveira (SOUZA FILHO, 2015a, p. 18). Na verdade, ele é bastante cético quanto ao potencial redistributivo dos salários indiretos, que operam, para ele, no máximo uma distribuição horizontal de renda e são incapazes de incidir efetivamente sobre o processo de exploração sob o comando da mais-valia relativa no centro do sistema, em combinação com a superexploração da força de trabalho da periferia. Também é contundente a crítica de Mandel ao "Estado Social" europeu, como ele o designa, e sua função de socialização dos custos de reprodução da força de trabalho.

Para Mandel, como para o debate que vimos realizando, existem, evidentemente, contradição e luta de classes. Mas não se pode inferir daí que o raciocínio mandeliano corrobore o antivalor e conceitos como desmercantilização e antimercadorias sociais como expressões dessa contradição. Os salários indiretos operam na lógica do valor, e não como uma espécie de lado de fora, ainda que existam contradição e disputa pela possibilidade da reprodução ampliada do capital e do trabalho, tendo como suporte e pressuposto o fundo público.

Em Mandel, não há respaldo à ideia de desmercantilização da força de trabalho mediante a expansão dos gastos sociais, típica do projeto da social-democracia, que ele critica veementemente, e cuja possibilidade histórica esteve vinculada a pré-condições, como a Revolução de 1917, na Rússia, duas guerras mundiais, a guerra-fria, o Plano Marshall e a terceira revolução tecnológica, além da hierarquia na economia mundo, sob hegemonia norte-americana, no contexto de um desenvolvimento desigual e combinado.

Não há um novo "modo social-democrata de produção", mas a exploração do diferencial de produtividade do trabalho na economia mundo, permitindo determinadas condições de vida e de trabalho nos países centrais, durante determinado período de tempo. Ou seja: tivemos a combinação de extração de mais-valia relativa e salários indiretos no centro, com superexploração da força de trabalho na periferia do mundo do capital, no contexto de fortes transferências de valor da periferia para o centro, num ambiente de troca desigual

(MARINI [1973], 2005), viabilizando certa redistribuição geopoliticamente situada.

A expansão dos salários indiretos, que ademais passam a sofrer imensas restrições a partir da década de 1990, tem relação com o pacto fordista-keynesiano e os ganhos de produtividade do trabalho, no contexto da correlação de forças do pós-guerra, quando parte da classe trabalhadora saída da resistência ao nazifascismo, armada, porém exaurida, foi convencida de que esse modo de produção ainda tinha algo de civilizatório a oferecer após a guerra, a derrota do fascismo e da revolução espanhola e a ascensão do stalinismo[7]. Essas são algumas determinações centrais da possibilidade histórica dos "anos gloriosos", marcados pela expansão da mais-valia relativa, pelos ganhos de produtividade e aumento de gastos sociais, mas também pelo militarismo, o que é identificado por todos os esforços de explicação daquele período no campo do marxismo.

De forma que não há uma retração das bases de exploração do trabalho, mas condições particulares da exploração do trabalho assalariado no período em análise, tendo como suportes o fundo público e os ganhos de produtividade do trabalho advindos do fordismo, com expansão da mais-valia relativa. Tampouco, o crescimento do fundo público sob forma de orçamento público constitui "antivalor". Essa interpretação reflete o que Mandel chamou de "ilusões subsequentes relativas a um 'Estado social' [que] baseavam-se numa extrapolação arbitrária dessa tendência, na falsa crença em uma redistribuição crescente da renda nacional, que tiraria do capital para dar ao trabalho" ([1972] 1982, p. 339).

Assim, perceber o crescimento do fundo público como processo contraditório não pode tirar o foco da hegemonia que preside o processo, nem nos levar a mitificar as políticas sociais como uma espécie de lado de fora do valor, este que é a relação social organizadora. Ao nos referirmos ao valor, falamos de indivíduos e classes sociais, de

7. O belíssimo filme *O espírito de 45*, de Ken Loach, é muito esclarecedor sobre as determinações da existência histórica do *welfare state*.

objetividade e subjetividade, da relação entre economia e política. As políticas sociais, financiadas pelo fundo público, estão no circuito do valor: reproduzem a força de trabalho, inserem os trabalhadores no circuito do consumo, realizam compras de mercadorias, fazem rotar o capital (capítulo 2) e geram contratendências à queda tendencial da taxa de lucros (capítulo 3).

Não há um modo de produção social-democrata e um antivalor (OLIVEIRA, 1998) nem um processo de acumulação expandida — citando aqui um momento social-democrata de Harvey (2004) —, ou mesmo uma propriedade social (CASTEL, 1998), conceitos que a meu ver têm certa afinidade eletiva, ainda que Castel seja um social-democrata durkheimiano e não um marxista como os demais. Há a contradição entre as classes que tenciona a produção de valor e o processo de reprodução ampliada, ademais visceral e dialeticamente vinculados.

Outro autor que tematiza o fundo público é Áquilas Mendes (2012), em seu importante trabalho sobre a saúde com base na crítica da economia política. Ele adota também a ideia de antivalor em Oliveira (1998). Para ele, a implosão do valor pela lógica do fundo público como anticapital ou antivalor, sustentada pelo sociólogo paulista, é uma abordagem inovadora, expressando a contradição do fundo público, que tem o potencial de desmercantilizar a força de trabalho, a partir do peso do salário indireto (MENDES, 2012, p. 102). Mendes lembra que Oliveira leva esse raciocínio ao limite, chegando a apontar que essa nova dinâmica do fundo público *desloca* o fetiche da mercadoria para o fetiche do Estado.

Para Mendes, como em Souza Filho, Oliveira quer apenas expressar a contradição nesse novo padrão de financiamento público que se ergue no pós-guerra. No entanto, Mendes introduz um elemento novo, qual seja, de que a proposição de Oliveira teria validade limitada, considerando a ofensiva neoliberal e a hegemonia do capital portador de juros a partir da década de 1980, e no Brasil, da década de 1990. Mendes destaca os ataques do capital portador de juros ao orçamento público, citando o importante estudo de Salvador (2010a), que mostra a captura do fundo público pelo valor, não pelo antivalor. A partir dessa dinâmica, Mendes incorpora algumas de nossas proposições sobre o fundo público no contexto da crise do capitalismo. Para ele, é possível falar em antivalor no período anterior, conforme Oliveira, o que não seria possível hoje, em razão da nova mudança no padrão de financiamento público, sob a dominância do capital portador de juros. Assim, houve um enfraquecimento da tese do antivalor, que estaria a exigir novas investigações.

O que se quer enfatizar, dialogando com Souza Filho e Mendes, é que o ensaio de Oliveira implode a lei do valor como relação social organizadora do capitalismo e desloca o fetiche da mercadoria para uma espécie de fetiche do fundo púbico, razão pela qual incorporamos apenas parcialmente sua análise e refutamos a formulação do antivalor, mesmo em sua versão datada. As consequências teóricas do ensaio de Oliveira vão além do que os autores com os quais estamos dialogando apreendem. Oliveira sustenta que a social-democracia e seu novo padrão de financiamento público seriam um novo modo de produção, conforme a citação a seguir:

> Trata-se da estrutura de um novo modo de produção em sentido amplo, de uma forma de produção do excedente que não tem mais o valor como estruturante. Mas os valores de cada grupo social, dialogando soberanamente. Na tradição clássica, é a porta para o socialismo (OLIVEIRA, 1998, p. 48).

Vale reafirmar a compreensão, partindo dos fundamentos explicitados nos capítulos anteriores — que o fundo público se forma a partir da mais-valia socialmente produzida, diga-se do trabalho excedente, que se reparte em juros, lucro e renda da terra, sobre os quais incidirá a capacidade extrativa do Estado, a carga tributária, envolvendo todos os participantes do butim: o capital portador de juros, o capitalista funcionante/industrial, o capital comercial, os proprietários de terras. Mas o fundo público também se compõe do trabalho necessário — e diríamos, cada vez mais, com o advento do neoliberalismo e a ofensiva tributária por meio da expansão da tributação indireta, sobre o consumo (SALVADOR, 2010b, capítulo 3).

Isso ocorre na medida em que, após o processo de exploração da força de trabalho que operou a valorização do valor, se realiza uma nova punção dos salários com base na carga tributária. Nessa direção, o fundo público é mais-valor (trabalho excedente), mas com ele não se confunde, e é trabalho necessário. Esse caminho permite observar que não necessariamente os salários indiretos na forma das políticas sociais, com seus benefícios, seja em forma monetária, seja em serviços, têm impactos redistributivos, e quando e onde houve algum, este foi horizontal e limitado. Há que considerar que o trabalho paga a conta efetivamente: produzindo mais-valia e sofrendo a "exploração tributária" (O'CONNOR, 1977; BEHRING, 2010).

Num contexto de ampliação das expropriações (FONTES, 2010; BOSCHETTI, 2016) e de ofensiva sobre o trabalho e seus direitos, no sentido de assegurar a oferta nas melhores condições de sua subsunção real ao capital para o processo intensivo de valorização, é ainda mais impensável que a política social possa retrair a base social da exploração. Não o fez antes — mesmo quando e onde se universalizaram —, já que a isso não se destina no movimento da totalidade histórica, e não o fará nessa quadra histórica.

Em verdade, as políticas sociais vêm sendo pensadas para compensar a intensificação da exploração, que implica processos de pauperização absoluta e relativa na maioria das vezes combinados, a depender da luta de classes nos espaços nacionais, e considerados o desenvolvimento desigual e combinado do capitalismo e a busca pelo diferencial de produtividade do trabalho.

Nesse sentido, crescem as dimensões assistenciais das políticas sociais e a própria assistência social como política pública (BOSCHETTI, 2016; MOTA, 1995). As políticas sociais vêm sendo também um importante impulso para a rotação do capital em contexto de crise estrutural, impulsionando o consumo com a ênfase na transferência monetária, desde que não "desestimule" o trabalho, de acordo com o discurso liberal. Mas nunca se pode olvidar sua natureza contraditória e de atendimento de necessidades concretas da classe trabalhadora, razão pela qual as políticas sociais estão nas pautas dos trabalhadores, disputando o fundo público para sua reprodução, no contexto da luta de classes, argumento que vamos desenvolver e aprofundar no último capítulo deste livro.

4.2 Sobre o Estado no capitalismo maduro e decadente

O fundo público materializa o Estado no capitalismo em suas funções historicamente constituídas e que foram se tornando cada vez mais complexas até hoje. Assim, consideramos importante consolidar neste livro nossa leitura sobre o Estado como elemento central no processo de acumulação, como vimos evidenciando ao longo dessas reflexões.

Na perspectiva de delinear balizas teóricas sobre o tema, partimos da perspectiva de Engels ([1884] 1987), segundo a qual o Estado precede o capitalismo e nasce das disputas em torno do controle das classes sobre o sobreproduto social, ou excedente, na medida em que a humanidade se afasta das barreiras naturais e supera a escassez que marcava as sociedades primitivas sem classes e sem Estado, ou comunismo primitivo. Dentro disso, têm-se a instituição da propriedade privada e a constituição do Estado com seus mecanismos de poder, jurídicos e de uso da força — o monopólio da violência — para sua manutenção.

O Estado é, portanto, um mecanismo de dominação de classe, tendo em vista a apropriação privada do sobreproduto social e/ou dominação de sua distribuição em qualquer tempo, em que pesem os trânsitos dos modos de produção — do feudalismo para o capitalismo, por exemplo — ou as formas de exercício do poder político e institucionais — da Monarquia para a República ou do Estado Absoluto para o Estado democrático de direito. Altera-se, evidentemente, a forma do exercício da dominação de classe em cada contexto político-econômico, ao longo da história.

A relação entre Estado e capitalismo precede as revoluções burguesas do final do século XVIII e ao longo do século XIX, quando essa classe assume a direção do Estado, pois pode-se afirmar que o Estado foi uma espécie de parteiro do capitalismo, como diz Mandel ([1972] 1982). Assim, vem atuando na expansão marítima e comercial e nos processos de acumulação primitiva do capital (MARX [1867], 1988), e muitas monarquias se aburguesaram, já que dispunham de fartos excedentes. Nem todas as monarquias viram as suas cabeças rolarem, como no exemplo clássico francês (MOORE JR., 1983).

Apesar de parteiro e parceiro do capital desde o início dos tempos, os liberais de primeira hora viam o Estado como uma espécie de mal necessário, já que o liberalismo como visão social de mundo e programática econômica nasce em contraponto às amarras do Estado absoluto, que não comportava as liberdades de movimento que a expansão da produção de mercadorias, do dinheiro e do processo de valorização do capital requisitavam. Na verdade, o liberalismo tem para com o Estado, desde os primórdios até hoje, uma relação ambígua: que o requisita visceralmente e o repele compulsivamente. Para além do imediato, trata-se de uma relação essencialmente pragmática, em especial após o liberalismo transitar de uma visão social de mundo utópica para pura ideologia no contexto de sua decadência ideológica (LÖWY, 1987; NETTO, 2010), quando a burguesia se torna classe econômica e politicamente dominante.

Um bom exemplo desse pragmatismo é a conhecida rejeição malthusiana de qualquer mecanismo de proteção social, como era reivindicado pelos reformadores sociais ingleses de sua época; por outro lado, sua defesa visceral das leis do trigo, intervindo no mercado e contrariando o princípio aparentemente intocável do *laissez-faire*, como nos mostra o belo estudo de Kenneth Lux (1993).

No contraponto à perspectiva liberal, a tradição marxista interpreta o Estado como processo social e histórico. O Estado é um elemento central na dinâmica da totalidade concreta, a sociedade burguesa, sacudida pelas contradições ao longo da história — da luta de classes —, e no decorrer dos ciclos do capitalismo. A tradição do materialismo histórico e dialético aborda o Estado não segundo uma definição genérica — como mal necessário (Smith), como árbitro garantidor do bem comum (contratualistas) ou a encarnação do espírito absoluto (Hegel) —, mas buscando seu *modo de ser* no processo histórico. Se é história, falamos em luta de classes. Trata-se, então, de reproduzir no nível do pensamento a lógica do Estado como categoria (NETTO, 2009), numa perspectiva ontológica.

Ao adotar a periodização mandeliana ([1972] 1982) do desenvolvimento do capitalismo, o capitalismo de livre concorrência, o imperialismo clássico e o capitalismo tardio ou maduro, esses dois últimos períodos marcados pelo processo de monopolização do capital, observa-se que se altera esse modo de ser do Estado na totalidade concreta ou ao menos suas ênfases. Na livre concorrência, o Estado assegura os contratos, realiza a intermediação entre os interesses burgueses — hegemonizados pelo capital industrial nascente — e usa da força para impor esses interesses sobre os trabalhadores, na perspectiva de assegurar uma força de trabalho "livre como os pássaros" (MARX [1867], 1988), inteiramente disponível para o processo de valorização e acumulação de capital.

O Estado controla as primeiras expressões materiais e políticas da questão social nascente, notadamente após as revoluções de 1848 (NETTO, 2001), bem como assegura os deslocamentos espaciais na economia mundo, em especial se estão numa posição hierarquicamente central, para assegurar a subordinação e a exploração da periferia.

Para o exercício dessas funções, os Estados nacionais, já no início do século XX, recolhiam entre 10% e 20% do PIB, no máximo, em termos das cargas tributárias nacionais (OLIVEIRA, 1998; MANDEL [1972], 1982), ou seja, o fundo público, que materializa as funções estatais, correspondia a essa média percentual sobre o PIB.

Mas o capitalismo monopolista, a partir do imperialismo clássico de final do século XIX ao capitalismo maduro pós-Segunda Guerra

Mundial, com a classe trabalhadora consolidada como classe em si e para si, aponta novas requisições para o Estado. Pode-se afirmar que Gramsci teve grande sensibilidade para essas mudanças, a exemplo de sua percepção da ampliação do Estado, do fordismo como modo de vida total mediado pela presença do Estado, da hegemonia e da relação do Estado com os aparelhos privados, como parte constitutiva dos mecanismos de dominação de classe, diluindo fronteiras antes mais claras entre público e privado.

Para esse trânsito, houve o pressuposto da enorme destruição de forças produtivas da crise de 1929-1932, a emersão do nazifascismo e de duas guerras mundiais. Tratava-se agora, com a recuperação econômica pós-crise de 1929 e pós-guerra, de disciplinar a classe trabalhadora — que dispunha de instrumentos de luta e experiências revolucionárias na sua trajetória — à revolução tecnológica e ao fordismo. Esses processos, combinados ao keynesianismo, ao Estado Social e ao militarismo da guerra fria, asseguraram uma onda longa expansiva ao capitalismo, tendo como elemento central nessa lógica um Estado que, além das funções de coerção e legitimação, age para garantir as condições gerais de produção e reprodução social, como nos explica Mandel ([1972] 1982).

A generalização das políticas sociais, como salário indireto, tendo em vista a reprodução da força de trabalho, mas também como elemento contrariante à queda das taxas de lucro, anticíclicas, e de aceleração do processo de rotação do capital, ocorre nesse período (BEHRING, 1998; BEHRING; BOSCHETTI, 2006). Assim, ergue-se o Estado social como o máximo de reforma social possível no mundo do capital, ou máxima combinação entre acumulação capitalista, democracia e igualdade de direitos, resgatando as ideias contratualistas, na contramão do liberalismo mais exacerbado e sob a condução hegemônica da social-democracia. Trata-se de um Estado interventor em escala muito maior, indutor do processo de acumulação.

Em algumas partes da periferia, configurou-se um Estado desenvolvimentista, assumindo, eventualmente, ares nacional-desenvolvimentistas, a exemplo do segundo governo Vargas e do governo João

Goulart. Nesse novo contexto do capitalismo maduro, os Estados passam a ter capacidade extrativa de carga tributária de 30% a 45% do PIB, especialmente na Europa ocidental, produzindo a ilusão social-democrata de que as nacionalizações e esse Estado levariam a um "capitalismo monopolista de Estado" e de que se chegaria ao socialismo por meio de reformas graduais no capitalismo, mediante a ampliação do Estado.

Na verdade, o Estado é convocado a disponibilizar parte significativa do fundo público para a reprodução ampliada do capital, para o circuito de produção e realização do valor (BEHRING, 2010 e 2012), passando a ser um componente estrutural (OLIVEIRA, 1998) do processo de acumulação, expressando a forte contradição entre o desenvolvimento das forças produtivas e as relações sociais de produção no capitalismo maduro. Não existe um capitalismo de Estado nem monopolista de Estado, mas o Estado com suas funções na totalidade do capitalismo em movimento, como podemos depreender de Ianni (1984) e Mandel ([1962] 1977 e [1972] 1982).

A viragem para uma onda longa de estagnação desde o final da década de 1960 tratou de desfazer aquelas ilusões social-democratas revisionistas e reformistas, acalentadas desde os intensos debates de fins do século XIX no interior da II Internacional e que se tornaram projetos de governos de reconstrução no pós-guerra, com o advento também do eurocomunismo (MANDEL, 1978a). Se houve impactos materiais e melhoria das condições de vida dos trabalhadores em alguns espaços nacionais no período de expansão, estes passarão a ser sistematicamente derruídos desde então. Isto porque o capital, nos anos 1980, desencadeia uma monumental reação burguesa diante da crise (BEHRING, 2003), na perspectiva da retomada das condições ótimas de exploração da força de trabalho, da expansão da dominação na economia mundo e de aprofundamento do desenvolvimento desigual e combinado, com seu diferencial de produtividade do trabalho, na perspectiva de uma retomada das taxas de lucro.

A partir disso, são desencadeadas a reestruturação produtiva e a adequação da força de trabalho aos novos padrões de exploração, num processo de disciplinamento, fundado na ruptura das "seguranças" do pacto fordista/keynesiano, o que inclui alterações no Estado social, com expropriações de direitos, recomposição do exército industrial de reserva ou superpopulação relativa em suas várias faces, e na periferia, com a expansão da superexploração da força de trabalho, característica da heteronomia e da dependência desses países (FERNANDES, 1987; MARINI [1973], 2005; OSÓRIO, 2014). Há, ainda, os deslocamentos espaço-temporais do capital, engendrados pela mundialização do capital com dominância financeira, analisados por Chesnais (1996). Como corolário disso, o neoliberalismo e a contrarreforma do Estado (BEHRING, 2003), adequando essa mediação fundamental, o Estado — o capitalista coletivo (IANNI, 1984) ou o capitalista total ideal (MANDEL [1972], 1982) — aos novos tempos.

Na perspectiva do disciplinamento da força de trabalho às novas condições de oferta, cabe também ao Estado conter os que ficam de fora pelo encarceramento e a violência combinados ao incremento do assistencialismo (WACQUANT, 2007). Outro movimento central do Estado é realizar processos de atratividade dos capitais, num contexto de superacumulação, disponíveis na forma dinheiro, por meio das privatizações e oferta de novos nichos de mercado, o que inclui fortemente políticas sociais com destaque para a saúde, a educação e a Previdência Social.

Cabe aqui uma breve retomada do principal movimento do fundo público, que, numa sociedade monetizada, é o que materializa as ações do Estado, conforme os fundamentos desenvolvidos nos capítulos anteriores. Sua ênfase hoje se dá em garantir as condições gerais de produção, na perspectiva de propiciar as condições de rotação e valorização do capital e assegurar a subsunção do trabalho ao capital em condições precárias, ou seja, para a máxima exploração. O lugar estrutural e inarredável do fundo público fica claro por sua destinação num lugar central para o capital portador de juros na sua forma mais fantasmática, o capital fictício, e o suporte à produção, nesse contexto de esgotamento das possibilidades civilizatórias do capital e de desenvolvimento de forças destrutivas da humanidade e da natureza (MÈSZÁROS, 2002).

O Estado se apropria pela tributação de parte muito significativa do trabalho excedente, da mais-valia socialmente produzida, que se transformou em juros, lucros e renda da terra, e de parte do trabalho necessário, na forma dos salários, para sua particular intervenção no momento presente. O neoliberalismo, portanto, não minimizou a intervenção do Estado, conforme seus anúncios de primeira hora, pois este permaneceu com forte presença econômica e social e intensa capacidade extrativa, já que não diminuiu a carga tributária na maioria dos países. Contudo, o Estado redireciona a alocação do fundo público, que é elemento constitutivo dessa lógica destrutiva.

Esse é um contexto em que se aprofunda a hegemonia burguesa no Estado. Se o Estado é condensação de correlação de forças (POULANTZAS [1978], 2013), pois ampliou-se, e inclusive incorporou mais trabalhadores/as nas funções adquiridas no pós-guerra, os desdobramentos recentes da intervenção estatal no contexto da crise estrutural do capital apontam claramente para o aprofundamento da direção burguesa sob hegemonia do capital financeiro na condução do Estado, apesar da operação das contradições. Isso significa constatar que o momento presente é de aumento do poder de decreto, de déficit democrático ou "democracia blindada" (DEMIER, 2017), de recrudescimento da violência "que vem de cima" e de forte intervenção econômica por meio da alocação do fundo público *in flux*, diga-se como componente da reprodução ampliada do capital, como vimos apontando.

PARTE II

Capitalismo em crise, fundo público e ajuste fiscal no Brasil

CAPÍTULO 5

Crise do capital e o lugar do fundo público

"No inferno os lugares mais quentes são reservados àqueles que escolheram a neutralidade em tempo de crise."

Dante Alighieri

Esta segunda parte do livro se debruça sobre mediações mais concretas e contemporâneas que envolvem a participação do fundo público e o fortalecimento de funções determinadas do Estado em detrimento de outras, a exemplo da política social, localizada numa posição mais vulnerável, ainda que longe de ser irrelevante. Na verdade, a política social — associada à reprodução da força de trabalho — se torna mais sensível aos cortes de recursos em meio ao ambiente de ajuste fiscal neoliberal e vai sendo profundamente alterada para "caber" no orçamento público, ao lado dos processos de expropriação para que os trabalhadores aceitem ofertar sua força de trabalho em condições aviltantes. Nessa direção, passamos a debater a crise do capital, a partir do final da década de 1960 e início da de 1970, e as respostas burguesas que tiveram impacto sobre a constituição e a alocação do fundo público, segundo uma condição geral da luta de classes, em que os trabalhadores estiveram na defensiva **não apenas** no Brasil, com suas particularidades e temporalidades, mas em todos os países capitalistas, de norte a sul do mundo. Para falar da crise, ainda que muitos elementos já estejam postos na Parte I do livro, iniciamos novamente dialogando com Marx, para, em seguida, debater o tempo presente.

5.1 Sobre as crises do capitalismo em Marx[1]

No verão de 1862, Marx escreveu notas sobre a crise de 1857/1858, considerada a primeira grande crise global do capitalismo, que estariam destinadas ao livro IV de *O Capital*, o qual nunca veio a ser publicado, e para onde estavam prometidas análises mais profundas sobre as classes sociais e o Estado. Após a morte de Engels, em 1895, coube a Kautsky publicar essas notas, entre 1905 e 1910, sob o título de *Teorias sobre a mais-valia*, numa edição considerada não muito bem feita. Apenas após a derrocada do estalinismo em meados dos anos 1950, foi feita uma edição russa desse texto a partir dos manuscritos originais, a qual originou uma nova edição alemã. Nos anos 1970, Lucien Sève e Maximillien Rubel se dedicaram à tradução francesa dessa obra que tem a discussão das crises do capitalismo como centro.

Para apanhar a categoria crise em Marx e seu potencial explicativo para o tempo presente, vamos trabalhar com a recente tradução francesa (a partir da segunda tradução alemã intitulada *Theorien uber Mehrwert*), de Jacques Hebenstreit, e que contou com um prefácio substantivo de Daniel Bensaïd, intitulada *Les crises du capitalisme* (2009).

Marx inicia sua argumentação retomando que as tendências de superprodução no capitalismo estão ligadas à sua dinâmica própria e

1. Versão anterior deste texto foi publicada em 2012, em parte do nosso capítulo na coletânea *Financeirização, fundo público e política social*, organizada por Evilásio Salvador, Ivanete Boschetti, Sara Granemann e Elaine Behring, pela Cortez Editora.

critica a posição da economia clássica de Ricardo e Say, entre outros, segundo a qual existiria um equilíbrio metafísico entre vendedores e compradores, entre oferta e demanda. Para ele, a crise pode ser desencadeada por elementos variados que levam a um bloqueio do processo de reprodução. Seu elemento detonador pode ser a queda geral dos preços de revenda, tornando a reprodução difícil em razão das perdas; uma alta imprevista das matérias-primas pode engendrar esse processo; ou a falta de provisão de meios de produção também pode operar, entre outros elementos. O bloqueio da reprodução conduz à diminuição da massa de trabalho empregada, com impactos de baixa de salários e preços, alimentando a crise. Marx demarca que a produção capitalista persegue a mais-valia e não está, portanto, destinada às necessidades dos produtores, os trabalhadores. Ele afirma, como vimos em *O Capital*, que entre o instante do investimento e o momento de seu retorno podem se produzir catástrofes, dando ensejo à destruição de capital.

Máquinas paradas e trabalho humano não efetuado são produção perdida, seus valores de uso e de troca se fundem, portanto não são capital nessas condições. Trata-se da depreciação do capital pela crise que impede sua utilização ulterior na mesma escala anterior (MARX, 2009, p. 81). É o momento em que os detentores de capital em liquidez aproveitam para adquirir títulos a baixo preço. A crise, em geral, implica mudança dos proprietários da riqueza: "transferências de riqueza de uma mão a outra"[2] (MARX, 2009, p. 83).

Todo o texto de Marx se dedica a um diálogo crítico com a economia política, especialmente Ricardo. Para ele, os apologistas do sistema se negam a considerar as contradições que nele operam e que remetem a crises periódicas, falsificando, assim, os fatos econômicos. A compra e a venda formam uma unidade de contrários e é na crise que a contradição se manifesta claramente, já que a aparente autonomia desses dois momentos é destruída com violência. Para a

2. Texto original em francês: "transferts de richesses d´une main dans une autre".

economia política, na interpretação crítica marxiana, "a unidade de contrários excluiu a contradição" (MARX, 2009, p. 86)[3].

Da mesma forma, Marx recusa a visão simplista sobre o dinheiro, visto pela economia política como intermediário nas trocas e mero meio de circulação, e não como uma forma de existência essencial e necessária do valor de troca das mercadorias. O objetivo central dessa relação é o lucro, que advém da metamorfose da mercadoria em dinheiro. Porém, "a crise é justamente o momento da perturbação e da destruição do processo de reprodução" (MARX, 2009, p. 92)[4]. Compra e venda são momentos separados de um mesmo processo, tal como produção e consumo, o que caracteriza a produção burguesa. Como vimos na Parte I deste livro, especialmente sobre o tema da rotação do capital, podem existir sérias dificuldades na sua continuidade, temporais e espaciais, engendrando a superprodução (pletora de mercadorias) e a superacumulação (pletora de capitais na forma monetária) decorrentes da interrupção do processo. Marx lembra mais uma vez que "a superprodução é função unicamente das demandas solventes" (MARX, 2009, p. 105)[5], ou seja, acontece em razão das dificuldades de encontrar meios de pagamento nos quais se transmutam, em razão da separação e, na crise, verdadeira oposição, entre produção e circulação.

Em outro momento, Marx lembra que, consideradas as necessidades reais dos trabalhadores, poder-se-ia falar até em subprodução (MARX, 2009, p. 151). Contudo, na abundante sociedade do capital que não se move pelas necessidades, quando se coloca a situação de superprodução, o que é relativamente frequente, "a crise eclode" (MARX, 2009, p. 107)[6].

---

3. Texto original em francês: "l'unité de contraires exclut la contradiction".

4. Texto original em francês: "la crise est justement le moment de la perturbation et de la destruction du processus de reproduction".

5. Texto original em francês: "la surproduction est fonction uniquement des demandes solvables".

6. Texto original em francês: "la crise est là".

A crise restabelece violentamente a unidade das fases do processo de produção e reprodução social que estavam autonomizadas pela dinâmica mesma da economia burguesa (MARX, 2009, p. 111). No interior do processo, operam diferentes capitais em diversas formas de existência, impostas pela divisão social do trabalho, o que determina a amplitude e o conteúdo da crise. A interveniência dos papéis nas transações de compra e venda torna mais complexo todo esse processo: "As interações entre dívidas e obrigações recíprocas e entre compras e vendas podem transformar a possibilidade de crise em crise real" (MARX, 2009, p. 115)[7]. No livro II de *O Capital*, Marx aponta que a discussão da crise ainda aparece incompleta, no seu sentido de restabelecimento violento da unidade entre os elementos tornados aparentemente autônomos (MARX, 2009, p. 118 e 119).

Ele, então, prossegue suas notas, caracterizando os diferentes tipos de crise do capitalismo. O surgimento das crises se relaciona aos processos de metamorfose do capital, sendo especialmente ligadas ao papel do dinheiro como meio de troca e medida de valor em momentos distintos no tempo. A mercadoria pode mudar subitamente de valor em função de seu equivalente monetário, o que não permitirá a seu possuidor (da mercadoria) honrar seus compromissos, estabelecendo um curto-circuito na cadeia de pagamentos e produzindo um efeito cascata de conjunto.

As crises monetárias se caracterizam pela não realização de uma série de pagamentos em um intervalo de tempo determinado. Marx aponta que os economistas adoram encontrar aí as causas das crises, quando são, na verdade, suas expressões. Para ele, as condições da crise devem ser deduzidas das condições gerais da produção capitalista, a exemplo de uma alta de preços do capital fixo, a ser renovado para o reinício do ciclo, ou uma subprodução de capital circulante, que aumenta seu valor, com impacto no valor final dos produtos, mas diminuindo a taxa de lucros.

---

7. Texto original em francês: "les interactions entre créances et obligations réciproques et entre achats et ventes, peuvent transformer la possibilité de crise em crise réelle".

Marx faz ponderações importantes sobre a crise de superprodução, combatendo qualquer identidade possível entre produtores e consumidores. Os que produzem — os trabalhadores — não são consumidores dos artigos que serão consumidos na produção (meios de produção e matérias-primas), e sequer do que produziram, dependendo do ramo de produção. Não há identidade entre essas duas formas de existência. Os trabalhadores produzem, de fato, a mais-valia além de suas necessidades, para estar em condições de consumir ou comprar no estrito limite dessas mesmas necessidades, que são históricas e sociais. Por outro lado, o capitalismo tem tendência de crescimento permanente da produção sem consideração do limite do mercado, o que, a nosso ver, faz parte da alienação capitalista acerca do processo de reprodução social e suas possibilidades de interrupção. Seu limite, na verdade, é sempre dado, segundo Marx, pela dinâmica da taxa de lucro.

Essas constatações levam à recusa peremptória de Marx à ideia liberal de equilíbrio. Para ele, se a produção se desenvolve de forma simultânea e uniforme em todas as esferas, não se trata mais de produção capitalista; se a demanda e a oferta se equilibram, não se trata mais de produção capitalista (MARX, 2009, p. 160 e 161). A noção de equilíbrio no capitalismo formalizada idealmente pela economia política — sobre a qual Marx se dedica a construir sua crítica — é uma espécie de utopia dos liberais de primeira hora e uma forte ideologia quando o liberalismo se torna puro conservantismo e justificação.

É importante observar que a crise para Marx é de superprodução. Mesmo quando existem massas de valores na forma monetária — superacumulação —, isso expressa o processo da superprodução em grande escala (MARX, 2009, p. 163). Para ele, a crise geral do mercado mundial é um momento em que todas as contradições da produção burguesa eclodem, fazendo aparecer abalos menores que estavam dispersos e isolados. É nesse momento que se expressa, de forma contundente, a tendência de produzir em limites superiores às forças produtivas, sem considerar os limites do mercado, dos meios de pagamento disponíveis, satisfazendo medianamente as necessidades dos produtores (MARX, 2009, p. 167). Os papéis, letras, títulos, ou seja, a forma monetária nas suas variadas vestes, tornam mais complexas as expressões da crise, mas suas razões devem ser buscadas nos elementos que engendram a superprodução, diga-se o bloqueio da rotação do capital, que paralisa seu fim último: a acumulação de capital. Interessante é a carta de Engels para Marx sobre a crise de 1857:

> Nesta crise, a superprodução foi geral como nunca, ela é inegável. A forma sob a qual a superprodução se dissimula é sempre mais ou menos a extensão do crédito, mas, desta vez, é muito especialmente a complacência com as letras de câmbio (ENGELS apud Note Éditoriale. In: MARX, 2009, p. 179)[8].

Se é evidente que o capitalismo contemporâneo tem especificidades, parece-nos que a bússola de Marx e Engels pode e deve nos orientar na análise, para que não nos percamos na fantasmagoria dos papéis nem nos mares revoltos das dívidas, ainda que seja importante compreender seu lugar no processo, e possamos ir além das aparências quanto à caracterização da crise estrutural do capital, diga-se, a entrada na onda longa de tonalidade de estagnação, e seu momento mais atual. Mais uma vez, portanto, a atualidade de Marx é incontestável, como mostra nossa incursão nos textos elencados até aqui.

Diferentemente das análises que separam — de forma bizarra, concordando aqui com Bensaïd (2009) — a esfera financeira da chamada economia real, pensamos, com Marx e o próprio Bensaïd, que as razões da crise atual devem ser buscadas nas contradições que operam no coração do mundo do capital. A dupla existência da mercadoria, em valor de uso e troca, é portadora da possibilidade de sua cisão, da mesma forma que a relação intrínseca entre produção e circulação e suas disjunções no espaço e no tempo.

---

8. Texto original em francês: "Dans cette crise, la surproduction a eté générale comme jamais, elle n´est pas niable. La forme sous laquelle la surproduction se dissimule, c´est toujours plus ou moins l´extension du crédit, mais cette fois-ci, c´est tout spécialement la cavalerie des traites".

Bensaïd (2009), com suas belas metáforas, coloca que o salto de um momento a outro pode ser mortal — a luta heroica do capitalismo contra suas tendências invariantes, a que se refere Harvey (1993) —, produzindo até mesmo a ilusão de que o dinheiro teria a capacidade de reproduzir-se, sem passagem pelo processo de produção (BENSAÏD, 2009, p. 6). Portanto, como condição de existência, o capital tende à arritmia, a um desequilíbrio lógico, tal como Marx mostra nas *Teorias da mais-valia* e em *O Capital*. Essa disjunção da unidade da mercadoria e da relação entre produção e consumo encontra prolongamento na separação entre lucro e juros, entre capital funcionante e capital portador de juros, no momento da repartição da mais-valia socialmente produzida. Para produzir mais-valia, é necessário vender e o poder de compra também é achatado, tendo em vista uma maior extração de mais-valia, engendrando novas contradições como apontamos anteriormente. O crédito pode alimentar a renovação do ciclo, mas esse processo também encontra seus limites, caso a cadeia de pagamento aos credores sofra algum abalo. O capital portador de juros é a "forma mais alienada e mais característica" (MARX apud BENSAÏD, 2009, p. 13) do capital, constituindo-se na forma mais aparentemente autônoma do processo metabólico do capital.

A superacumulação, que implica excesso de liquidez de capital na forma dinheiro ou nos papeizinhos, como diz ironicamente Marx, em *O Capital*, é o anúncio da crise por excesso de capital em pletora. Assim, "saturação do mercado (superprodução) e superacumulação do capital são o verso e reverso de um mesmo fenômeno" (BENSAÏD, 2009, p. 13)[9] e quando se encontram no espaço e no tempo, produzem cataclismas.

A autonomia do dinheiro pode levar a mercadoria à asfixia, o que Bensaïd caracteriza como o calvário da mercadoria na circulação (idem, p. 17), já que existe uma íntima ligação entre esses dois momentos, sendo a crise, portanto, uma consequência lógica, mas que

9. Tradução do texto original: "Saturation du marché (surproduction) et suraccumulation du capital sont donc l´envers et l´endroit d´un même phénomène".

depende de condições históricas. A fixação do capital em várias formas, mas especialmente no capital portador de juros e sua expressão mais fantasmática, o capital fictício, tende a mascarar essa dificuldade estrutural da reprodução social, considerando evidentemente que não se produz no capitalismo para atender à demanda real, mas solvível. A ação do Estado por meio do fundo público, como vimos até aqui e esperamos tornar cada vez mais concreto nas linhas que seguem, também passa a operar, de forma crescente, para amortecer a espiral da crise a partir de múltiplas intervenções.

5.2 O capitalismo maduro e decadente em crise

Segundo essas considerações, podemos partir para uma breve caracterização do momento presente, que é de crise endêmica do capitalismo. O capitalismo do pós-guerra viveu seus trinta anos de "glória", de crescimento fundado no fordismo-keynesianismo, e que geraram uma mais-valia monumental, boa parte dela apropriada na repartição na forma de juro, pelo mundo da finança, que, ademais, não está afastado da economia real, como já identificava Lenin (1987) em seu conceito de capital financeiro, mas que pode assumir relativa autonomia especialmente na forma do capital fictício.

Com a viragem do ciclo a partir de final dos anos 1960 e mais intensamente após o efeito catalisador (MANDEL [1972], 1982 e 1990) produzido pela crise do petróleo (principal fonte de energia) de 1973-1974 e pela ruptura unilateral dos acordos de Bretton Woods, impondo o dólar como referência monetária ao mercado mundial, esse imenso capital acumulado se torna, principalmente, capital de empréstimo, via crédito, e de investimento externo direto (IED), ainda que em muitas situações não crie ativos novos, mas opere pelo mundo todo mudanças de mãos da propriedade, concentrando-a mais que nunca, inclusive pelo mecanismo das privatizações (CHESNAIS, 1996; BEHRING, 2003).

Há que se considerar aqui também a restauração capitalista no Leste europeu e, especialmente, na China, que deu fôlego renovado ao processo real de acumulação por meio da extensão do domínio da produção de mercado com baixa da composição orgânica global e superexploração da força de trabalho, ampliando as capacidades de produção, mas não necessariamente de consumo, a um custo ecológico monumental[10].

Todo esse processo foi estimulado pela desregulamentação dos mercados orientada pela ortodoxia neoliberal, essa nova razão do mundo (DARDOT; LAVAL, 2016). O credo férreo dos liberais e neoliberais no mercado como o melhor regulador, informante e elemento de coesão não encontra qualquer fundamento na realidade, e é por isso que, quando a crise efetivamente se instala após anos de implementação de políticas neoliberais, também serão vistos exóticos e por vezes efêmeros deslocamentos, mais ou menos pragmáticos, no *mainstream* econômico.

Outro aspecto, e em acordo com Bensaïd, é que o capital não sabe prosperar indefinidamente a crédito (2009, p. 19), ainda que o fator China tenha sido um contraponto importante nos últimos anos. Qualquer ameaça mais consistente de não cumprimento das obrigações assumidas inicia a cadeia de falências e concordatas pelas dívidas acumuladas e aumentadas pela sanha insaciável dos juros, a parte do butim dos banqueiros, acionistas, e também dos especuladores

10. Análise importante sobre a China pode ser encontrada em Harvey (2008). O mesmo autor, em conferência realizada na Universidade de Paris X, Nanterre, em 21 de novembro de 2011, organizada pelo Departamento de Geografia, afirmou que o colapso do mercado de exportações engendrado com a crise produziu a perda de 4 milhões de empregos naquele país após a criação de 27 milhões de postos de trabalho por meio de um massivo investimento do governo central e dos bancos. Se essa estratégia deu resultados expressivos até agosto de 2011, assemelhando-se ao programa americano pós-1929, começa a dar sinais de esgotamento em razão da forte vulnerabilidade externa, apesar de a China conduzir uma relação diferente entre Estado e bancos, com controle do fluxo de capitais. Para ele, a China não é uma espécie de alavanca do mundo, uma solução estável como querem fazer crer. A continuidade do ambiente de crise acirrado atualmente pelo catalisador da crise sanitária (pandemia de covid-19 de 2020) indica que a reflexão de Harvey foi assertiva.

detentores de títulos. Aliás, as chamadas agências de notação de risco, que são sustentadas pelos próprios especuladores e, hoje, funcionam como bússola dos investidores e mecanismo de chantagem sobre os Estados, fazem verdadeira folia, ganhando rios de recursos nas transações que induzem por meio da chantagem do risco[11]!

O momento de ápice da crise que eclodiu em 2008-2009 se iniciou com a disjunção entre compra e venda, pela interveniência do crédito na venda de moradias — a questão imobiliária nos EUA —, automóveis e bens de consumo durável, com prazos e juros além do poder de compra em médio prazo. O crédito movimentou aparentemente a produção estagnada desde a viragem do ciclo, mas com uma folia de curto prazo, antes do advento desse seu momento violento, generalizado e agudo de crise.

Numa ótima síntese (idem, p. 21 e 23) por nós adensada, Bensaïd chama atenção para a operação da queda tendencial da taxa de lucros como determinante das crises em geral e da crise de 2008-2009 em particular. Como tendência que se impõe e se torna visível pela sua negação ou suas causas contrariantes, como vimos no terceiro capítulo deste livro, a reação burguesa à queda da taxa de lucros e à própria crise veio por meio dos seguintes expedientes: aumento da exploração do trabalho pela reestruturação produtiva e pressão sobre os salários combinada à expropriação de direitos, na busca pela ampliação da taxa de mais-valia; pelo movimento predatório imperialista, que permite explorar o diferencial de produtividade do trabalho e baixar os custos das matérias-primas, reprimarizando fortemente as exportações de alguns países, tendo em vista as suas vantagens comparativas e a sustentação no mercado mundial, como é o caso do Brasil (GONÇALVES; FILGUEIRAS, 2007; FONTES, 2010; KATZ, 2016; OSÓRIO, 2014), instituindo, assim, um novo padrão de reprodução do capitalismo; pela aceleração da rotação do capital, acionando a publicidade, o

11. Detalhadas explicações do modo de funcionamento e análises críticas, com diferentes perspectivas teóricas, sobre o significado dessas agências de notação de riscos, encontram-se em Didier (2011), Chesnais (2011), Lordon (2008) e Toussaint (2011).

marketing, o crédito, a gestão ótima dos estoques de mercadorias, a obsolescência planejada das mercadorias — o que remete ao debate sugerido por Mèszáros (2002) acerca da taxa decrescente do valor de uso das mercadorias, bem como ao brilhante e premonitório capítulo de Baran e Sweezy (1978) sobre a descartabilidade e o luxo no mundo da produção —, movimentos estes que buscam compensar a baixa da taxa de lucros pelo aumento de sua massa[12] (idem, p. 25); pelo incremento da intervenção estatal via constituição e alocação do fundo público, socializando as perdas, redirecionando as despesas, realizando renúncia fiscal e desencadeando uma série de outras medidas para o capital, bem como, com centralidade, fortalecendo a indústria de armamentos.

Esse conjunto de medidas contrarreformistas[13], no entanto, não foi capaz de contrarrestar a eclosão da terceira maior crise generalizada do capitalismo em 2008-2009, ainda que tenha produzido um crescimento espetacular da desigualdade de renda e patrimônio. Houve queda significativa do peso dos salários na renda nacional da maioria dos países, no mesmo passo do crescimento da concentração da riqueza. O ritmo da rotação mantido nos últimos anos pelo mecanismo do crédito, mais que irresponsável e por vezes criminoso, caiu e mostrou que não é eterno (idem, p. 35). Quando a crise advém, revela sua natureza real de uma crise latente de superprodução, escamoteada pelo incremento do crédito, o que fez com que muitos a caracterizassem como crise das finanças, como se o mundo das finanças fosse uma forma desviante do capitalismo e não uma forma essencial.

As saídas daquela crise que eclodiu há dez anos passaram visceralmente pelo fundo público, com o aumento das dívidas públicas

---

12. O que é sempre uma possibilidade para o capitalismo: a convivência entre queda da taxa de lucros e aumento da massa de lucros por um certo tempo, como se viu antes com Marx, em *O Capital*.

13. Encontramos, em Bensaïd (idem, p. 31), esse termo no mesmo sentido em que o reconstruímos na dinâmica brasileira em Behring (2003). Outros autores franceses também o utilizam para caracterizar medidas neoliberais e perdas dos direitos conquistados nos tempos de pleno emprego e do Estado Social mais consistente.

dos Estados para cumprirem seu papel monumental de "almofadas amortecedoras" (MANDEL, 1978a). Mesmo assim, é possível afirmar que essa injeção de trilhões de dólares, euros e reais na economia mundial (e nacional) não conteve os elementos de crise, a ponto de gerar um novo ambiente de crescimento econômico. Permanecemos na onda longa com tonalidade de estagnação, o que, neste momento, em 2020, se torna dramático em razão da crise sanitária[14], e na onda de desemprego que ela produz ao interromper a rotação — as metamorfoses do capital —, em razão da elevada queda do emprego, da renda e do consumo.

A saída da crise global de 1929-1932 não traz boas lembranças para a humanidade: o nazifascismo, a guerra generalizada, uma enorme queima de forças produtivas seguida da Guerra Fria. O Estado Social, produto da reconstrução do pós-guerra (quente), como experiência geopoliticamente datada (BEHRING, 1998), resultou de uma correlação de forças historicamente situada quando da existência da URSS. E as conquistas civilizatórias daí decorrentes, destacadamente o trabalho com direitos, vêm sendo atacadas e desconstruídas.

O ascenso de governos de extrema-direita e racistas — na Áustria, EUA, Índia e Brasil, apenas para citar alguns exemplos — aponta para saídas embebidas de barbárie. O autor principal com quem dialogamos nesta última parte do texto e com quem mantemos profunda afinidade, Daniel Bensaïd, sugere uma saída anticapitalista, considerando o esgotamento das saídas reformistas, de cariz social-democrata, o que exige uma recomposição da esquerda.

Façamos, então, uma síntese parcial de nosso percurso até este momento. A incursão que realizamos, destacadamente sobre a categoria[15] crise, permite-nos algumas notações sobre o fundo público e

14. Nossa análise sobre os impactos da pandemia de covid-19 que assolou o mundo está no capítulo 8.

15. Categorias são formas de existência do ser social e não definições, como aprendemos nos nossos cursos de método em Marx, na Universidade Federal do Rio de Janeiro, com José Paulo Netto, a quem presto aqui minha carinhosa homenagem e expresso meu agradecimento

a política social. Sobre o primeiro, pode-se dizer que sempre teve um papel importante na rotação do capital e na gestão das crises e, hoje, esse lugar encontra-se exponenciado com consequências políticas sérias, já que a disputa pela formação e alocação do fundo público se acirra. Na rotação, o fundo público — que se compõe de recursos compulsória e desigualmente extraídos dos trabalhadores e das corporações, penalizando, em geral, os primeiros — atua nos processos de incremento da metamorfose da mercadoria em dinheiro. O fundo público faz isso por meio das compras do Estado, dos salários dos seus trabalhadores, especialmente quando desenvolve crescentes atividades, no contexto monopolista e fordista-keynesiano, mas também atualmente, ainda que com prioridades diferentes dos anos de forte crescimento. Isso inclui a política social, com destaque para os programas assistenciais de transferência monetária e aposentadorias, que atuam na ponta do consumo, mas também envolve as compras do Estado, bastando citar a saúde ou a construção de moradias populares.

O fundo público é partícipe do sistema nacional de crédito, como seu garantidor último, condição em que é chamado a atuar em caso de crise, injetando dinheiro — que extrai desigualmente das classes — no sistema, gerindo os riscos. Nesse momento, lembramo-nos daquele fundo monetário de reserva a que se referia Marx. O Estado é elemento importante também no circuito da produção, assumindo ramos conexos, sendo a indústria de armamentos essencial nesse processo, como mostram os enormes orçamentos de defesa externa e interna (armamento das polícias para contenção interna acompanhada da criminalização da resistência). E há a dívida pública, mecanismo pelo qual os Estados transferem parte da riqueza socialmente produzida para o capital portador de juros, o verdadeiro maestro do momento presente de mundialização e financeirização do capital (CHESNAIS, 1996).

pelo grande aprendizado e estímulo intelectual. Tivemos a oportunidade de escrever um texto sobre a concepção de Estado em Netto (BEHRING, 2019a), em que expressamos todo o afeto e gratidão a esse megamestre e amigo.

A hecatombe de 2008-2009 tratou de mostrar as reservas dos Estados e sua disponibilidade para salvar as instituições bancárias e algumas empresas. No entanto, a crise continuou na forma do endividamento dos Estados, que lançaram planos de austeridade e punção fiscal sobre os trabalhadores para se sustentarem, com um custo social altíssimo, a exemplo da situação social grega e espanhola, como expressões mais graves desse processo.

Chesnais (2011)[16] fala da ilegitimidade das dívidas dos Estados europeus, mostrando seu crescimento espantoso após a debacle de 2008 e 2009, a partir das operações de salvamento das corporações e instituições financeiras envolvidas e do crescimento de seu peso nos orçamentos dos Estados. Na França, as obrigações da dívida alcançaram, sob o efeito da crise, a posição de segunda rubrica do orçamento fiscal, em seguida da primeira, a educação nacional, e à frente da defesa, dados e análise que também estão presentes em Didier (2011).

No Brasil, há muito as obrigações da dívida estão em primeiro lugar, onde tendem a permanecer, e regem um brutal e permanente ajuste fiscal como veremos à frente. É muito provável que, após o controle da pandemia de 2020, sobrevenha uma nova onda de socialização de custos com impactos fortemente regressivos para a classe trabalhadora, com ampla barbarização da vida social, caso a luta anticapitalista não avance.

Sobre a política social, como aplicação do fundo público, participa do processo de incremento da rotação do capital e, portanto, do circuito do valor, tal como vimos reiterando. Por meio da política social, o Estado realiza compras, contrata força de trabalho, paga seus salários, transfere valores monetários e até contrai dívidas em seu nome, a exemplo de empréstimos internacionais brasileiros que são contraídos para objetivos específicos que aparecem nas contas das

16. Chesnais fala também das dívidas odiosas, contraídas de forma antidemocrática pelos Estados e entes subnacionais em regimes autocráticos. Vale dizer ainda que o autor corrobora a ideia de que se trata de uma crise de superprodução com várias expressões: financeira, alimentar, ecológica.

políticas sociais brasileiras. A política social até transfere recursos para os bancos para a gestão dos programas de transferência monetária, como revelou a pesquisa de Silva (2010 e 2012).

Reafirmamos aqui, no entanto, a natureza contraditória da política social (BEHRING; BOSCHETTI, 2006), à medida que produz acesso a direitos conquistados, essenciais para a reprodução física e social da classe trabalhadora. Desde a viragem para a onda longa de estagnação, as políticas sociais estão em xeque, inclusive sendo redirecionadas para a lógica do consumo e do produtivismo, via programas assistenciais de transferência monetária (BOSCHETTI, 2012, 2016), em vez da lógica dos direitos e serviços gratuitos e universais, como apontava Michel Husson referido linhas atrás.

A política social, deslocada do keynesianismo e da inspiração beveridgeana, vem sendo refuncionalizada e tensionada pela supercapitalização, termo de Mandel ([1972] 1982) que busca caracterizar o espraiar do capital para zonas antes não mercantis em contexto de superacumulação (pletora de capitais na forma monetária). Os capitais em excesso de liquidez passam a buscar nichos de valorização, industrializando e privatizando determinados setores, a exemplo da saúde, da educação, da Previdência Social, entre outros.

O fundamental é mostrar os nexos do fundo público e da política social com o circuito ampliado do valor em múltiplas dimensões, tendo em vista contrapor a queda da taxa de lucros e fazer rotar o capital, mas sempre sendo disputados no solo da história, no contexto da luta de classes, ainda que numa correlação de forças desfavorável ao trabalho, como nos últimos decênios.

É no solo da história, da correlação de forças entre as classes antagônicas, que se disputam os sentidos e desdobramentos da crise. Essa inferência visa esclarecer o quanto prevalece o pragmatismo burguês, quando se trata de sua sobrevida. Melhor dizendo, cabe revelar a hipocrisia do discurso da crise *do* ou *no* Estado que veio atravessando esses anos de neoliberalismo e contrarreforma do Estado e de, ao contrário do anunciado, crescimento exponencial do fundo público. Na verdade, observa-se uma redefinição do lugar do setor público e do fundo público no contexto dos ajustes contrarreformistas que implicaram o crescimento do seu lugar estrutural no processo *in flux* de produção e reprodução das relações sociais, conforme discutimos anteriormente.

O acompanhamento das discussões sobre a crise de 2008/2009, cujos desdobramentos estão longe de ser debelados e se repõem na crise atual de 2020, de forma ainda mais complexa, dado ser aprofundada por uma crise sanitária e ecológica de grandes proporções, mostra-nos discursos sobre a crise, numa espécie de disputa de destino e de narrativas que se instaurou desde a sua eclosão[17]. De que crise *eles* falavam em 2008/2009?

Para os intelectuais liberal-burgueses mais ortodoxos, a crise é nitidamente uma espécie de "lipoaspiração" do sistema capitalista, um ajuste inevitável advindo dos mecanismos naturais do mercado ao qual se sucederá a recuperação do equilíbrio, tendência na qual os liberais depositam sua fé inabalável desde a Lei de Say, conhecida como a lei da oferta e da procura. Para tanto, é fundamental que haja redução de custos — nas empresas e, especialmente, no Estado — e todos façam o seu dever de casa, a "sua parte de sacrifício". Sim, porque a crise é de todos e a saída exige o engajamento e a colaboração de todos também, o que confirma as importantes e atuais teses de Mota (1995) acerca de uma cultura da crise[18].

Temos, então, uma disfunção passageira, que é, ademais, o argumento de ferro dos liberais, mesmo hoje diante da pandemia. Para os keynesianos e variações — e "muitos governos, empresários e intelectuais orgânicos da burguesia dormiram neoliberais e acordaram keynesianos após a falência do Lemon Brothers" (notas da referida

17. Neste momento, dialogamos com o companheiro de lutas e resistência Valério Arcary, a partir de nosso encontro numa mesa de debates na Jornada de Políticas Públicas da Universidade Federal do Maranhão, em 2009.

18. Essa contribuição inestimável de Ana Elisabete Mota é constitutiva da nossa reflexão, dado que esta tem sido uma condição para a hegemonia burguesa e suas políticas de ajuste fiscal não só no Brasil. Aproveito para registrar nossa amizade e admiração que se adensaram com o passar dos anos.

intervenção de Valério Arcary, São Luís, 2009), que foi uma espécie de catalisador dessa crise de 2008, num verdadeiro processo de reconversão —, a crise é de falta de regulação, como se a desregulamentação tivesse sido uma espécie de capricho, de revanche liberal irresponsável.

O processo de desregulamentação permitiu nos últimos anos, com o ascenso dos neoliberais, a presença de investidores gananciosos e inescrupulosos, exponenciando o capital fictício e a concessão irresponsável de créditos, em especial os empréstimos *subprime* para casa própria de assalariados de baixa renda: as chamadas hipotecas tóxicas.

Então, nessa perspectiva, a crise seria de excesso de crédito sem escopo por parte dos devedores, gerando inadimplência e incapacidade dos bancos e instituições financeiras de sustentar essa grande oferta em condições de inadimplência. A saída da crise estaria, portanto, condicionada a fortes doses de regulação, o que Katz (2008) chama de "fantasia da regulação".

A hipótese explicativa da crise que subscrevemos tem seus fundamentos na tradição marxista, como vimos desenvolvendo. Nessa perspectiva, a crise não é uma disfunção nem um problema de regulação, mas é parte constitutiva do movimento contraditório do capital, como vimos com Marx. Nenhum automatismo do mercado leva à situação de equilíbrio como insistem os liberais mais aguerridos numa atitude nitidamente ideológica; mesmo a regulação keynesiana tem grandes limites de estabelecer controles no capitalismo maduro, ademais incontrolável, como nos diz Mészáros (2002).

A saída keynesiana da crise de 1929 propiciou os chamados trinta "anos gloriosos" nas condições geopolíticas e econômicas específicas do pós-guerra, mas o deslocamento regressivo a partir da década de 1970 mostrou claramente o esgotamento daquele período. A onda longa expansiva não resistiu aos movimentos de concorrência acirrados diante da queda da taxa de lucros no final da década de 1960, quando se equalizam as taxas de lucro, engendrando um longo período com tônica de estagnação, segundo a fecunda análise de Mandel ([1972] 1982).

Estamos, pois, mergulhados nos últimos quarenta anos nessa dinâmica, com recuperações breves sempre muito comemoradas pelos arautos do sistema, mas em meio a uma tendência geral de baixo crescimento. Isto ocorre apesar da grandiosa reação burguesa desencadeada por meio de vários ataques ao trabalho: a combinação entre reestruturação produtiva acompanhada da quebra da espinha dorsal do movimento dos trabalhadores acima e abaixo da linha do Equador; o neoliberalismo, com a contrarreforma do Estado por via dos chamados ajustes estruturais; a mundialização do capital, com a deslocalização de empresas para reduzir os custos da produção e o valor da força de trabalho, o deslocamento do investimento externo direto, a política concentradora de patentes e o espraiar de relações capitalistas pelos antigos espaços do "socialismo real", a exemplo da China, o que alguns vêm chamando de restauração capitalista, entre outros intensos movimentos.

Se essa reação burguesa propiciou alguma retomada das taxas de lucro, não houve a retomada das taxas de crescimento, ou seja, não adentramos num ciclo virtuoso de crescimento do emprego e da renda, hipótese que parece cada vez mais distante considerando as tendências destrutivas desencadeadas pelas respostas capitalistas à crise, agora em um momento pandêmico. Por outro lado, a retomada das massas de lucro deu-se a partir de uma dinâmica de excesso de liquidez de capitais, ou seja, azeitando as instituições financeiras, sem dúvida as que mais se beneficiaram desse processo.

Estimativas que vêm das análises econômicas falam de um PIB mundial de aproximadamente 55 a 60 trilhões de dólares e de um volume de capitais fictícios que pode chegar a 550 trilhões de dólares (CHESNAIS, 1996 e publicações do CADTM). Isso nos informa a natureza dessa crise: uma crise de abundância de capitais, de superacumulação, em que grandes volumes de capitais não encontram caminhos de valorização, embora os busquem desesperadamente e com rentabilidade máxima no contexto de um capitalismo tóxico, nos termos de Husson (2009), inclusive penetrando em territórios antes não tão mercantilizados, como vimos linhas atrás.

Esses capitais encontram refúgio na atividade financeira com a punção de capitais na forma de dinheiro, mas aí também passam a encontrar limites, já que a expansão fictícia de capitais sem lastro na economia real vai encontrando dificuldades para prosperar. Vale dizer que boa parte da população mundial se encontra desempregada e desmonetarizada, o que leva a uma situação de superprodução — onde reside a origem material das crises —, atingindo duramente a produção, onde efetivamente ocorre a valorização do valor, especialmente os setores de bens duráveis: imóveis, automóveis, bens de consumo durável, móveis. Trata-se de uma lição acelerada de capitalismo, conforme Katz (2008), no ápice de uma onda longa de tonalidade depressiva.

Quando estourou a crise de 2008/2009, muitos analistas fizeram comparações com 1929-1932. Não obstante a tentação seja grande, é importante chamar a atenção para o fato de que o contexto em que essa crise se desenvolveu foi bastante diferente daquele. Hoje, há interdependência e entrelaçamento entre capitais bem maiores, bem como ocorre uma coordenação entre os bancos centrais dos EUA, Europa e Ásia que não existia no início do século XX. Os países tinham mais autonomia para estabelecer políticas protecionistas, o que a lógica da mundialização pouco permite atualmente, apesar dos esforços recentes de Trump.

Katz (2008), um dos analistas mais consistentes da crise do ponto de vista crítico, chama a atenção para que uma confrontação bélica precedeu e sucedeu a crise de 1929-1932, o que também estabelece diferenças. As guerras localizadas tiveram seu papel ao longo de todo o período de expansão (nesse caso, a Guerra Fria cumpriu um papel fundamental) e mantêm essa importância na estagnação (a "guerra contra o terror" elogiada pela apologética de Hollywood).

Contudo, nas melhores análises não se vislumbra a queima de forças produtivas de forma tão contundente e abrangente em curtíssimo prazo, em que pese o quadro de médio e longo prazos não sugerir que essa hipótese deva ser descartada, especialmente se houver ascenso de governos de extrema-direita ou se mantiver o quadro nos EUA, com suas iniciativas beligerantes, a exemplo da relação com China, Rússia, Venezuela e Irã, entre outros países.

A explicação marxista da crise, que nos orienta nesta análise, não a localiza na fantasmagoria financeira, com seu fetichismo exponenciado, ainda que exista superacumulação e que esta seja seu elemento detonador. Para Husson, a eclosão da crise é uma chamada à ordem pela lei do valor. Para ele,

> los títulos financieros son un derecho en cuenta sobre la plusvalia producida. Mientras no se ejerza ese derecho, todo sigue siendo virtual. Pero en cuanto se hace valer, se descubre que está sometido a la ley del valor que consiste en decir simplemente que no se puede distribuir más riqueza real que la que ha sido producida (2008, p. 3).

A base material mais profunda da crise, portanto, está localizada na defasagem crescente entre um restrito poder de consumo, centrado no consumo de luxo fortemente destrutivo, ante uma expansão crescente da produção, o que foi alimentado em um ambiente competitivo acirrado para incrementar as taxas de exploração. Falamos aqui da ofensiva sobre a força de trabalho, baixando o salário — na maior parte dos países, caiu a renda do trabalho como proporção do PIB no contexto da reação burguesa —, desempregando massivamente e reconstituindo a superpopulação relativa ou o exército industrial de reserva.

Trata-se da redução de custos, o que tem impactos sobre o emprego, o salário e o consumo. Acrescenta-se aí mais um pilar da crise que foi o encarecimento das matérias-primas, processo esse incentivado pelos especuladores, encarecendo o abastecimento básico, a exemplo dos alimentos, o que ameaçou de fome cerca de 1,3 bilhão de pessoas já em 2008, especialmente na periferia do capital (KATZ, 2008), acirrando processos migratórios e guerras localizadas, o que tende a se agravar no contexto da pandemia de 2020.

Quando superprodução e superacumulação se encontram de forma combinada e explosiva, no ápice da onda longa com tonalidade de estagnação, qual é o impacto sobre o fundo público? Em 2008/2009, as instituições financeiras exigiram socorro público para restaurar a confiança nos mercados, adquirindo títulos depreciados, para revalorizá-los e revendê-los; imprimindo dinheiro — inclusive tornando a inflação um mal menor, diferente do discurso anterior à crise.

Nos EUA, o governo Bush injetou, com o primeiro pacote amplamente divulgado na imprensa, US$ 700 bilhões para conter o pânico bancário desencadeado pela crise do crédito imobiliário. Mas falou-se em suportes da ordem de US$ 1 trilhão nos EUA. O governo do Japão injetou US$ 10 bilhões e os governos da União Europeia seguiram pelo mesmo caminho, inclusive com a ampliação arriscada do endividamento público, que, posteriormente, cobrou seu preço em alguns países com a corrosão dos clássicos sistemas de proteção social europeus (BOSCHETTI, 2012).

No Brasil, além de um anunciado pacote inicial de 13 bilhões de reais das reservas brasileiras, em 2009, o BNDES liberou R$ 12 bilhões de reais para as 20 maiores corporações agroindustriais — que demitiram cerca de 100 mil trabalhadores — para conter os efeitos da crise internacional, no mesmo passo em que assegurou apenas R$ 20 milhões em linhas de crédito para os assentamentos de reforma agrária, como denunciava o MST na ocasião.

Não é exagerado reafirmar que o fundo público se forma a partir de uma punção compulsória — na forma de impostos, contribuições e taxas — da mais-valia socialmente produzida, ou seja, é parte do trabalho excedente que se metamorfoseou em lucro, juro ou renda da terra e é apropriado pelo Estado para o desempenho de múltiplas funções de reprodução do capital e da força de trabalho, como vimos mostrando. O instrumento de punção é, essencialmente, o sistema tributário e parte maior ou menor do fundo público, dependendo da correlação de forças entre as classes — que, lembramos mais uma vez, tem sido desfavorável ao campo do trabalho —, é sustentada pelos salários. Ou seja, vimos também que o fundo público não se forma apenas com o trabalho excedente metamorfoseado em mais-valia, mas também com o trabalho necessário.

Nossos estudos e discussões no Grupo de Estudos e Pesquisas do Orçamento Público e da Seguridade Social da Universidade do Estado do Rio de Janeiro (GOPSS/UERJ) vêm indicando que a exploração ampliada da força de trabalho na produção é complementada pela exploração tributária crescente. No Brasil, por exemplo, a tributação pesa em mais de 60% sobre o trabalho, como nos mostra Salvador (2010a, p. 205-229), e desde o Plano Real, a carga tributária aumentou de 29% para 35% do PIB.

Neste passo, observa-se que os impactos da crise do capital sobre o fundo público se dão em duas dimensões. Primeiro, na sua formação, implicando "reformas" tributárias regressivas, à medida que o fundo público se torna vital numa perspectiva anticíclica, diga-se, de contenção da crise, e implicando também o desencadeamento de mecanismos de renúncia fiscal para o empresariado, para "proteger o emprego". Segundo, na sua destinação. De que maneira?

Adquirindo ativos das empresas "adoecidas" também sob o argumento de proteger o emprego, apropriando-se de recursos de reprodução do trabalho para sustentar essa movimentação; interferindo diretamente nos processos de rotação do capital, tendo em vista propiciar a sua valorização de forma mais acelerada, por meio de parcerias público-privadas (mecanismo fundamental que formou a base do Plano de Aceleração do Crescimento no Brasil de Lula e Dilma e se mantém até hoje), contratos e compras estatais; pelo fornecimento de crédito, entre outros expedientes.

Esses são movimentos que mostram que o fundo público tem um papel estrutural no circuito do valor, criando contratendências à queda das taxas de lucro, atuando permanente e visceralmente na reprodução ampliada do capital. Os números da crise de 2008/2009 foram contundentes, tanto quanto os indicadores do empobrecimento generalizado das maiorias que se seguiu, especialmente na periferia do mundo do capital, e desemprego em expansão em todas as quadras do mundo, inclusive na China que vinha mantendo a economia "aquecida". As tendências com a crise de 2020 são ainda mais alarmantes, pois a crise sanitária se encontra com um ambiente econômico tóxico de forma explosiva.

Salta aos olhos a atualidade dos aportes marxianos, ponto de sustentação decisivo dos argumentos críticos, enquanto perdurar o capitalismo como relação econômico-social. Contudo, o tempo presente exige que se aprofunde a pesquisa factual e teórica, para que possamos apanhar as mediações que atravessam a totalidade concreta, buscando-as com a poderosa bússola de Marx, mas indo além dele. Esse é o caso do tema do fundo público que opera por uma gama ampla de ações com mais ou menos envergadura, incidindo sobre a rotação do capital, tanto no tempo de trabalho quanto no tempo de circulação, amortecendo tendências de crise de superacumulação e superprodução estimuladas pela queda tendencial da taxa de lucros e contidas por suas causas contrariantes, numa espécie de paradoxo permanente.

Ao se constituir como um elemento cada vez mais estrutural e central na reprodução do processo global, o fundo público mostra também que chegamos a uma espécie de ponto sem volta, no qual a contradição entre o desenvolvimento das forças produtivas e as relações sociais de produção apresenta-se da forma mais dramática. Sua alocação perversa para o capital, em vez de uma destinação para a proteção das maiorias trabalhadoras, é a expressão mais contundente desse drama.

CAPÍTULO 6

A dívida e o calvário do fundo público*

> "[...] a dívida pública fez prosperar as sociedades anônimas, o comércio com os títulos negociáveis de toda espécie, a agiotagem, em suma, o jogo da bolsa e a moderna bancocracia."
>
> *Karl Marx*

O Brasil convive há algumas décadas com uma espécie de ajuste fiscal permanente, conforme caracterizaremos melhor no capítulo 7. Desde o final da ditadura civil-militar pós-1964, acelerado pela conhecida "crise da dívida" de 1980-1982 que atingiu duramente vários países da América Latina, especialmente o Brasil, foram inúmeros

---

* Uma primeira versão deste texto foi publicada na *Revista Advir*, nº 36, da Associação de Docentes da Universidade do Estado do Rio de Janeiro (UERJ), num dossiê sobre a dívida pública organizado em colaboração com Juliana Fiúza Cislaghi (vice-líder do Grupo de Estudos e Pesquisas do Orçamento Público e da Seguridade Social — [GOPSS] no Conselho Nacional de Desenvolvimento Científico e Tecnológico) e que reuniu vários artigos oriundos do Programa de Cooperação Acadêmica/Coordenação de Aperfeiçoamento de Pessoal de Nível Superior e do Grupo de Estudos e Pesquisas do Orçamento Público e da Seguridade Social/UERJ.

planos e medidas (TAVARES; FIORI, 1993) buscando ajustar o país às novas condições de oferta de créditos e cobrança destes, a taxas de juros nada módicas, sob a coordenação e tutela dos organismos internacionais, com destaque para o Fundo Monetário Internacional (FMI).

O Plano Real, de 1994, e o último acordo formal com o FMI, de 1999, podem ser considerados momentos de inflexão, pois consolidaram uma dinâmica interna duradoura de controle da inflação e alocação dos recursos públicos que, em nome da estabilidade monetária, praticamente engessou o Estado brasileiro, para canalizar recursos para o pagamento de juros, encargos e amortizações de uma dívida pública — externa e interna — que, apesar da sangria de recursos que promove, nunca é paga e menos ainda extinta. Ao contrário, a dívida pública que nos coloca em condição de ajuste fiscal permanente com sua inesgotável chantagem e punção do fundo público é uma espécie de calvário[1]: um longo sofrimento, especialmente para a classe trabalhadora.

Este não é, contudo, um martírio exclusivamente brasileiro. No contexto da financeirização do capitalismo (CHESNAIS, 1996), da hegemonia do capital portador de juros e dos oligopólios com apoio dos Estados nacionais e de crise estrutural desse modo de produção e reprodução social, a dívida pública se torna um mecanismo fundamental de punção da riqueza socialmente produzida, engendrando também a expropriação de direitos, por meio da captura, da punção do fundo público. Trata-se de uma dinâmica que atinge todos os países capitalistas, sobretudo os da periferia, mediada evidentemente pelas especificidades e pela correlação de forças entre as classes e seus segmentos em cada espaço nacional.

Neste capítulo, pretendemos discutir, de maneira mais geral, essa relação entre dívida e fundo público no contexto da crise atual do capitalismo, tendo em vista subsidiar uma visão mais ampliada e

---

1. A analogia bíblica, embora eu não professe nenhuma religião, faz sentido aqui, dado o impacto deletério e duradouro do endividamento na vida de bilhões de pessoas, destacadamente os trabalhadores pobres de todo o planeta.

crítica desse processo. O ajuste fiscal permanente, com suas medidas, em geral, draconianas e o pagamento da dívida que o fundamenta e requisita, nos é apresentado como força da natureza: inevitável, indiscutível e inquestionável. Os sucessivos ajustes são sempre um custo a ser compartilhado por todos e todas, como se não houvesse responsabilidades (e irresponsabilidades) a serem apuradas.

Estamos no ambiente em que se difunde a já referida cultura da crise (MOTA, 1995) e no qual se justifica toda sorte de arbitrariedades para socializar seus custos[2]. O calvário da dívida e do ajuste fiscal permanente vem implicando um nítido esvaziamento e mal-estar do Estado Democrático de Direito. O capitalismo em crise estrutural não convive com sua mais mítica criação: programas de governo democraticamente eleitos são descartados no dia seguinte pelos próprios candidatos em nome da força maior, qual seja, a crise e a socialização de seus custos. Constituições são rasgadas e cresce o poder de decreto e de polícia, esse último amplamente utilizado contra as resistências. Trata-se do que Demier (2017) vem caracterizando como uma democracia blindada — e não apenas tecnocraticamente insulada (EVANS, 1992). As classes dominantes, econômica e socialmente, operam contra a democracia política, tal como já identificávamos na análise que fizemos da contrarreforma do Estado no Brasil nos anos de FHC (BEHRING, 2003)[3] ou como aponta o conhecido texto de Ellen Wood (2003).

---

2. Este foi o caso, por exemplo, do estado do Rio de Janeiro, em 2017, onde uma série de medidas conhecidas como "pacote de maldades" foi sendo proposta para "sanear" as contas públicas do estado e, supostamente, enfrentar a crise. Na verdade, as medidas penalizaram severamente os servidores públicos e a população em geral, mas preservaram as isenções fiscais ao empresariado e o pagamento da dívida pública. Os grandes protestos dos trabalhadores contra o pacote foram sistematicamente reprimidos com violência. Confira Cislaghi (2017).

3. No Brasil, desde abril de 2016, esteve em curso um golpe de Estado parlamentar, midiático e com apoio de segmentos do Judiciário, que foi claramente deslanchado em nome do ajuste fiscal (permanente) e envolveu, entre outras medidas, a Emenda Constitucional nº 95, aprovada, apesar da grande manifestação de resistência em todo o Brasil, e que praticamente congelou os gastos públicos primários nos próximos 20 anos. Na esteira desse golpe e da eleição de Bolsonaro, foi aprovada mais uma contrarreforma da Previdência Social (2019), sob a alegação tão falsa como conhecida de seu déficit crônico que a levaria ao colapso, operando uma

Vamos, então, dimensionar a chantagem da dívida sobre os Estados nacionais, quanto à formação e à alocação do fundo público nesse contexto de crise. Para tanto, abordaremos a lógica da dívida e a punção que realiza do fundo público para o capital portador de juros. Porém, antes de prosseguir, cabe, ainda, introduzir que o endividamento já era identificado por Karl Marx, em *O Capital*, como um eixo importante da constituição mesma do capitalismo, já na assim chamada acumulação primitiva do capital. Para ele,

> A dívida pública torna-se uma das mais enérgicas alavancas da acumulação primitiva. Como o toque de uma varinha mágica, ela dota o dinheiro improdutivo de força criadora e o transforma, desse modo, em capital. Os credores do Estado na realidade não são nada, pois a soma emprestada é convertida em títulos da dívida, facilmente transferíveis, que continuam a funcionar em suas mãos como se fossem a mesma quantidade de dinheiro sonante (1982, p. 288).

No livro III d'*O Capital*, conforme vimos no capítulo 3, Marx trata do capital portador de juros como uma forma central no metabolismo da totalidade concreta que é a sociedade burguesa. É evidente que essas formas assumem mais estatura no capitalismo atual.

6.1 Dívida pública: punção e dominação

Observemos, em primeiro lugar, o tamanho do problema do endividamento que se arrasta histórica e dolorosamente, para, em seguida, analisar como o ajuste fiscal — para nós permanente — e/ou políticas de austeridade vêm sendo desencadeados e sobre quem

---

verdadeira chantagem sobre a população. Vale dizer: tudo isso é para recuperar a confiança dos investidores e dos credores da dívida brasileira. Os capítulos 7 e 8 se debruçam sobre o ajuste brasileiro em suas várias faces e facetas.

recaem as consequências e custos dessas medidas, ou o inverso, quem se beneficia delas. O sistema da dívida (MILLET; TOUSSAINT, 2011; GOTTINIAUX *et al.*, 2016) é um mecanismo de punção de recursos dos/as trabalhadores/as, na forma da extração tributária sobre o trabalho necessário, mas também de pequenos produtores(as), para o grande capital, em que pesem as eternas queixas empresariais (dos médios e grandes) sobre a tributação que neles recai. O capital portador de juros — também em forma fictícia — tem sido o grande beneficiário, por meio de suas diversas instituições e de sua relação com os capitalistas funcionantes e Estados. Mas vejamos as cifras da dívida, diga-se, a quantificação do problema[4].

Segundo Gottiniaux *et al.* (2016), neste estudo com base nos dados disponibilizados até 2015 pelo FMI, Banco Mundial e órgãos da União Europeia, a *dívida externa* dos países ditos "em desenvolvimento", diga-se, os países do capitalismo dependente e periférico, alcançava, em 2012, cerca de US$ 4,830 trilhões, sendo US$ 3,406 trilhões de longo prazo (acima de um ano), US$ 1,278 trilhão de curto prazo e US$ 146 bilhões sob a guarda do FMI. Da parte da dívida de longo prazo, US$ 1,766 trilhão correspondem a dívida pública. Do conjunto das dívidas externas pública e privada desses países, cabe à América Latina a maior parte, US$ 1,258 trilhão.

Quanto ao estoque da dívida externa pública total dos países em desenvolvimento — US$ 1,766 trilhão —, 50% dos credores são públicos, o que significa que as dívidas foram contraídas em acordos

---

4. Utilizarei neste item as informações disponibilizadas pelas equipes do CADMT (Comité pour l'Annulation de la Dette du Tier Monde), instituição independente criada em 1990 e que publica periodicamente relatórios e livros sobre a questão da dívida que estão disponíveis em sua página na internet, em vários idiomas (http://www.cadtm.org/Francais). O CADTM esteve presente na auditoria da dívida do Equador e da Grécia e tem como um de seus principais militantes e intelectuais o belga Eric Toussaint. Com Damien Millet, Toussaint organizou a importante publicação *La dette ou la vie* (2011), com análises decisivas sobre o tema em foco. A última publicação mais completa sobre a dívida no mundo elaborada pelo CADTM é o estudo *Le chiffres de la dette* (2015), sob a responsabilidade de Eric Toussaint, Daniel Munevar, Pierre Gottiniaux e Antonio Sanabria, o qual utilizamos aqui. Buscaremos atualizar os dados até 2019 toda vez que for possível. Contudo, nosso objetivo central neste capítulo é desvelar a importância da dívida pública na reprodução ampliada do capitalismo em crise e decadente.

multilaterais ou bilaterais com outros Estados; 50% com instituições privadas por meio dos mercados financeiros, diga-se, da compra e venda de títulos da dívida externa pública (41%), de créditos bancários e outros (9%).

O estudo da equipe do Comité pour l'Annulation de la Dette du Tier Monde (CADMT) mostra que, logo após a crise da dívida dos anos 1980-1982, houve um decréscimo dos credores privados, mas, entre 2000 e 2012, a participação desses agentes aumentou de forma significativa, o que denota o processo especulativo com a titularização das dívidas dos Estados nacionais e entes federativos subnacionais, com destaque para a América Latina, região onde o aumento do número de credores privados quase duplicou no período anteriormente citado (de 385 para 587). Desde 1980, a dívida externa dos países ditos em desenvolvimento aumentou em nove vezes (*sic*!). A partir de então, bilhões de dólares foram destinados ao pagamento dos serviços da dívida, no mesmo passo de seu espetacular crescimento: de um estoque, em 1980, de US$ 510 bilhões, com um serviço de US$ 79 bilhões (US$ 48 público e US$ 31 privado), passou-se, em 2012, a um estoque de US$ 4,830 trilhões, com um serviço de US$ 660 bilhões (US$ 182 público e US$ 478 privado, o que mostra a inversão do perfil dos credores).

Parte desse processo de endividamento, destacadamente na periferia do capitalismo, é nitidamente odioso. O conceito de *dívida odiosa* foi desenvolvido pelo jurista russo Alexander Sack, em 1927, e hoje é reivindicado por diversas organizações e intelectuais, no contexto de análises que preconizam a auditoria e a anulação da dívida pública, parcial ou totalmente. Esse é o caso de François Chesnais, de Eric Toussaint e dos militantes do CADTM, entre outros. São dívidas contraídas em contextos ditatoriais, sem o consentimento da população, que não trouxeram nenhum benefício para o país devedor ou financiaram atividades que violaram direitos humanos e sociais, cuja condição de endividamento seria de conhecimento dos credores.

Neste caso, segundo o jurista, é uma dívida de regime e pessoal, que deveria cair com o governo que a contraiu (MILLET; TOUSSAINT, 2011, p. 313). Nas publicações das equipes do CADTM, há inúmeros exemplos de dívidas odiosas (2011, p. 330 e 331; 2016, p. 40 e 41), mas aqui destaco o Brasil, cuja dívida externa pública chegava, em 2012, a US$117 bilhões, dos quais US$ 77 bilhões tiveram origem no período 1964-1984, quando estivemos sob o tacão de ferro da ditadura militar.

Há também o conceito de *dívida ilegítima*, segundo o qual, apesar de o regime não ser necessariamente ditatorial, houve endividamento com fortes consequências sobre os direitos humanos e sociais, sem respeito ao interesse geral e consulta e esclarecimento prévios acerca dos impactos do endividamento sobre as políticas públicas impostas pelos credores, e, em geral, feito com juros escorchantes (GOTTINIAUX *et al.*, 2016, p. 74).

O exemplo principal é o da Grécia em 2010, onde foram aplicadas medidas de ajuste dramáticas e com gravíssimas consequências para os trabalhadores. Mas há inúmeros outros exemplos, tanto ao norte quanto ao sul. Há, ainda, a *dívida ilegal*, ou seja, quando não se observou a legislação em vigor por ocasião da sua contratação, e que ainda assim foi contraída. Por fim, mais recentemente se fala da *dívida insustentável*, aquela cujo pagamento impede o Estado de assegurar direitos fundamentais de alimentação, saúde, educação e emprego. Todos esses conceitos podem e devem orientar processos de auditoria e anulação das dívidas públicas, reivindicando a legislação internacional. Um bom roteiro de possibilidades nessa direção pode ser encontrado em Millet e Toussaint (2011, p. 283-319).

Vale registrar que os dados que expusemos até agora registram a dinâmica da dívida externa. Contudo, em muitos países, cresceu exponencialmente a dívida interna, ou seja, os empréstimos públicos com instituições bancárias e financeiras nacionais, em moeda nacional. Esse foi o caso do Brasil, onde houve uma espécie de internalização da dívida externa, considerando o crescimento da presença estrangeira como partícipe e acionista do sistema financeiro nacional. Muitas vezes, há alguma indexação dos empréstimos nacionais em moedas fortes, em geral o dólar, o que aumenta a vulnerabilidade do país ante as flutuações do dólar no mercado mundial, o que, por sua vez, tem relação com inúmeros outros fatores.

No Brasil, até 31 de dezembro de 2019, segundo dados disponibilizados pela organização Auditoria Cidadã da Dívida[5], a dívida interna chegou ao patamar de R$ 5,936 trilhões e a dívida externa, a US$ 574 bilhões. Os juros, os encargos, as amortizações e o refinanciamento da dívida chegaram, em 2019, a 38,27% do Orçamento Geral da União (OGU), ou seja, R$ 1,038 bilhão.

Há uma importante ponderação de Evilásio Salvador (2017a) sobre a inclusão do refinanciamento da dívida no dado da Auditoria Cidadã da Dívida (ACD), com a qual concordamos e que, ademais, não vem apenas desse autor. Ao considerar que o refinanciamento é a rolagem de títulos e é dívida, implicará os pagamentos futuros ano a ano de juros, encargos e amortizações. Contudo, não é um dinheiro que sai diretamente dos cofres públicos *no ano de exercício* e sua inclusão produz uma distorção na famosa e muito referida *pizza* da Auditoria. Assim, para ele e muitos outros economistas no campo da esquerda, o custo orçamentário efetivo no ano de exercício se dá com juros, encargos e amortizações, tendo chegado, em 2019, por exemplo, a 25,10% do OGU (Tabela 1; capítulo 7). Mas temos acordo com a ACD, do ponto de vista político, da denúncia do sistema da dívida, já que esse é o primeiro item de gasto do orçamento federal brasileiro. Somos o terceiro país que mais gasta com a dívida, depois da Grécia, em profunda crise produzida pela dívida odiosa e ilegítima, e do Líbano, um país com grandes custos de guerra.

O ajuste fiscal em curso foi articulado para proteger essa verdadeira gambiarra de recursos que é a dívida pública. Dados do Banco Interamericano de Desenvolvimento mostram que, desde 2013, 95% da dívida brasileira é interna e 5%, externa (GOTTINIAUX *et al.*, 2016, p. 58). Assim, fica claro que há um sistema da dívida que articula dívida interna e externa, dívida pública e privada, numa punção

5. Para conhecer a Auditoria Cidadã da Dívida, convido o(a) leitor(a) a visitar o *site* dessa importante organização brasileira sem fins lucrativos e que participa do movimento mundial pela auditoria da dívida: http://www.auditoriacidada.org.br/quem-somos/

contínua de recursos, cujos custos são socializados pelas políticas de ajuste e austeridade fiscal.

Utilizar o termo austeridade, como fazem praticamente todos os governantes, é, na verdade, uma grande ironia, pois a austeridade recai nas maiorias, enquanto poucos vivem no luxo e no desperdício. Conforme evidencia a bela e contundente crítica de Mészáros, essa sociedade não tem o ser humano como finalidade (2002, p. 612). Para ele, o capitalismo atual, em crise estrutural, promove uma reabilitação prática do luxo, que passa a comandar o sociometabolismo do capital, como um *imperativo estrutural objetivo* do sistema, o que é diferente do ascetismo identificado por Max Weber, quando via na ética protestante o espírito do capitalismo.

Assim, relativizam-se as necessidades e se legitima o luxo como orientador da produção de riqueza material, francamente reabilitado e positivamente exaltado (2002, p. 643-645). A lógica da dívida, ou da "fábrica do homem endividado" como um processo que produz uma relação específica de poder na condição do neoliberalismo, nos termos de Maurizio Lazzarato (2011)[6], opera a punção de volumes imensos de riqueza socialmente produzida para uma minoria viver luxuosamente, especialmente os banqueiros, financistas e seus operadores, ou seja, aqueles que são as pernas e cabeças do capital portador de juros e de sua forma fictícia.

No entanto, se para os países do capitalismo dependente e periférico o processo de endividamento é um calvário já de longa duração, muitas vezes odioso e ilegítimo, produzindo essa imensa hemorragia de recursos[7] na direção dos países do capitalismo central e

---

6. Esta não é uma análise segundo a crítica marxista da economia política, mas traz elementos importantes para pensar as relações de poder engendradas pela condição de devedor ou credor.

7. O estudo da equipe do CADTM mostra que na conta entre os créditos recebidos hoje e as amortizações de juros e encargos pagos, os países ditos em desenvolvimento transferem mais recursos do que recebem, já que os juros e amortizações são pagos por dívidas contraídas em tempos mais distantes. Se na conta entram as repatriações de lucros das multinacionais, tem-se uma transferência monumental de recursos dos países do sul para o norte. Apenas

imperialistas, como uma espécie de "expiação dos pecados" da gestão macroeconômica cronicamente "populista e perdulária", eis que ao norte da linha do Equador explodiu também o endividamento, destacadamente após a crise que teve seu epicentro nos EUA, conhecida como crise das *subprimes*, de 2008/2009, como vimos no capítulo 5. Vejamos, então, alguns dados desse universo de países, por meio dos quais constatamos que essa é uma lógica perversa que atinge todos, ainda que desigual e combinadamente.

Sobre os países da União Europeia, especialmente da Zona Euro, interditados pelo Banco Central Europeu (BCE) quanto à emissão de moeda, houve desde 2008/2009 um crescimento extraordinário do endividamento público como forma principal de contra-arrestar o tsunami de quebras bancárias e empresariais. Os países que pareciam ter seu endividamento sob certo controle, ao desencadear, de forma desenfreada, mecanismos de titularização da dívida para levantar recursos, tendo em vista o salvamento de bancos e empresas, na sequência intensificam o discurso da socialização dos custos, por meio de "reformas" trabalhistas.

Um caso exemplar é o do capitulador social-democrata François Hollande e de seu sucessor, Emmanuel Macron, na França, além de cortes orçamentários nas políticas públicas que asseguram direitos, de forma mais ou menos generalizada, nos países do sul da Europa, como imposição da Troika (Comissão Europeia [CE], BCE e Fundo Monetário Internacional [FMI]). Assim chegaram as medidas de "austeridade" ao continente-berço do Estado Social, evidenciando para os trabalhadores a condição neoliberal de profunda insegurança da existência[8].

---

em 2012, aproximadamente US$ 1,237 trilhão (GOTINNIAUX, 2016, p. 43). Um dado a mais sobre a mesma questão é que o continente africano comprometeu 5% de seu PIB repatriando lucros para o norte, enquanto recebeu apenas 1% de seu PIB a título de ajuda pública para o desenvolvimento (2016, p. 50).

8. Não é de espantar, portanto, os impactos catastróficos da pandemia de 2020 na Europa, após anos de "austericídio" e com o sistema de saúde sucateado. Ainda assim, os impactos nos EUA e na América Latina são ainda mais duros.

Segundo o Eurostat e dados do BCE, entre 2008 e 2012 houve uma "ajuda" pública — dos Estados diretamente aos bancos — de 601,2 bilhões de euros, ou seja, aproximadamente 4,6% do PIB dos 28 países da União Europeia. Esse suporte envolveu ainda 5,292 trilhões de euros em garantias aos bancos caso seus ativos perdessem valor, ou seja, tratou-se de um compromisso com potenciais perdas futuras, às expensas do fundo público (GOTTINIAUX *et al.*, 2016, p. 70). A Alemanha assumiu mais de 1 trilhão de euros em garantias, o que teria um impacto de 1,8% de seu PIB. Já um país como a Irlanda comprometeu 66 bilhões de euros e cerca de 40% do PIB e a Grécia, 28% do PIB em garantias futuras aos bancos[9], ou seja, são verdadeiras bombas de efeito retardado esperando para explodir na próxima grande turbulência, tal como ocorreu em 2020, com a combinação explosiva e sem precedentes entre crise econômica e crise sanitária (HUSSON, 2020).

Os governos aplicam, portanto, as tais políticas de austeridade visando à economia para cobrir um déficit público gerado pela opção de salvamento dos bancos, o que beneficia, principalmente, as grandes instituições bancárias que mantêm taxas de lucro significativas no contexto das mesmas operações de salvamento, ou seja, são "os intocáveis" que não podem nada perder.

O efeito geral desse processo sobre os orçamentos públicos dos países da União Europeia foi o crescimento do peso dos itens referentes ao reembolso da dívida em proporção ao PIB nos orçamentos nacionais, em comparação com políticas públicas centrais, como saúde e educação, que sofreram cortes significativos. Tal quadro de deterioração das contas públicas ainda foi aguçado pelos "presentes fiscais" na forma de renúncia de receita (o que se denomina, no Brasil, de gastos tributários), muitas vezes em nome da geração de empregos e para evitar a deslocalização de empresas, chantagem empresarial frequente no contexto da crise e da correlata guerra fiscal entre os Estados e regiões.

---

9. Política semelhante está realizando o governo brasileiro diante da crise atual acirrada pela pandemia, destinando garantias de 1,2 trilhão de reais a instituições bancárias e financeiras.

Os Estados Unidos desenvolveram, entre 2008 e 2013, vários programas de salvamento das instituições financeiras contaminadas pelo capitalismo tóxico (HUSSON, 2009). Nesse período, transferiram diretamente aos bancos US$ 3,326 trilhões e deram garantias estatais da ordem de US$ 16,184 trilhões, ou seja, uma bomba ainda maior que a de toda a União Europeia sobre o futuro. Se, em 2008, essas instituições tiveram 44% negativos em perdas, em 2012, após o salvamento de Obama, tudo estava "muito bem, obrigada" para os bancos, pois as taxas de lucro alcançaram um percentual maior que o de antes da crise, de cerca de 280% (GOTTINIAUX *et al.*, 2016, p. 79). Do outro lado da mesma moeda e sem planos de salvamento, mais de 14 milhões de famílias foram expulsas de suas casas por hipotecas imobiliárias nos EUA, entre 2005 e 2012.

O riquíssimo estudo do grupo do CADTM, fundado nas fontes do Eurostat, da Organização para a Cooperação e Desenvolvimento Econômico, do FMI e do Banco Mundial, ainda revela muitos elementos: a dívida dos países que se denominam "em desenvolvimento" é muito menor em comparação com a dos EUA e a da União Europeia. No entanto, o elemento de dominação desse processo se revela pelas exigências de ajuste sobre os mais fracos, tendo em vista mostrar que tem capacidade de pagamento de dívida em caso de quebra do sistema mundial. O exemplo maior disso é a política de produzir superávit primário para fazer crescer as reservas internacionais dos países como garantia de pagamento de dívida, enquanto políticas sociais importantíssimas são duramente penalizadas. Este é, sem dúvida, o caso do Brasil. Para os que pensam que outros países têm as mesmas obrigações ou que esta é uma política "austera" para todos, esse é um ledo engano.

Um estudo de Evilásio Salvador[10] mostra que, em 2013, apenas cinco países do G20, entre eles o Brasil, realizavam superávit primário,

10. Dados apresentados por ocasião do minicurso proferido por Prof. Evilásio Salvador, em 9 dez. 2015, sobre o tema Estado, fundo público e ajuste fiscal, no seminário de lançamento do

mecanismo da economia política monetarista voltado a dar garantias aos credores de que um país tem capacidade de pagamento de dívida em caso de turbulências internas ou internacionais. Para produzir o superávit primário, que entra na cena brasileira de forma perene com o acordo com o FMI de 1999, o país pode cortar gastos de custeio em políticas públicas fundamentais e estruturantes, como educação e saúde, mas não pode deixar de pagar os juros nem os encargos da dívida pública.

Na nossa economia política de ajuste fiscal permanente, foram introduzidos vários mecanismos para assegurar o superávit primário e deixar os mercados financeiros calmos e bem remunerados. Entre estes, destacamos a Lei de Responsabilidade Fiscal, que protege a dívida em detrimento de todo o gasto público primário, apesar de suas democráticas lantejoulas que enganam os incautos sobre sua intenção de incentivar a boa gestão pública; e a Desvinculação de Receitas da União (DRU), mecanismo que retira hoje — após o golpe de Estado de novo tipo no Brasil, com a aprovação da Emenda Constitucional nº 93 — 30% de várias fontes de impostos e contribuições sociais, que passam a ser recursos desvinculados.

Com essa desvinculação pela DRU[11], tais recursos passam a ser amplamente utilizados para pagar juros, encargos e amortizações da dívida pública, quando deveriam financiar políticas sociais e investimentos, produzindo-se aí uma perversa alquimia (BOSCHETTI, 2006; SALVADOR, 2006). Em um estudo que publicamos (BEHRING, 2013) comparando o orçamento público da França e do Brasil também chegamos a essa mesma conclusão: a de que o calvário da dívida é uma questão política que se define na arena da luta de classes nos espaços nacional e internacional.

Programa de Cooperação Acadêmica/Coordenação de Aperfeiçoamento de Pessoal de Nível Superior e em comemoração dos 15 anos do Grupo de Estudos e Pesquisas em Seguridade Social e Trabalho/Universidade de Brasília, gentilmente cedidos pelo professor.

11. Sobre a DRU, sua concepção e efeitos perversos, confira o artigo de Scoralich (2017).

6.2 Uma luta central na agenda anticapitalista

Por tudo o que foi exposto até aqui, é evidente que a dívida pública está longe de ser uma espécie de obrigação moral de pagamento ou um problema de gestão a ser resolvido pelo ajuste fiscal, para que os estados caibam "no seu tamanho", pondo "fim à gastança" e ao "populismo econômico", frases comuns dos apologistas da contrarreforma do Estado, a qual vimos observando desde a década de 1990 (BEHRING, 2003), mas que desde os anos 1980 ganha vida ao norte da linha do Equador, com o advento do neoliberalismo como programa de governos e uma espécie de "nova razão do mundo" (DARDOT; LAVAL, 2016). Na verdade, o endividamento generalizado está no centro da lógica do capitalismo em crise. Não uma crise cíclica, mas uma crise estrutural — o que não quer dizer evidentemente crise final, já que não compartilhamos de teses catastrofistas e que quase naturalizam o capitalismo como uma espécie de autômato.

O endividamento público é uma forma de punção violenta da riqueza socialmente produzida, por meio da apropriação privada de parte muito significativa, como vimos anteriormente, do fundo público, que, por sua vez, se compõe de trabalho excedente e trabalho necessário, recaindo sobre os trabalhadores cada vez mais esse ônus. Porém, o fim do capitalismo se relaciona diretamente com a luta de classes, já que a economia é a mais moral das ciências e anda sobre as pernas de homens e mulheres de carne e osso, que fazem sua história e escolhas, ainda que não nas condições desejadas.

É nessa perspectiva que o problema do endividamento precisa hoje estar no centro das lutas sociais anticapitalistas e das lutas pela materialização de direitos, tendo em vista disputar a alocação do fundo público. Toda luta por direitos e políticas públicas e sociais que os viabilizem precisa se conectar à denúncia do endividamento, ao desvelamento da lógica que inviabiliza os recursos para implementar políticas universais de educação, saúde, previdência, assistência social, habitação, cultura e tantas outras.

As auditorias das dívidas públicas são uma mediação importante nesse processo, pois podem revelar a razão sórdida da punção de recursos das maiorias, na forma do fundo público, para o sacrifício dessas mesmas maiorias no altar do capital, alimentado pelas mídias que emitem os sinais dos mercados (TOUSSAINT, 2011, p. 41-44). Pois se parte desses recursos será direcionada para a especulação e o luxo, outra parte buscará nichos de valorização, diga-se, realizar desesperadamente em tempos de crise, de curto-circuito econômico ainda mais profundo nestes tempos pandêmicos em que escrevemos essas linhas, a metamorfose D — M — D', retomando o ciclo de acumulação.

Neste movimento, vale a ofensiva sobre o trabalho, tendo em vista a produção acelerada de mais-valor. Vale rever as legislações trabalhista e previdenciária, como temos observado ao redor do mundo. Vale terceirizar e precarizar a força de trabalho de forma aviltante, como é o caso dos entregadores de aplicativos e "uberizados", vinculados ao capital comercial. Nesse passo, os processos de supercapitalização sinalizados por Mandel ([1972] 1982) também se impõem insidiosamente, mercantilizando aquilo que era direito, como é o caso da ofensiva do mercado sobre a educação, a saúde e a previdência, e muitas vezes se apropriando também por essa via de fundo público por meio das parcerias público-privadas, verdadeiras gambiarras de recursos.

Aqui entram as organizações sociais e todo tipo de novos entes jurídicos da contrarreforma do Estado, em curso no Brasil desde 1995, com o Plano Diretor da Reforma do Estado/Ministério da Administração Federal e da Reforma do Estado (PDRE/MARE, 1995), um *documento orientador de período*, com poucos anteparos. Tudo em nome da boa e austera gestão, sobretudo para que o Estado caiba no seu tamanho e não deixe de ser um bom pagador de sua dívida.

Assim, do nosso ponto de vista, é urgente e necessário colocar em pauta a anulação e o não pagamento total ou parcial da dívida pública, dependendo dos resultados de uma auditoria democrática e independente, com participação popular. É evidente que essa possibilidade histórica depende de uma correlação de forças diferentes da atual. Basta observar que o governo Dilma Rousseff teve nas mãos, por ocasião da publicação final da lei do PPA 2016-2019, a possibilidade histórica da auditoria da dívida e não teve nem o compromisso e muito menos a coragem política e soberana de abraçar essa causa, vetando artigo surpreendentemente aprovado pelo Congresso, que indicava a realização da auditoria da dívida pública no Brasil[12].

É decisivo que os trabalhadores e lutadores dos movimentos sociais compreendam que aí reside um nó górdio da economia política brasileira e que boa parte de suas demandas não encontram solução de continuidade mínimas num Estado quase interditado pela dívida — e ainda mais depois da Emenda Constitucional nº 95 no Brasil — e numa democracia blindada (DEMIER, 2017), exatamente para assegurar esse fluxo invertido de recursos, dos trabalhadores pobres para os ricos, os mesmos que os exploram no chão de fábrica, nas pequenas unidades familiares terceirizadas, nas grandes propriedades fundiárias, entre outros. Desfazer o nó do endividamento público e romper com esse calvário do fundo público é adentrar uma nova quadra histórica na qual a emancipação social de homens e mulheres finalmente se sobrepõe à barbarização da vida.

12. A realização de auditoria foi proposta pelo PSOL por ocasião da aprovação do PPA 2016-2019. Sobre o veto, veja: https://auditoriacidada.org.br/conteudo/dilma-veta-auditoria.

CAPÍTULO 7

Ajuste fiscal permanente, fundo público e política social no Brasil*

"Escassez é um mito que se vende caro."
Pichação anônima

Santa Teresa/Rio de Janeiro

"Aqui não se dá senão aos ricos."
Balzac (*Ilusões perdidas*)

---

* Esta é a terceira versão deste texto, antes publicado em espanhol, no livro *Neoliberalismo, neodesarrollismo y socialismo bolivariano.* Modelos de desarrollo y políticas públicas en América Latina, organizado pelo projeto coletivo coordenado pela professora Paula Molina Vidal, da Universidade do Chile, em janeiro de 2019. Fizemos uma nova versão em português que compôs o livro do Programa Nacional de Cooperação Acadêmica/Coordenação de Aperfeiçoamento de Pessoal de Nível Superior (2014-2019), organizado por Evilásio Salvador, Elaine Behring e Rita Lourdes de Lima, pela Cortez Editora, no final de 2019. Para esse livro, atualizamos, inserimos dados e aprofundamos o debate sobre a permanência do ajuste fiscal neoliberal no Brasil das últimas décadas, mas que teve contornos específicos relacionados aos blocos de poder no Estado brasileiro e seus projetos.

Neste capítulo, buscamos caracterizar o período de prevalência da tensa convivência entre os instrumentos legais oriundos da redemocratização brasileira e das lutas sociais que ali foram travadas — a exemplo da Constituição Federal de 1988 e seus capítulos sobre os direitos sociais e a seguridade social — e a orientação macroeconômica neoliberal que hoje ganha contornos dramáticos com o ultraneoliberalismo. As injunções políticas da correlação de forças entre as classes e seus segmentos forjaram/atuaram nessa tensão. Contudo, os principais interessados, a classe trabalhadora, não foram capazes de reverter o ambiente de contrarreformas instaurado imediatamente após a aprovação da Constituição de 1988, mesmo durante as gestões de centro-esquerda do Estado brasileiro, como veremos.

Assim, preponderou a lógica da punção do fundo público sob a regência das instituições financeiras nacionais e internacionais, credoras da dívida pública, por meio de uma macroeconomia engenhosa, inaugurada pelo Plano Real e aprofundada pelo acordo com o Fundo Monetário Internacional (FMI). Uma lógica orientada para a preservação de parcelas ainda maiores do butim para a finança, sustentada sobremaneira pelo fundo público que, como demonstramos, é também formado com recursos de reprodução da classe trabalhadora, o trabalho necessário, operando, desse modo, uma transferência "de baixo para cima". Agora, num nível bem mais concreto, vamos observar o sentido do ajuste fiscal permanente como apropriação de fundo público no Brasil da redemocratização.

7.1 Termos da discussão

Desde abril de 2016, acompanhamos os desdobramentos do golpe de Estado de novo tipo em andamento no Brasil que criaram as condições para o ascenso da extrema direita nas eleições de 2018. Numa articulação envolvendo segmentos de todos os poderes da República e da sociedade civil, com destaque para a grande mídia, forjou-se a chegada à presidência do vice-presidente Michel Temer (PMDB). De novo Eldorado latino-americano que debelou a miséria e alçou milhões à "classe média", mediante a implementação de um projeto "neodesenvolvimentista" que teria rompido com o neoliberalismo, conduzido pelo PT e aliados, em menos de dois anos adentramos numa espécie de barbárie ultraneoliberal. Dessa vez, conduzida com apoio da finança e do grande capital por segmentos da velha política brasileira ligados a dutos de corrupção e do crime organizado, o que vai se aprofundar em 2019, com a chegada ao poder de Bolsonaro, Paulo Guedes e seus *Chicago boys*.

A ironia é que se fez o *impeachment* de Dilma Rousseff exatamente sob as acusações de corrupção, que nunca foram provadas, restando o frágil argumento de "pedaladas fiscais", mas que foi suficiente para consumar o golpe, assumido posteriormente por seus progenitores, conforme já apontamos. Desvelar quanto há de verdade e ilusão nesses termos e processos, inventariando seus significados e determinações mais profundas, é a tarefa da pesquisa sistemática e crítica, numa perspectiva de totalidade, relacionando economia e política. Ou seja, é tarefa de muitas mãos, para a qual deixamos aqui uma contribuição, sempre tendo como mote o fundo público.

O argumento central que vamos desenvolver neste capítulo e que vimos enunciando ao longo do livro é de que, em meio às oscilações políticas e de gestão macroeconômica — deslocamentos que têm relação com as coalizões de classe e blocos de poder que se forjaram desde a redemocratização do país, bem como com a vulnerabilidade externa e a posição do país na economia mundial —, há forte persistência do neoliberalismo e de suas políticas de ajuste fiscal, as quais atingem, de forma deletéria, a política social, em seu financiamento e concepção. Com o golpe de 2016 e seus desdobramentos, adentramos num ultraneoliberalismo (hoje associado ao neofascismo), o que vamos abordar detidamente no capítulo 8. Neste momento, portanto, buscamos uma caracterização de período.

O neoliberalismo, na pista de Dardot e Laval (2016), é uma espécie de razão do mundo à qual os projetos político-econômicos em curso estiveram submetidos. Essa resposta burguesa se conectou visceralmente com as contradições geradas pela profunda e estrutural crise do capitalismo em curso, desde o início da década de 1970, quando se abre uma onda longa com tonalidade de estagnação (MANDEL [1972], 1982). Suas diferentes manifestações oscilaram ao longo do tempo, como crise das *subprimes* de 2008/2009, crise atual conectada à pandemia e períodos curtos de certa bonança, a exemplo do início dos anos 1990, mas dentro de um quadro geral recessivo[1].

O neoliberalismo é, desta forma, o corolário da reação burguesa à sua própria crise e que tem como eixo central uma forte ofensiva sobre o trabalho, tendo em vista a extração do mais valor em condições ótimas ao redor do mundo, em especial nos países dependentes, em busca do diferencial de produtividade do trabalho (MANDEL [1972], 1982), onde a regra é a superexploração da força de trabalho (MARINI [1973], 2005; LUCE, 2018). A reconstituição da superpopulação relativa e alteração das condições de oferta da força de trabalho com as expropriações daí decorrentes (BOSCHETTI, 2016; BOSCHETTI, 2018; FONTES, 2010) se tornam elementos vitais para a recuperação das taxas de lucro e realocação do fundo público, sendo as medidas de ajuste e contrarreformas estratégicas nessa direção.

Debates sobre a necessidade de um ajuste fiscal no Brasil têm sido frequentes desde a debacle da ditadura, aprofundada pela crise da dívida entre 1980 e 1982, que levou muitos países latino-americanos para os braços do FMI[2]. Tavares e Fiori (1993) mostram que houve cerca de quatorze planos econômicos de ajuste, tendo em vista controlar o processo inflacionário e estabilizar a economia até 1994,

1. Há um debate acerca dos ciclos longos e sobre se a reação burguesa à crise já não estaria engendrando uma nova onda expansiva, no entanto, desencadeando forças destrutivas monumentais. A nosso ver, o ambiente de crise estrutural e que se mostra mais uma vez como catalisador da pandemia parece dar sinais de persistência. Para esse debate, confira o interessante artigo de Cláudio Katz (2000).

2. E ainda leva. Vide o caso da Argentina sob o governo Macri, o que gerou grandes mobilizações dos trabalhadores no país vizinho e resultou em sua derrota eleitoral para a chapa peronista Alberto Fernández/Cristina Kirchner.

quando se tem a elaboração do Plano Real pela equipe econômica de Fernando Henrique Cardoso (FHC). Ali se iniciava a primeira fase consistente do neoliberalismo no Brasil[3], pois FHC foi eleito para presidente, alçado pelo sucesso do Plano Real. Em 1995, sua equipe, tendo à frente Luiz Carlos Bresser Pereira, formula aquele que pode ser considerado *o documento orientador de período e talvez o mais forte elemento de continuidade pós-constitucional*: o Plano Diretor da Reforma do Estado (PDRE, 1995).

Em Behring (2003, capítulo 4), realizamos a análise da direção e significado do PDRE, caracterizando o projeto de FHC/Bresser Pereira como uma *contrarreforma do Estado*. Passado um primeiro e ilusório momento distributivo em função do controle da inflação, veio o desgaste de FHC pelas medidas adotadas em seu nome e pela reorientação do Real a partir do acordo com o FMI de 1998/1999. Esse era um contexto em que as forças vivas da redemocratização sob a liderança do PT, da Central Única dos Trabalhadores (CUT) e de movimentos sociais, como o MST, faziam uma oposição combativa e se colocavam como alternativa política e eleitoral real.

Essas forças levaram Lula à presidência do país nas eleições de 2002, abrindo um período de treze anos de gestão petista e aliados no Estado brasileiro. Contudo, sob o tacão da Carta ao Povo Brasileiro, seus projetos de mudança ficaram submetidos à estabilidade macroeconômica do Real e do FMI. Essa nova correlação e articulação de forças enseja o segundo período do neoliberalismo no Brasil, com características específicas e alguns deslocamentos importantes em relação aos governos do PSDB, sem, contudo, rupturas mais profundas, donde analisamos não ser pertinente a caracterização desses governos como "neodesenvolvimentistas", como veremos adiante, seja na política econômica, seja na social. Alguns autores vêm caracterizando esse período como um *neoliberalismo de cooptação*, conforme a boa síntese de Cislaghi (2020).

---

3. No terceiro capítulo de Behring (2003), debatemos os antecedentes do projeto contrarreformista neoliberal no Brasil.

Os acontecimentos precipitaram-se a partir de maio de 2016, deslanchados com a posse de Michel Temer, cujo projeto estava expresso no documento de seu partido, o PMDB[4], intitulado "Uma ponte para o futuro", lançado em outubro de 2015, o que já sinalizava as articulações para o Golpe. Ali se nota claramente a presença das linhas mestras do PDRE de 1995 e abre-se o terceiro momento de nítido aprofundamento do neoliberalismo no Brasil, com o novo regime fiscal ultraneoliberal.

Esse é o período no qual nos encontramos, mas agora com requintes de crueldade, já que desde as eleições de 2018 — fortemente viciadas pela perseguição de adversários, a exemplo da prisão de Lula, e pela difusão de *fake news* em massa —, o país está sob a condução de um governo neofascista, como detalharemos no próximo capítulo. Adentremos, então, nesses três períodos, caracterizando-os melhor, tendo em vista adensar o argumento de que temos, desde 1994/1995, um ambiente de *ajuste fiscal permanente*, com fortes implicações para a formação e a alocação do fundo público.

7.2 Brasil em contrarreforma (1995-2002): pilares de uma construção duradoura

Vivenciamos nos anos inaugurais do Plano Real algo bastante diferente do crescimento mal dividido do desenvolvimentismo em seus vários matizes (1930 a 1980), bastante criticado na época como intervencionismo estatal. Os anos 1990 foram marcados pelo desmonte, a destruição não produtiva (TAVARES, 1999), numa

4. Partido que compôs *todos* os governos pós-redemocratização, sendo o principal articulador, ainda que não exclusivo, de conluios públicos/privados e esquemas de corrupção que atravessam o Estado brasileiro em todos os níveis. Atualmente, voltou a se chamar MDB e faz parte do grupo conhecido como Centrão, uma base parlamentar que troca apoio político aos governos de plantão por benesses as mais variadas: cargos, liberação de emendas parlamentares etc.

espécie de reformatação do Estado brasileiro para a adaptação passiva à lógica do capital (CHESNAIS, 1996; HUSSON, 1999; BEHRING, 2003). Revelou-se, mais uma vez e sem surpresas, a natureza submissa e antipopular das classes dominantes brasileiras com medidas que fizeram o país andar para trás, se adotarmos, na análise, os critérios de Florestan Fernandes (1987) — a ruptura com a heteronomia e o enfrentamento do drama social crônico da desigualdade. Houve, portanto, uma redefinição do padrão de reprodução do capital no Brasil, acompanhada de uma contrarreforma do Estado abrangente, cujo sentido foi definido por fatores estruturais e conjunturais externos e internos e que engendrava um duradouro ajuste fiscal[5].

A "reforma" do Estado orientada pelo ajuste, a partir de 1995, foi a versão brasileira de uma estratégia de *inserção passiva* (FIORI, 2000, p. 37) *e a qualquer custo* na dinâmica internacional e representou uma *escolha político-econômica*, não um caminho natural diante dos imperativos econômicos, como argumentava a tecnocracia e replicava a mídia oficial ou não, na busca de consentimento e convencimento. Uma escolha ao estilo de condução das classes dominantes brasileiras ao longo da história, mas com algumas diferenças significativas. Esta opção implicou, por exemplo, uma forte destruição dos avanços, mesmo que limitados, sobretudo se vistos pela ótica do trabalho,

5. Cabe uma referência ao importante trabalho de Soares (2001), no qual as características mais "doutrinárias" ou "pragmáticas" das medidas e o processo do ajuste nos vários países do continente latino-americano, incluindo o Brasil, são analisados, bem como seus antecedentes. Aqui, operamos com um caráter mais duradouro e persistente do ambiente de ajuste fiscal num período posterior ao analisado por Laura Soares, com o que a autora talvez viesse a discordar. Porém, os elementos do ajuste foram largamente desvelados pela pesquisa desta autora, que se tornou referência para esse debate e são aqui incorporados. Outra autora que aponta elementos de permanência do ajuste e chega a falar de um "estado de emergência econômica permanente", agora incluindo a agenda econômica do primeiro governo Lula, é Leda Paulani, em seu importante trabalho *Brasil Delivery* (2008). Temos, ainda, as reflexões mais recentes de Laura Carvalho, em sua *Valsa brasileira* — do *boom* ao caos econômico (2018), acerca do período entre 2006 e 2017, mas que parte de pressupostos bastante diferentes dos nossos, a exemplo de sua visão sobre a dívida pública e das razões da crise econômica brasileira. Um diálogo crítico mais denso com esse texto está no nosso horizonte, mas não o faremos neste momento.

dos processos de modernização conservadora e desenvolvimentistas que marcaram a história do Brasil, ainda que conduzidos de forma autocrática (FERNANDES, 1987).

Os argumentos contrarreformistas mobilizaram comparações simplistas com as respostas à crise de 1929-1932 e a referência crítica genérica — ignorando a particularidade histórica brasileira — ao intervencionismo estatal nas suas variadas formas ao longo do século XX, no PDRE (1995), e procuravam justificar a direção da "reforma" como *necessária e irreversível*. O centro da "reforma", na verdade, foi o ajuste fiscal. Porém, incorreu-se numa espécie de *aparente* desconexão entre fatos e argumentos: dizia-se que as razões da crise estariam localizadas no Estado, donde seria necessário "reformá-lo" para novas requisições, corrigindo distorções e reduzindo custos, aumentando sua eficiência, eficácia e governança, diminuindo o impacto do endividamento. Este foi o discurso repetido à exaustão ao longo de todo o período da redemocratização até hoje sempre para justificar medidas regressivas sobre os trabalhadores.

Enquanto isso, a política econômica — fundada nas privatizações (BIONDI, 1999; BEHRING, 2003), nas desvinculações orçamentárias (Fundo Social de Emergência [FSE], Fundo de Estabilização Fiscal [FEF] e Desvinculação de Receitas da União [DRU]), no superávit primário, na Lei de Responsabilidade Fiscal (Lei nº 101/2000), na prática de juros altíssimos e no religioso pagamento de juros, encargos e amortizações da dívida pública — corroeu aceleradamente os meios de financiamento do Estado brasileiro, por meio de uma inserção na ordem internacional que deixou o país à mercê dos especuladores no mercado financeiro.

Assim, todo o esforço de redução de custos preconizado escoou pelo ralo do crescimento galopante das dívidas interna e externa, com toda uma montagem macroeconômica coordenada pela dívida, engessando o Estado brasileiro para políticas sociais e investimentos. Exemplo disso é que apenas o Ministério da Fazenda gastava 48% do Orçamento da União, segundo o "Relatório sobre a Prestação de Contas do Governo Federal de 1998" (TCU, 15 de junho de 1999) que analisou as contas do governo federal, em 1997, onde se concentrava o peso dos juros e encargos da dívida[6].

As privatizações no período FHC — cerca de U$ 49 bilhões mudaram de mãos públicas para privadas (BEHRING, 2003) — e a intensidade do ajuste mostraram quanto foi preciso muito Estado para criar o mercado "livre" do século XXI. Essa dinâmica vai ao encontro da ideia de que há um *paradoxo ortodoxo* (HAGGARD; KAUFMAN, 1992): a exigência de um Estado forte para a condução do ajuste direcionado à expansão do mercado — o que implica pressão para um comportamento mais autônomo dos dirigentes, inclusive para tomarem decisões impopulares, mas tecnicamente justificáveis — e exigências da consolidação democrática. Ou seja, há uma associação entre autonomia e distanciamento em relação às pressões e à eficácia que cede espaço às tentações autocráticas, que historicamente fazem parte dos expedientes da burguesia brasileira e da alta burocracia estatal a ela vinculada.

Em nome da eficiência, eficácia ou governabilidade, esses discursos e práticas têm sido recorrentes. Revelaram-se claramente no recente golpe de Estado no Brasil e também estiveram presentes no uso indiscriminado de medidas provisórias durante todo o período (pelos governos do PSDB e do PT), além do uso da força bruta contra os movimentos sociais dissonantes. Demier (2017, 2019 e 2020) vem caracterizando esse ataque frontal como uma blindagem da democracia, tendência de Estado forte que também era já apontada por Mandel ([1972] 1982 e 1994), na sua caracterização da mediação estatal na onda longa de estagnação do capitalismo maduro e decadente.

Outro aspecto de destaque no período inaugural da contrarreforma neoliberal do Estado no Brasil que ora analisamos, mas sempre buscando mostrar seus elementos subsequentes de continuidade, foi

6. Concentrou-se no Ministério da Fazenda ao longo dos três períodos analisados. Na verdade, a macroeconomia do Real volta-se para assegurar o pagamento de juros, encargos e amortizações aos credores, realizando uma punção de mais-valor socialmente produzido e de trabalho necessário para a financeirização (BEHRING, 2017; SALVADOR, 2017)

o Programa de Publicização, que se expressou na criação de uma profusão de novos entes jurídicos público-privados a exemplo das agências executivas e das organizações sociais. Aqui, houve também a regulamentação do chamado Terceiro Setor para a execução de políticas públicas, com destaque para a política social, construída pela equipe do Programa Comunidade Solidária, coordenado pela primeira-dama Ruth Cardoso, programa que concorreu com a implantação da Lei Orgânica de Assistência Social aprovada em 2003, que a propugnava como política pública de seguridade social.

A essa nova arquitetura institucional na área social — sempre ignorando o conceito constitucional de seguridade social — se combinou o serviço voluntário, o qual desprofissionalizava a intervenção nessas áreas, remetendo-a ao mundo da solidariedade, da realização do "bem comum" pelos indivíduos, por meio de um trabalho voluntário não remunerado e desconsiderando o aparato democrático-participativo das políticas sociais instituído por meio dos Conselhos e Conferências. Colocaram-se, a partir daí, as seguintes tendências, considerando que as noções de Estado e de política pública se diluem nessa constelação de unidades autônomas e competitivas entre si: de superposição de ações; administração visando à rentabilização dos recursos em detrimento dos fins; submissão dos fins públicos a interesses privados, reeditando práticas de *rent seeking* por dentro do modelo que afirma querer combatê-las, na medida em que muitos desses novos entes podem buscar fontes de financiamento extraorçamentárias e fazer aplicações no mercado financeiro, entre outros expedientes; continuidade de práticas clientelistas, já que a admissão do funcionalismo não se daria necessariamente por concurso público, e a demissão também ficaria a critério dos dirigentes de plantão, o que deixava (e deixa![7]) o funcionalismo atuante na ponta à mercê da ocasião, quebrando, nos

7. No contexto da pandemia de 2020, foram abundantes os exemplos de fraude na gestão da saúde por essas organizações, com destaque para o Rio de Janeiro, com a prisão do secretário de saúde do estado e a abertura de processo de *impeachment* do governador. Tornou-se evidente a gambiarra de recursos públicos e sua relação violenta com os trabalhadores que denunciaram toda a sua insegurança e falta de condições de trabalho.

médio e longo prazos, a continuidade e a memória administrativa nas instituições agora autônomas; a desprofissionalização de intervenções que exigem conhecimento técnico especializado.

O contraponto que se ofereceu a esses riscos presentes na concepção da contrarreforma do Estado foi frágil: mecanismos de fiscalização dos contratos de gestão (agências executivas e organizações sociais) e termos de parceria (organizações da sociedade civil de caráter público) por parte do Núcleo Estratégico, quando é conhecida a dificuldade do controle interno do Estado brasileiro; conselhos administrativos/curadores nas organizações sociais, mas que contariam com uma composição na qual a sociedade civil tinha representação insuficiente (BARRETO, 1999). Portanto, considerando o discurso da "reforma" e sua relação com a política econômica anteriormente sinalizada, esteve, de fato, em andamento uma forma engenhosa e inteligente de privatização e desresponsabilização do Estado em setores determinados.

Esta foi uma concepção de Estado em conformidade com a apropriação do fundo público, destacadamente pelos credores da dívida, os grandes beneficiários do processo, ainda que não exclusivamente. Vejamos a tabela que trazemos de Salvador (2017b, p. 71) acerca do peso das despesas financeiras no orçamento federal brasileiro, onde fica evidente a localização da gambiarra de recursos públicos construída pela macroeconomia do Plano Real.

A Tabela 1 mostra que em dezenove anos e quatro governos de matizes diferentes, a dívida pública foi um mecanismo de punção violenta do fundo público. O gasto com remuneração dos detentores dos papéis do Estado brasileiro sempre esteve acima dos 20% e algumas vezes ultrapassou os 30% do OGU — chegando a 35,19% em 2009, por ocasião da debacle mundial —, com exceção de 2013, quando ficou em 19,62%. Salvador nos informa ainda que houve um crescimento de 72 bilhões de reais em juros como efeito da Emenda Constitucional (EC) nº 95, ou seja, de aproximadamente 18,21%, e esclarece que "enquanto o orçamento fiscal e da seguridade social apresentou um crescimento real de somente 2,6% acima do índice

Tabela 1 — Participação das despesas financeiras no orçamento público. (Valores em bilhões, deflacionados pelo índice geral de preços — disponibilidade interna (IGP-DI), a preços médios de 2019.)

Ano	Juros	Amortização	Total	% Orçamento
2000	159,62	180,42	340,04	26,23%
2001	196,67	203,45	400,12	28,03%
2002	181,30	226,23	407,53	28,29%
2003	175,55	212,54	388,09	29,44%
2004	181,63	174,87	356,50	26,85%
2005	207,06	113,51	320,57	22,92%
2006	342,43	273,97	616,41	34,10%
2007	301,98	208,81	510,79	29,97%
2008	213,50	331,36	544,86	30,64%
2009	236,44	479,99	716,43	35,19%
2010	220,09	252,34	472,43	25,08%
2011	217,98	162,42	380,40	20,88%
2012	199,96	477,16	677,12	32,12%
2013	211,31	175,54	386,86	19,62%
2014	239,49	268,17	507,65	22,84%
2015	278,02	242,78	520,80	23,71%
2016	255,74	338,70	594,44	24,83%
2017	230,10	358,01	588,10	25,74%
2018	313,42	377,12	690,53	28,36%
2019	302,30	292,33	594,63	25,10%

Fonte: Secretaria do Tesouro Nacional (STN) e SIGA Brasil.
Elaboração própria de Evilasio Salvador (2017b) e atualizada em 13 ago. 2020.*
Nota: excluída a rolagem da dívida pública.

* A tabela foi atualizada a nosso pedido por Evilásio Salvador, que tem sido um interlocutor fundamental em nosso trabalho sobre o fundo público e o ajuste fiscal, inclusive coordenando desde 2018 o Projeto Procad/Capes e fazendo o pós-doutorado no Grupo de Estudos e Pesquisas do Orçamento Público e da Seguridade Social/Universidade do Estado do Rio de Janeiro. Aproveito para expressar meu carinho e gratidão pela generosidade de sempre com a socialização de dados e o compromisso com a luta e a universidade pública a este que se tornou um amigo querido.

nacional de preços ao consumidor amplo (IPCA), no período de 2016 a 2019, as despesas com juros e encargos da dívida pública cresceram 8,5 vezes mais (2020, p. 383).

Esses dados reiteram a centralidade da alocação do orçamento público como um duto para a finança ao longo do ajuste fiscal permanente. Se pensamos essa dinâmica como percentual sobre o produto interno bruto (PIB), os juros e amortizações vêm consumindo percentuais sempre acima de 15%. Por exemplo, segundo dados do Siga Brasil, em 2016, tivemos um gasto de 14,77% com amortizações da dívida e de 3,27% com juros e encargos, o que, somado, chegou a 18,04% (Siga Brasil, acesso em junho de 2020). Nosso estudo sobre o conservadorismo na política social brasileira (BEHRING, 2008a) já apontava para um crescimento vegetativo do financiamento da seguridade social entre 2000 e 2005, variando entre 10% e 11% do PIB nesses anos. A pesquisa mais atual e abrangente de Boschetti e Teixeira (2019) nos mostra que o gasto público com a seguridade social entre 2002 e 2018 foi, em média, de 12,1% sobre o PIB, com tendência de queda a partir de 2017, pelos impactos da EC nº 95, aprovada em 2016, como se verá adiante.

Portanto, estamos falando de tendências duradouras do ajuste fiscal, realizado em nome do suposto enxugamento do gasto público. Reiteramos que o discurso do Estado mínimo liberal é mera ideologia, no sentido de falsa consciência, quando observamos o crescimento da carga tributária, ou seja, da capacidade extrativa do Estado para o exercício de suas funções, como mostra a Tabela 2.

Tabela 2 — Evolução da carga tributária brasileira sobre o PIB.

1994	1999	2001	2003	2004	2007	2017	2019
29,7%	32%	34,20%	35,43%	36,00%	37,10%	35,18%	33,17%

Fontes: Tribunal de Contas da União, Unafisco, *Valor Econômico*, Secretaria da Receita Federal e Tesouro Nacional — Elaboração própria.

Observação: para 2019, há estudos que contradizem o dado oficial, apontando carga tributária nacional (CTN) que oscilou entre 35,07% e 35,17%

Ao acompanhar as pesquisas de Evilásio Salvador sobre a questão tributária, sabemos que a CTN recai em mais de 60% sobre a renda dos trabalhadores, direta e indiretamente, donde concluímos que opera aqui um mecanismo que combina expropriação de direitos na forma da não efetivação das políticas sociais, combinado à apropriação via fundo público de parte do fundo de reprodução da força de trabalho — do trabalho necessário. Essa é mais uma tendência duradoura do ajuste fiscal brasileiro, alimentada por mecanismos de drenagem (BRETTAS, 2017, p. 27), como o superávit primário e a desvinculação de receitas da União (DRU).

Sobre o superávit primário, observemos o interessante achado de Brettas (2017). De acordo com uma tabela de nota técnica do Banco Central, a autora que expressa preocupações próximas às nossas quanto à persistência do ajuste e de seus mecanismos de drenagem para favorecer a hegemonia das finanças, chama a atenção acerca de alguns elementos: anteriormente ao Plano Real, esse indicador já era considerado sinal de saúde econômica do Estado, já que se observa sua produção antes do acordo com o FMI de 1998 — governo Collor (1,7%) e Itamar Franco (2,7%); há queda do indicador no primeiro mandato de Cardoso, que produziu um superávit primário de menos 0,1%, seguida de um salto a partir do segundo mandato, após o acordo com o FMI, 2,5%; o superávit primário contou com um aporte muito significativo dos governos do PT e aliados, seguindo, portanto, à risca os compromissos da Carta ao Povo Brasileiro de 2002 — Lula (2003 a 2007), 3,3%; Lula (2008 a 2011), 2,8%; Dilma (2011 a 2014), 2,4%.

Esse mecanismo singular da economia política recente produz um resultado positivo nos gastos primários, tendo em vista sinalizar aos credores a saúde econômica e a capacidade de pagamento de dívida de Estados nacionais. Isso implicou, ao longo de todo o período da redemocratização — e, destacadamente, após 1999 — contingenciamentos e cortes orçamentários em políticas públicas decisivas.

Esse mecanismo associado à DRU, que, entre 1995 e 2016, desvinculou 20% dos impostos e parte das contribuições sociais, deslocando recursos para pagar a dívida pública ou compor o superávit primário, retirou da seguridade social e da educação, entre outras políticas subfinanciadas, volumes gigantescos de recursos. Neste momento, queremos chamar a atenção para o fato de que tais engrenagens e "alquimias perversas" (BOSCHETTI; SALVADOR, 2006) se construíram neste momento histórico que articulou contrarreforma do Estado e ajuste fiscal, sob a direção de FHC, e na sequência permaneceram.

Por fim, um último elemento diz respeito à condução política da contrarreforma e seus frequentes atentados à consolidação democrática. Os dois mandatos do governo FHC, de orientação neoliberal, não buscaram construir, em geral, arenas de debate e negociação, e dirigiram-se para "reformas" constitucionais, num Congresso Nacional fortemente balcanizado, ou para medidas provisórias. Preferiram, portanto, a via tecnocrática e "decretista", com forte aquiescência de um Congresso submisso ou pragmático, viciado pelas práticas do "toma lá dá cá", como ademais nunca deixou de ser ao longo de todo o período da redemocratização do país, donde desponta outro elemento de continuidade. Mesmo quando as "reformas constitucionais" não estavam ainda aprovadas, utilizaram, de forma abusiva, do recurso às medidas provisórias, de expedientes desrespeitosos para com os sujeitos políticos envolvidos em determinadas políticas setoriais, do contingenciamento seguido de corte de recursos (privatização induzida) e da abundante corrupção direta do poder legislativo, cujo exemplo maior foi a votação da EC sobre a reeleição, de 1997, por um Congresso dirigido por Michel Temer, estratégica para esse projeto, o que foi reproduzido por todos os governos e veio à tona nos "mensalões", "mensalinhos", "petrolões" e congêneres.

A "reforma" do Estado terminou por ter um impacto pífio em termos de aumentar a capacidade de implementação "eficiente" e gerencialista de políticas públicas, considerando sua relação com a política econômica e o *boom* da dívida pública, o que, ademais, era apenas o seu discurso, mas não sua realidade e intencionalidade. Houve, de fato, forte tendência de desresponsabilização pela política social — em nome da qual se justificava a "reforma" —, acompanhada do desprezo pelo padrão constitucional de seguridade social.

Isto ocorreu *vis-à-vis* a um crescimento da demanda social, associada ao aumento do desemprego e da pobreza[8], aprofundados pela macroeconomia do Plano Real, especialmente após 1999. O trinômio do neoliberalismo para as políticas sociais — privatização, focalização e descentralização (DRAIBE, 1993) — tendeu a se expandir por meio do Programa de Publicização.

7.3 Governos petistas: um freio "neodesenvolvimentista"?

Sustentamos a hipótese de que houve no Brasil dos governos petistas alguns deslocamentos em relação às orientações neoliberais mais duras do Consenso de Washington, plenamente encaminhadas e realizadas entre 1995 e 2002, como vimos no item anterior[9], mas não rupturas quanto ao essencial do ajuste fiscal. Para conter os impactos mais deletérios e explosivos do neoliberalismo e acompanhando os deslocamentos internos nos núcleos formuladores daquelas orientações (a exemplo dos Prêmios Nobel de Economia Joseph Stiglitz e Amarthia Sen), bem como respondendo às pressões da crise do capital no seu momento mais agudo, destacadamente a partir de 2008, produziram-se mudanças no Brasil, induzidas pelo Estado, sob a gestão dos governos de coalizão de classes do PT.

Contudo estas não permitem deduzir que adentramos num pós-neoliberalismo (SADER, 2013) ou num ambiente reformista, mesmo num "reformismo fraco", como concluiu o sofisticado e importante trabalho de Singer (2012). Se houve, conforme esse autor, *uma mexida no ponteiro* que poderia indicar um sentido reformista em aspectos de políticas públicas em curso, não houve ruptura com elementos centrais

---

8. Para um debate crítico sobre a pobreza e as orientações das agências multilaterais e seus principais intelectuais, fundado na crítica marxista, confira o importante trabalho de Siqueira (2013).

9. Uma síntese do que desenvolvemos de forma extensa em Behring (2003).

da agenda do ajuste, seja no campo da política econômica, seja mesmo no campo da política social, conforme analisamos em Behring (2008a).

Nesse contexto, as teses do "neodesenvolvimentismo" e da nova classe média — abordagem considerada por Pochmann (2012) como inconsistente, rudimentar e tendenciosa — foram os mitos brasileiros que cimentaram ideologicamente a hegemonia daquele projeto, que teve no Estado um dínamo, mas com limites muito estreitos que impediram o avanço sustentável do crescimento econômico combinado à expansão de um mercado interno de massas, como era a intenção manifesta no Plano Plurianual (PPA) 2004-2007 (BEHRING *et al.*, 2006). A economia política singular da era Lula e que teve continuidade em linhas gerais com Dilma — porém, em um ambiente externo e interno desfavorável, o que teve implicações políticas e econômicas profundas — engendrou impactos materiais intensos sobre a vida dos que viviam em pobreza extrema ou absoluta, mesmo que não pela expansão dos direitos universais, o que implicaria efetivas reformas. Mas, é preciso constatar e reconhecer, favoreceu em proporções muito maiores os ricos, com atenção especial ao agronegócio, às chamadas campeãs nacionais do setor alimentício e da construção civil e ao capital portador de juros nas suas variadas formas, além de atrair capital estrangeiro para o novo Eldorado brasileiro. Estivemos, portanto, mais para uma espécie de "reformismo quase sem reformas", como sustenta Arcary (2011).

O deslocamento sem rupturas com os parâmetros neoliberais vigentes na lógica do Estado brasileiro por parte dos governos petistas pode ser identificado em alguns processos. Se entre 1981 e 2003 houve tendência de queda de 23% do peso da renda do trabalho na renda nacional, entre 2004 e 2010 o peso da renda do trabalho subiu em 14,8%, enquanto o da propriedade decresceu, retornando à relação que existia entre essas duas medidas antes do Plano Real, ainda que suas orientações macroeconômicas tenham se mantido. Mas nunca chegou à relação existente no início da década de 1980. Assim, se, em 1995, o peso da renda do salário sobre o PIB era de 35,2%, em 2009 chegava a 35,1%, ou seja, um percentual quase igual que mostra certa recuperação do emprego e da renda destruídos no período anterior.

Houve expansão de empregos de baixa remuneração — até 1,5 salário mínimo —, engrossando as fileiras da classe trabalhadora, como diz Pochmann (2012). Marcelo Neri (2011) foi um dos principais defensores da caracterização desse segmento como uma *nova classe média*, com seu elástico conceito de classe C, que evidentemente opera com a ideia de estratificação social e não de classe social, e cuja sustentabilidade teórica e factual logo desmoronou, revelando-se, a nosso ver, mais como uma falsa consciência da realidade.

Essa dinâmica atingiu o índice de Gini — que envolve diferenças entre os rendimentos do trabalho — e teve queda de 0,58, em 2002 (SINGER, 2012), para 0,50, segundo informações do Instituto Brasileiro de Geografia e Estatística (IBGE) acerca da Pesquisa Nacional por Amostra de Domicílios (PNAD) 2011[10]. Porém, o dado da PNAD 2013[11] — 0,49 — já apontava para a tendência à estagnação da velocidade de queda do índice de Gini após essa breve trajetória, mostrando a difícil sustentabilidade da tendência a declínio da *desigualdade de renda* no Brasil, quanto mais a de riqueza, que não é medida por esse indicador. Os dados de 2017 da PNAD Contínua do IBGE[12], já no contexto do golpe, mostram a reversão daquela tendência sobre a desigualdade de renda, com o aumento do índice de Gini para 0,54. Em 2019, um estudo da Fundação Getúlio Vargas[13] apontou para uma verdadeira explosão da desigualdade de renda, com um índice de Gini de 0,62%. Ou seja, após um breve percurso de contenção da desigualdade de

---

10. Disponível em: https://biblioteca.ibge.gov.br/index.php/biblioteca-catalogo?view=detalhes&id=261566. Acesso em: 21 set. 2012.

11. Disponível em: https://www.ibge.gov.br/estatísticas/sociais/educacao/19897-sintese-de-indicadores-pnad2.html?edicao=18331&t=o-que-e. Acesso em: 23 jul. 2014.

12. Disponível em: https://www.ibge.gov.br/estatísticas/sociais/populacao/17270-pnad-continua.html?edicao2.html?edicao=20635&t=o-que-e. Acesso em: 10 ago. 2019.

13. Disponível em: https://portal.fgv.br/noticias/desigualdade-renda-brasil-bate-recorde-aponta-levantamento-fgv-ibre. Acesso em: 13 jul. 2020.

renda, tivemos sua agudização, o que está recrudescendo ainda mais no contexto da pandemia de 2020.

O crescimento real do emprego na faixa de 1,5 salário mínimo — 95% das vagas abertas e quase 59% de todos os postos de trabalho brasileiros até 2011 —, segundo Pochmann (2012), ocorreu principalmente no setor terciário, que, em 2008, já correspondia a 66,2% do PIB, seguido da construção civil e indústrias extrativas. Essa força de trabalho que sai do pauperismo é majoritariamente feminina (60% das ocupações geradas), concentrada entre 25 e 54 anos de idade e não branca (quatro quintos dos trabalhadores). Houve também uma concentração regional desse processo no Nordeste, Norte e Centro-Oeste. Nesse quadro, 45% da força de trabalho brasileira passava a ter alguma cobertura da legislação social e trabalhista, um dado que mostra que, apesar de certa melhoria na formalização das relações de trabalho, os direitos sociais e trabalhistas ainda deixavam de atingir 55% da força de trabalho brasileira[14].

Esse é um segmento de trabalhadores desorganizado ou com dificuldades de organização[15], ainda que surpreendentemente, entre os terceirizados com emprego formal, tenha crescido a sindicalização, segundo a pesquisa de Pochmann. Ele mostrou o peso do trabalho doméstico, do setor primário, dos autônomos e temporários nesse segmento e indicou a altíssima rotatividade do trabalho — por exemplo, de 85,3% em 2009 —, o que mostra a insegurança e a precariedade no mundo do trabalho brasileiro, bem como o crescimento da terceirização formalizada, sem falar da frouxidão da legislação trabalhista brasileira já bastante alterada naqueles anos, mas que sofreu, em 2017, o ataque mais profundo pela contrarreforma trabalhista de Temer.

---

14. Portanto, não é de surpreender que aproximadamente 107 milhões de trabalhadores tenham buscado o auxílio emergencial de R$ 600 no contexto da pandemia de 2020, segundo a Caixa Econômica Federal, mas somente 64,8 milhões tenham sido aprovados. Esses setores só eram "invisíveis" para aqueles que não os queriam ver, com sua lente míope do custo-benefício.

15. Tendência que parece estar mudando, a exemplo das manifestações de entregadores de aplicativos em plena pandemia de covid-19, em junho/julho de 2020.

Portanto, nesse contexto de expansão do emprego de baixa remuneração entre 2004 e 2013 destacadamente, houve nítida redução das pobrezas extrema e absoluta. Esse processo assentou-se na queda do desemprego, na formalização do emprego (sete em cada dez vagas abertas), no aumento e recuperação do poder de compra do salário mínimo e na expansão do crédito, especialmente o consignado a partir de 2004 (MOURA, 2017), combinados aos programas de transferência monetária — Programa Bolsa Família (PBF), Benefício de Prestação Continuada (BPC), além das aposentadorias, pensões e demais benefícios da Previdência Social, com mais peso desses dois últimos vinculados ao salário mínimo.

Na análise de Boschetti (2013), as causas do aumento da renda, segundo o Instituto de Pesquisa Econômica Aplicada (Ipea), residiram: 58% na renda do trabalho, 19% na Previdência; 13% no Bolsa Família; 4% no BPC. O impacto do BPC parece ser menor porque, apesar de ter o valor de um salário mínimo, atinge pouco mais de 4 milhões de idosos e pessoas com deficiência, enquanto o Bolsa Família, com valor médio de R$ 180,00, atingia em torno de 50 milhões de pessoas. Cabe destacar o papel da proteção social, mesmo com os inúmeros constrangimentos macroeconômicos por que passou ao longo dos anos com um subfinanciamento crônico (BEHRING, 2008a), mas que permaneceu responsável por 36% do aumento da renda do trabalho.

Um resultado dessa mudança foi certa expansão do mercado interno com impulso ao chamado "ciclo virtuoso de crescimento", mesmo na crise que chegou com força em 2009, resultando num PIB negativo, mas que foi administrada com fortes suportes aos bancos, instituições financeiras e ao agronegócio, fortes doses de isenções fiscais e, também, pelo impulso ao consumo e investimento interno por meio da injeção de crédito e de fundo público. Perante a crise, foram ativados mecanismos de desoneração fiscal, a exemplo do Imposto sobre Produtos Industrializados para a indústria automobilística e de eletrodomésticos, e mecanismos do Programa de Aceleração do Crescimento (PAC). Segundo dados sistematizados a partir da PNAD 2011 por Boschetti (2013), os pobres com renda domiciliar *per capita* de R$ 140 passaram de 24% da população brasileira, em 2000, para 10,2%, em 2011, sendo o crescimento da renda *per capita* dos 10% mais ricos de 16,6% e dos 10% mais pobres de 91,2%.

Não resta dúvida, portanto, de que foram mudanças relevantes, significativas e desejáveis, pois suscitaram necessidades, ampliaram as fronteiras materiais da classe trabalhadora, incidiram sobre a indiferença e a invisibilidade de amplos segmentos. Porém, foram deslocamentos com flagrantes limites, impostos pelo ambiente de ajuste fiscal permanente, já que tais mudanças não foram acompanhadas pela ruptura soberana para com os mecanismos de punção do fundo público constituídos pela macroeconomia do Plano Real, expostos anteriormente, o que poderia engendrar transformações menos superficiais e, consequentemente, mais duradouras, ainda que incômodas para o estreitíssimo lado de cima da pirâmide social brasileira. Para tanto, seria necessária uma vontade política férrea e com forte base popular, o que não foi mobilizado pelos governos de coalizão de classes do PT.

Essa constatação última nos remete à crítica do "neodesenvolvimentismo" e do "pós-neoliberalismo" (bastante apologética, ao nosso ver) como caracterizações dos governos de Lula e Dilma. Para Gonçalves (2012), longe de um pós-neoliberalismo, estivemos diante de um desenvolvimentismo às avessas. Já para Castelo (2012 e 2013), os governos petistas foram social-liberais, uma versão ideologicamente decadente do antigo desenvolvimentismo produzida pelo transformismo, donde decorrem os deslocamentos limitados como vimos apontando.

Observemos mais de perto os argumentos econômicos de Gonçalves. Ele mostra que, diferente do desenvolvimentismo (e mais ainda, diríamos, do nacional-desenvolvimentismo[16]), o caminho adotado no

16. Temos algumas diferenças com Gonçalves quanto à sua visão um tanto idílica do desenvolvimentismo e que, por vezes, aparece como nacional-desenvolvimentismo, como se ambos os termos falassem do mesmo processo, mas concordamos com sua aguda análise da recente economia política brasileira, que o leva à recusa da ideia de um neodesenvolvimentismo.

Brasil sob a batuta do PT e aliados seguiu um viés pró-mineração e agropecuária, em detrimento da indústria de transformação, processo estimulado pela liberalização comercial, cujas porteiras não foram protegidas nem reguladas, o que implicou o aumento das importações de produtos manufaturados, desprotegendo a indústria nacional. Houve forte ênfase em bens primários nas exportações, com crescimento de 25,5%, em 2002, para 38,5%, em 2010, com implicações no comércio exterior brasileiro, mais dependente das *commodities*, enquanto o desenvolvimentismo, lembramos, esforçou-se na diversificação da economia com consolidação da indústria de transformação. Gonçalves fala em reprimarização da economia, um termo ainda polêmico, considerando a forte industrialização do campo, o que não infirma sua questão central que é o pilar nas *commodities*, mais vulnerável às crises internacionais, argumento reforçado por Katz (2016).

Tivemos um incremento da dependência tecnológica e não da autonomia, haja vista o aumento das importações de produtos e serviços intensivos em tecnologia. Quanto à origem da propriedade, esteve em curso um intenso processo de desnacionalização, com aumento das

---

Entendemos como período desenvolvimentista no Brasil as décadas que vão de 1930 a 1980, quando o país teve fortes taxas de crescimento em média, industrializando-se aceleradamente, e em alguns momentos desenharam-se traços nacional-desenvolvimentistas. A tensão entre desenvolvimentismo e nacional-desenvolvimentismo gerou abalos no período da "ordem democrática limitada" (SANTOS, 1979): o suicídio de Vargas em 1954; as "forças ocultas" que fundamentaram a renúncia de Jânio Quadros em 1961; a construção pelo Governo João Goulart das reformas de base, o projeto efetivamente nacional-desenvolvimentista no período (IANNI, 1984), mas que foi ceifado por parte da burguesia brasileira associada ao imperialismo e a segmentos médios conservadores da sociedade brasileira, que engendraram o golpe militar de 1964, ou seja, o projeto efetivamente nacional-desenvolvimentista das chamadas reformas de base, que contava com o apoio de parcela significativa da esquerda brasileira, foi derrotado em 1964. É possível afirmar que a Ditadura Militar teve impulsos desenvolvimentistas, com o I e o II PND de Geisel. Houve até aspirações de "Brasil potência", a exemplo da lei de informática que protegia a indústria nacional. O mote do desenvolvimentismo foi a industrialização com substituição de importações, a produção de mercadorias com maior valor agregado ocupando espaços mais significativos no mercado mundial, projeto que se esvaiu progressivamente na redemocratização, especialmente a partir dos anos 1990, onde assistimos à reprimarização das exportações e à larga destruição do parque industrial brasileiro, e que permaneceu nos governos petistas, mas com particularidades e preservando segmentos determinados, a exemplo das chamadas empresas campeãs nacionais.

remessas de lucros ao exterior. Excluindo-se a Vale, a Petrobras e a BR Distribuidora, houve relativo aumento da participação estrangeira nas 50 maiores empresas brasileiras. Nesse campo da desnacionalização, houve aumento claro do investimento externo direto no agronegócio, mineração e extração de petróleo. Com a desnacionalização, tivemos concentração de capitais e as 50 maiores empresas participavam crescentemente do valor das vendas das 500 maiores.

Na esfera financeira, a concentração foi ainda maior e a taxa média de rentabilidade dos 50 maiores bancos (17,5%) foi superior à das 500 maiores empresas (11%), revelando a dominante financeirização nessa lógica. Para Gonçalves, essa economia política levou a uma vulnerabilidade externa estrutural, dependente do fluxo de *commodities* e com um grande passivo financeiro, ou seja, dependente da atratividade ao capital portador de juros, inclusive em sua forma fictícia. Para ele, não se pode afirmar que tenha sido um novo padrão de dependência. Foi a dependência de sempre, reeditada no contexto da mundialização financeira.

A conclusão lacônica de Gonçalves, com a qual concordamos, é que existiram méritos nas gestões petistas do Estado brasileiro, mas não reversão de tendências estruturais nem mesmo políticas desenvolvimentistas e, acrescentamos, reformistas ou pós-neoliberais. O deslocamento induzido pelo Estado brasileiro não operou na reversão da heteronomia, embora tenha atuado sobre parcela da outra face do drama crônico brasileiro da desigualdade, qual seja, a miséria. Porém, incrementou amplamente os lucros empresariais e os juros bancários das instituições financeiras. Pode-se acrescentar ao argumento de Gonçalves a manutenção estrutural de uma elevada concentração da propriedade da terra no Brasil, já que 3,35% das propriedades, todas com mais de 2.500 hectares, detinham 61,57% das terras; 68,55% das propriedades, todas com menos de 100 hectares, ficavam com 5,53% das terras, segundo o Censo Agropecuário do IBGE (2011)[17].

---

17. A tese de doutorado de Elaine Martins Moreira, intitulada *A contrarreforma agrária no Brasil* (1995-2014), defendida em 2017, e que tivemos a satisfação de orientar no Programa de

Sobre o suposto Estado indutor, nossos estudos sobre o orçamento público mostraram que a capacidade de indução do Estado brasileiro foi pífia. O investimento não chegou a 1% sobre o PIB em recursos pagos nessa natureza de despesa, entre 2004 e 2014 (dados do Siga Brasil), dadas as restrições do ajuste fiscal que tiveram continuidade no período. Entretanto, neste aspecto, o Banco Nacional de Desenvolvimento Econômico e Social (BNDES) cumpriu um papel muito importante. Aí, revela-se a particularidade do petismo na relação com alguns setores produtivos, destacadamente a construção civil e a indústria de alimentos.

Silva (2016 e 2017) realiza uma análise aguda acerca da orientação geral dos empréstimos a juros baixos para as chamadas campeãs nacionais. A autora mostra que há uma inflexão no BNDES a partir de 2008, com a presidência de Luciano Coutinho, que mobilizará as fontes de financiamento do Banco, como o Fundo de Amparo ao Trabalhador (FAT) e (cada vez mais) recursos do Tesouro Nacional, para empréstimos ao grande capital monopolista brasileiro em alguns segmentos. O Tesouro Nacional passou a ser a fonte principal do BNDES no segundo mandato de Lula, inclusive com emissão de títulos de dívida (indexados pela Selic) para ampliar os recursos para esses segmentos, indexados a juros módicos pela taxa de juros de longo prazo (TJLP).

Aqui, Silva nos oferece uma informação preciosa, pois há nítida conexão entre o capital portador de juros, os capitalistas monopolistas funcionantes e o fundo público, por meio dos empréstimos do BNDES que, muitas vezes, financiaram processos de concentração e centralização de capitais, por meio do suporte a fusões e aquisições. Para Silva, o BNDES se tornou um banco de desenvolvimento para o grande capital:

Pós-Graduação em Serviço Social da Universidade do Estado do Rio de Janeiro (PPGSS/UERJ), revela como o fundo público operou para o reforço da concentração fundiária no Brasil, nesse período, mesmo que alguns movimentos sociais do campo tenham apoiado os governos de Lula e Dilma. Sobre esse tema, o termo síntese do neoliberalismo de cooptação (CISLAGHI, 2020) pretende exatamente articular economia e política, mostrando a passivização dos movimentos sociais que ergueram pautas reformistas nas décadas de 1980 e 1990, no Brasil.

> Como forma de poupar o grande capital da crise recente, ocorreu um aprofundamento do padrão de reprodução do capital desenhado nos anos 90. Com o patrocínio do BNDES, elevam-se os processos de fusões e aquisições (a exemplo dos casos da JBS e Bertim, OI e Brasil Telecom, Perdigão e Sadia, Votorantim e Aracruz, Itaú e Unibanco). E dentre os principais projetos do BNDES entre 2007 e 2013, estão estas mesmas empresas (SILVA, 2017, p. 95).

Observamos a lógica orientadora do Orçamento Geral da União, em que se concentra mais de 60% da receita pública brasileira, mesmo após as transferências constitucionais, para além dos dados já apontados no item anterior. No principal instrumento de formação e alocação do fundo público, o orçamento federal brasileiro, ocorreu um constrangimento *permanente* do financiamento dos investimentos e das políticas sociais, em função do superávit primário, da DRU e do pagamento de juros, encargos e amortizações da dívida pública, diga-se, dos mecanismos de ajuste fiscal.

Assim, com a existência do Plano Piloto de Investimentos (PPI) (2005), negociou-se parte do superávit primário para investimentos no PAC, em suas várias versões. Porém, não houve profunda alteração de rota, ainda que tivesse impactos após anos de profunda estagnação do investimento, de Estado interditado, o que gerou a ilusão "neodesenvolvimentista". Desta forma, foi possível desbloquear recursos para programas importantes, como Luz para Todos, Cisternas e projetos de grandes obras com parcerias público-privadas[18].

Contudo, a lógica do ajuste cobrou também um alto preço ao inviabilizar o que poderia ter sido e não ocorreu: um *boom* de

---

18. Um dos exemplos nesse aspecto é a relação do governo com o consórcio Norte Energia para a construção da Usina de Belo Monte. Para compreender o significado e o impacto desse projeto de hidrelétrica, mais conhecida entre as populações ribeirinhas e indígenas da região como Belo Monstro, e seus impactos econômicos, políticos e sociais pela voz das mulheres vítimas da violência que cresceu exponencialmente na região, indicamos vivamente a leitura da tese de doutorado de Milena Barroso (2018), que tivemos o prazer de orientar no âmbito do PPGSS/UERJ, intitulada *O começo do fim do mundo: violência estrutural contra mulheres no contexto da hidrelétrica de Belo Monte*.

investimentos públicos em reformas sociais, possível apenas com uma forte e soberana reorientação macroeconômica. Vejamos alguns exemplos durante as gestões de Lula e Dilma:

1. Entre 2002 e 2006, a DRU prorrogada pelos governos de Lula e Dilma retirou 79 bilhões da seguridade social (BOSCHETTI, 2006) e, entre 2006 e 2012, foram expropriados do Orçamento da Seguridade Social R$ 309.941 bilhões de reais (ANFIP, 2013), ou seja, esse mecanismo retira 20% das fontes de recursos da seguridade social, com destaque para a Contribuição para o Financiamento da Seguridade Social (Cofins) e Contribuição Social sobre o Lucro Líquido (CSLL), destinando-os para outros fins, especialmente o pagamento de juros e encargos da dívida pública, que, como vimos afirmando, é o elemento condutor do ajuste.
    i. Os contingenciamentos de recursos foram frequentes. Por exemplo, em 2011, o governo cortou R$ 50 bilhões do orçamento; em 2012, efetuou o contingenciamento de R$ 55 bilhões, sendo R$ 5,47 bilhões da saúde e R$ 1,93 bilhão da educação; em 2013, houve um contingenciamento de R$ 28 bilhões; em 2014, de R$ 44 bilhões de reais; em 2015, chegou ao ápice e contingenciou R$ 69,9 bilhões, sendo R$ 11,7 do Ministério da Saúde e R$ 9,42 bilhões do Ministério da Educação.
2. O contingenciamento tem sido um mecanismo importante para a formação de superávit primário, o que permaneceu como cláusula pétrea da economia política brasileira desde o acordo com o FMI de 1999, tendo em vista sua importância para a segurança dos credores da dívida pública, mesmo que não se realize, o que passou a acontecer apenas no final do governo Dilma e compôs os argumentos para o *impeachment*, ainda que tenham sido realizados fortes contingenciamentos e um duro ajuste em 2015 como sinalizador de que o governo se mantinha fiel à estabilidade da moeda a qualquer custo.
3. Observemos um ano de execução do orçamento: 2014 — 22,84% estiveram comprometidos com o pagamento da dívida (excluída a rolagem); 4,11% para a saúde, 3,49% para a educação, 2,86% para a assistência social (onde está o Programa Bolsa Família, cujo

grande impacto político e econômico para a vida das famílias, como se vê, mobiliza poucos recursos), 2,68% para políticas de trabalho, 0,22% para a reforma agrária e 0,35% para a segurança pública. Ao analisar outros anos, esses percentuais não se alteram de forma significativa.

Sobre a DRU, Scoralich (2017) traz uma análise que nos mostra sua persistência para a manutenção do chamado equilíbrio fiscal, mas cuja eficácia para a produção do superávit primário se esgota em 2014, como se pode ver no Gráfico 1.

Gráfico 1 — Comparação entre as metas do superávit primário alcançadas e o total da DRU.

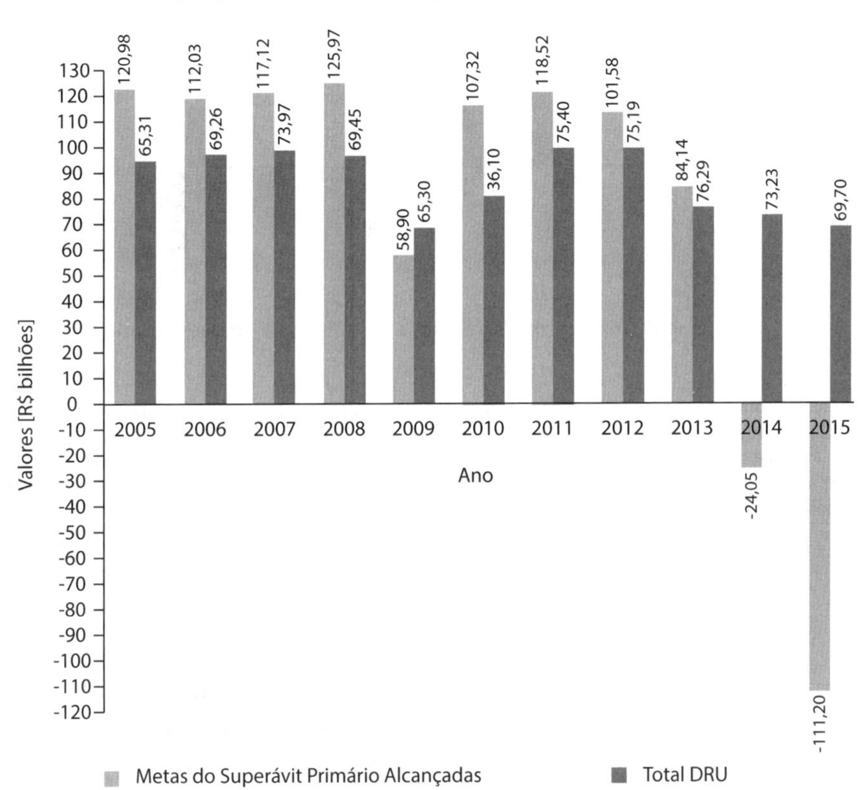

Fonte: relatório de avaliação do cumprimento das metas fiscais (referente a 2005 a 2015). Fonte: Scoralich (2017).

A pesquisa da autora mostra ainda que a DRU possui íntima relação com o pagamento de juros, encargos e amortizações da dívida pública, cujo crescimento esteve na raiz da situação de 2014 e 2015, como se pode ver no Gráfico 2. Ou seja, tudo indica que a DRU tem sido um dreno de recursos para os credores, seja na forma efetiva de pagamento de juros, encargos e amortizações da dívida, seja na forma do superávit primário. Há que lembrar que passou a desvincular um volume de recursos da ordem de 30% com a EC nº 93, de 2016.

Gráfico 2 — Relação entre despesas com juros, DRU e superávit primário.

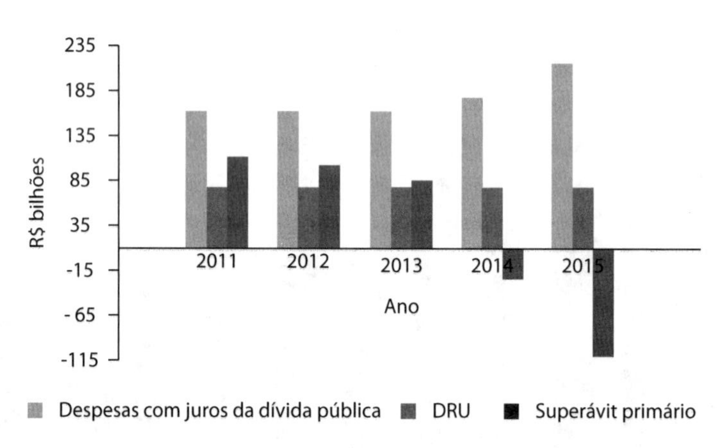

Fonte: relatórios de avaliação do cumprimento das metas fiscais — relatório anual (período de 2011 a 2015) resumido da execução orçamentária do governo federal e outros demonstrativos (Tabelas 9-A e 4-A sobre os recursos desvinculados da Seguridade Social (2011 a 2015); Gestão do Fundo do Amparo ao Trabalhador (FAT) (2011 a 2015); análise da arrecadação das receitas federais da Receita Federal-Cide-Combustível (2011 a 2015). Para os dados dos juros da dívida pública, foram utilizadas informações do Portal Transparência. O gráfico é uma elaboração de Scoralich (2017, p. 130).

O que ambos os gráficos revelam, portanto, é a lógica do ajuste fiscal permanente, que em nenhum momento foi interrompida pelos governos de coalizão de classes. É interessante notar que, mesmo diminuindo a relação dívida/PIB no Brasil, especialmente pelo crescimento desse último em alguns anos-chave do período (2004 e 2010, por exemplo), acompanhando certa queda temporária das taxas de juros (por exemplo, entre março de 2012 e abril de 2013), mantivemos o gasto com a dívida como primeiro item do orçamento público ao longo dos treze anos de governos do PT e aliados, não havendo aí nenhuma alteração de rota.

Sobre a política social, além do problema das prioridades de financiamento já apontado nos dados anteriores, observamos a lógica que a presidiu, que vai na contramão da universalização reformista social-democrata: trata-se de focalização com forte seletividade e de baixo custo e que se torna abrangente, em função do tamanho da desigualdade social do Brasil.

Uma lógica efetivamente redistributiva e reformista, acompanhada, evidentemente, de reforma tributária no Brasil (Salvador, 2010b e 2017b), trabalharia com políticas sociais universais, programas de geração de empregos estáveis com direitos trabalhistas e, se necessário, um programa de transferência monetária normatizado como direito social, com critérios mais amplos e valores maiores, articulados aos direitos da seguridade social. Não fortaleceria a cidadania pelo consumo, exclusivamente, como já tivemos oportunidade de fazer a crítica em alguns momentos anteriores.

Além do mais, permaneceram em curso processos tipicamente neoliberais na saúde, a exemplo da proposta das Fundações Estatais de Direito Privado, da Empresa Brasileira de Serviços Hospitalares (EBSERH) e das organizações sociais; na educação, com a forte expansão privada dos ensinos superior e médio, além do ensino a distância e da restrição de investimento no ensino público em todos os níveis; na Previdência Social, com o estímulo à Previdência privada fechada e aberta (GRANEMAN, 2006), por meio da contrarreforma da Previdência de 2003 que atingiu diretamente o funcionalismo público, a Fundação de Previdência Complementar do Servidor Público Federal (Funpresp), de 2012, e as medidas draconianas de Dilma, em 2015, buscando se credenciar perante seus detratores que já estavam *en garde*. Mesmo assim, essa política social subfinanciada e sucateada, distante do sonho beveridgeano da Constituição de 1988, cumpriu um papel relevante na alavancagem dos que estão em pobreza extrema e absoluta, como se viu.

Nossa conclusão é de que este segundo período do neoliberalismo no Brasil teve uma linha de continuidade e de deslocamentos em relação ao período inaugural que tratamos no item anterior, mas mantendo o essencial do ajuste fiscal permanente. Por outro lado, tais deslocamentos num ambiente de interdição duradoura do Estado apareceram aos olhos da população e produziram o que Singer (2012) chamou de alinhamento eleitoral, diga-se, uma forte e popular base de legitimidade que reconduziu tal bloco de poder quatro vezes ao governo federal. Tal legitimidade foi erodida pelas contradições do projeto em curso e pela ausência de mobilização dessa base popular no contexto de neoliberalismo de cooptação. Podemos sempre lembrar Marx:

Quanto mais uma classe dominante é capaz de acolher em seus quadros os homens mais valiosos das classes dominadas, tanto mais sólido e perigoso é o seu domínio (Marx, *O Capital*, livro III, 1982c, p. 112).

7.4 O retorno dos "ridículos tiranos"

Desde o golpe parlamentar, judiciário e midiático de 2016, há um novo momento do neoliberalismo no Brasil, adequado aos desdobramentos da crise do capitalismo que se agudizou nos últimos anos, com seus impactos deletérios para o Brasil. Apesar de algumas semelhanças discursivas e de medidas concretas com o projeto contrarreformista de FHC, não se trata mais da fase fundacional do neoliberalismo entre nós, mas de um novo, mais profundo e violento momento. Desde as mobilizações de junho de 2013, ficaram expostos os limites da gestão petista do Estado brasileiro, com seus governos de coalizão e de conciliação de classes (DEMIER, 2017), tendo como agravante um ambiente internacional desfavorável desde a eclosão da crise de 2008/2009 nos países centrais, mas cujos impactos maiores chegaram ao Brasil poucos anos depois.

O desfecho desse desgaste foi o golpe parlamentar midiático com o suporte da Operação Lava-Jato, já comentado anteriormente. Essa foi a saída burguesa para forçar a entrada nesse difícil terceiro momento do neoliberalismo no Brasil, em conexão com as exigências do ambiente internacional quanto ao ritmo, à intensidade e à extensão do ajuste (DEMIER, 2017).

Vale registrar a grande instabilidade do governo ilegítimo de Michel Temer, cujas bases políticas e sociais já demonstravam insatisfação desde 2016, o que decorreu de alguns elementos combinados. O mais evidente foi a decolagem econômica titubeante, com ampliação do desemprego e das expressões da questão social — pauperismo, violência endêmica, superlotação das prisões —, e que se manteve após as eleições de 2018, aprofundando-se ainda mais em 2020, ao se encontrar com a crise sanitária.

Em abril de 2019, tínhamos cerca de 28,3 milhões de subutilizados no Brasil, classificação atual do IBGE que soma todos os que estão fora de relações de trabalho, mesmo informais, inclusive desalentados (PNAD/IBGE). Mas houve, ainda, aumento da capacidade ociosa das empresas; incremento dos endividamentos privado — empresas e famílias — e público (crise dos Estados e municípios); continuidade da corrupção sistêmica, inclusive às portas e aos gabinetes do Jaburu, com Temer, e do Planalto (com Temer e já com Bolsonaro); acirramento das disputas internas pelo poder e pelo butim; implementação de medidas impopulares e agressivas contra os direitos adquiridos; agudização das lutas sociais, a exemplo da greve dos caminhoneiros em toda a sua complexidade (2018); crescimento das críticas nas redes sociais.

Apesar do apoio da grande mídia a todo esse processo, também este começou a mostrar fissuras. Os segmentos do grande capital, apoiadores do golpe, mesmo tendo forjado a prisão arbitrária de Lula, tendo em vista realizar as eleições de 2018 sob seu controle, não tinham em Bolsonaro sua expressão direta, ainda que o apoiassem.

Algumas medidas mais representativas da "marcha da insensatez" e do "sono da razão" que este projeto fez eclodir no Brasil desde 2016 produziram estragos visíveis e que, se verá no capítulo 8, ganharam contornos dramáticos com a combinação entre ultraneoliberalismo e neofascismo desde 2019. A medida abre-alas do Novo Regime Fiscal foi a EC nº 95, aprovada sob forte repressão em Brasília, em 2016. O discurso da EC nº 95 foi realizar sacrifícios para entregar um país saneado e que voltasse a crescer, responsabilizando os gastos públicos, sobretudo com direitos trabalhistas e previdenciários, como sempre. Assim, tornou-se constitucional a correção dos gastos primários pela inflação do ano anterior, por vinte anos. Apesar de a dívida brasileira ter chegado em 2016 a 4,2 trilhões e a relação dívida/PIB estivesse em 70,1%, é preciso compará-la com a de outros países para justificar a necessidade de uma medida tão destrutiva.

Com dados de 2016, há a dos EUA, 101%, a da zona do euro, 90,7%, e a do Japão, 229,2%. O país não estava quebrado como chantageavam os defensores dessa medida. Ademais, Dilma já vinha realizando um duro ajuste fiscal no fim de seu primeiro mandato e, em 2015, com medidas relacionadas ao seguro-desemprego e pensões, sem crescimento no gasto com pessoal e no gasto social, e com contração no investimento, o que tornou comum se falar em estelionato eleitoral em 2014.

Qual é a razão desse enrijecimento do Estado, especialmente do Estado social, num prazo tão amplo? Para a economista Laura Carvalho (2016), a EC nº 95 não tem relação com ameaça de inflação, cujo leve impulso se deu com a liberação de preços administrados pelo Estado e não com o gasto público. Ela critica duramente o axioma de que o controle rígido do gasto público leva à mítica confiança. De fato, isso não aconteceu com o duro ajuste de curto prazo de Dilma, que inclusive vetou a necessária e urgente Auditoria da Dívida, aumentou o superávit primário, em 2011, e realizou corte monumental de gastos, em 2014 e 2015.

Voltando a Carvalho (2016), ela informa que 22 países do mundo têm regras de gastos, mas em nenhum deles a regra é para 20 anos. Sobretudo, essas não são regras constitucionais. A EC nº 95, portanto, foi de um aventureirismo irresponsável inimaginável, já que independentemente do desempenho econômico, congelam-se os gastos primários do orçamento público brasileiro, no mesmo passo em que se libera a apropriação do fundo público pelo capital portador de juros e pelos especuladores. Em caso de descumprimento da EC nº 95, estão previstas sanções. Aqui, há uma conexão direta entre a EC nº 95 e a contrarreforma da Previdência, pois uma dessas sanções é não poder elevar as despesas obrigatórias, o que atropela a recomposição do salário mínimo, indexadora de benefícios previdenciários e assistenciais, como o benefício de prestação continuada (BPC).

Aqui temos as razões da dura contrarreforma da Previdência de Bolsonaro/Guedes, em 2019, dando sequência ao baile, na ironia de Demier (2017). E como não elevar despesas obrigatórias com o crescimento da população, especialmente da população idosa? Se, em 2016, o Brasil tinha 206 milhões de habitantes, dos quais 16,8 milhões estavam acima dos 65 anos, estima-se que, em 2036, seremos 227 milhões, dos quais 36 milhões acima dos 65 anos, segundo o IBGE. Ou seja, há um decréscimo relativo de jovens e um acréscimo na população idosa.

Como conter gastos obrigatórios nesse contexto? A forma de conter foi o ataque frontal aos direitos de aposentadoria o que vai jogar milhões de trabalhadores na pobreza pela dificuldade de cumprir com os requisitos de idade e contribuição. O ataque veio também por meio da EC nº 93 que elevou a DRU a 30% de desvinculação de impostos e contribuições, drenando mais recursos, e a prorrogou para 2023, o que mostra mais uma vez seu lugar central na sustentação da economia política do período da redemocratização, do ajuste fiscal permanente.

Os estragos da EC nº 95 foram monumentais durante o governo Temer: 1) nota técnica nº 27, do Ipea (2016), apontava tendência de perda de recursos da Assistência Social de 199 bilhões em dez anos e de 868,5 bilhões em vinte anos para a política onde se situam os programas de transferência monetária (BPC e PBF). O BPC se tornará insustentável a partir de 2026, com o teto de gastos, ao mesmo tempo que um número cada vez maior de idosos/as pobres sem aposentadoria passará a ter direito a esse direito constitucional. Já na passagem de 2016 para 2017, após anos de crescimento significativo (ainda que insuficiente), o orçamento da assistência social caiu 2,8%; o da saúde,

7%; o da Previdência, 0,2% (BOSCHETTI; TEIXEIRA, 2019). Vejamos a involução do financiamento do Programa Minha Casa Minha Vida, neste país de enorme déficit habitacional: 2015 — R$ 20,7 bilhões, 2016 — R$ 7,9 bilhões e 2017 — R$ 1,8 bilhão, segundo dados do Siga Brasil.

Ainda sobre a contrarreforma da Previdência, esta se anunciava desde que o governo Dilma criou um grupo técnico cujo resultado foi apresentado em maio de 2016. Graneman (2006) detalha o diagnóstico apresentado que apontava a necessidade de receitas para a Previdência, que viriam do aumento da alíquota de contribuição dos funcionários públicos de 11% para 14% ou 20%, cobrar contribuição dos aposentados do regime geral para a Previdência e unificar os regimes de Previdência. Nada se falou sobre a dívida ativa e a conhecida sonegação empresarial da Previdência, elemento que desfaz qualquer ideia de que não existem recursos.

Pautou-se a elevação da idade mínima para aposentadoria, quando a média de vida em alguns estados brasileiros é de 66 a 68 anos, especialmente no Nordeste. Desta forma, trata-se de morrer trabalhando e não usufruir a velhice com dignidade. Propugnava-se a extinção das diferenças entre homens e mulheres, ignorando todo o debate sobre a dupla, por vezes tripla jornada de trabalho das mulheres no contexto da articulação entre capitalismo e patriarcado no Brasil. Aplicar-se-ia um redutor do custo das pensões por morte. Penalizar-se-iam os trabalhadores rurais "que não contribuem", ao mesmo tempo que a contribuição do agronegócio altamente lucrativo foi tratada com leniência. Por fim, desvincular-se-iam os benefícios do salário mínimo, medida cuja relação com a EC nº 95 é evidente.

O presidente Temer chegou a apresentar uma proposta nesses termos, mas teve que recuar da contrarreforma da Previdência, pois não tinha mais a correlação de forças golpistas que o levou à presidência e havia intensas mobilizações nas ruas ao longo de 2017. Mas esse desenho foi, em linhas gerais, retomado e aprofundado em 2019 pelo governo Bolsonaro. Se pensarmos na contrarreforma trabalhista de 2017, que legalizou a precariedade, visando a condições ótimas de exploração da força de trabalho (DIEESE, 2017; SOUTO MAIOR,

2019), tem-se o quadro completo da onda conservadora[19] nos planos econômico e social, que corta direitos para favorecer uns poucos senhores e famílias, os capitalistas. Tudo isso como produto do retorno sem máscaras dos "ridículos tiranos" — da canção "Podres poderes", de Caetano Veloso — a produzirem a larga apropriação do fundo público em nome dos humores dos mercados, sob a regência da financeirização e da expropriação em larga escala.

19. Para a caracterização do período em que adentramos, no calor dos acontecimentos, consulte os ensaios contidos na coletânea A Onda Conservadora — ensaios sobre os atuais tempos sombrios no Brasil, organizada por Hoeveler e Demier (2016).

CAPÍTULO 8

Novo regime fiscal, neofascismo e ultraneoliberalismo*

"Acordem! Eles estão chegando!"

Frase do filme *1900*, de Bernardo Bertolucci

"Cães danados do fascismo
Babam e arreganham os dentes
Sai do ovo a serpente
Fruto podre do cinismo
Para oprimir as gentes
Nos manter no escravismo
Pra nos empurrar no abismo
E nos triturar com os dentes"

Chico César (*Pedrada*, 2019)

* A base deste capítulo é o texto que elaboramos para a coletânea *O neofascismo no poder (ano I) — Análises críticas sobre o governo Bolsonaro*, organizado por Juliana Fiuza Cislaghi e Felipe Demier, em 2019 (Editora Consequência), intitulado Devastação e urgência. O texto foi revisto e ampliado com novos textos que vimos produzindo para a coluna do *Esquerda Online*, além das reflexões que fizemos em inúmeras *lives* no contexto da quarentena da pandemia de covid-19 entre março e agosto de 2020.

Este é um capítulo escrito a quente, no qual reunimos textos de acompanhamento da conjuntura que vimos produzindo, a partir da eleição de Jair Bolsonaro para a presidência em 2018. Já sabemos que Temer deixou um verdadeiro tapete estendido para o desfile — ainda que um tanto desajeitado e cheio de tropeços — do governo ultraneoliberal e neofascista que viria. Um tapete tecido, vale lembrar, sob bombas e balas nem sempre de borracha, disparadas na direção de trabalhadores/as que lutavam pela não aprovação da contrarreforma trabalhista, da Previdência, das ECs n°s 93 e 95. Neste capítulo, veremos que o pacote de perversidades se adensou muito com a combinação entre ultraneoliberalismo e neofascismo, que mantém o país sob o tacão do ajuste fiscal. Mesmo a pandemia, com o decreto de calamidade pública de 2020, não foi capaz de instaurar outra agenda. Ao contrário, o que se viu foi a negação da gravidade da doença e seu aproveitamento para "passar a boiada"[1], com o uso do fundo público para o suporte a tais políticas.

8.1 Estejamos atentas(os) aos sinais... e fortes

A profusão de sinais de barbarização da vida que invade o nosso cotidiano todos os dias têm sido avassaladora desde janeiro de 2019, quando Jair Bolsonaro assumiu a presidência do país. Em sua magistral *Dialética do concreto* (1976), Karel Kosik tem uma bela e precisa caracterização do cotidiano: "É um claro-escuro de verdade e engano". Trata-se da distinção entre aparência e essência, essa última da qual essa aparência faz parte. Isto é, a aparência é o ponto de partida para o desvelar do fenômeno em seus elementos mais íntimos, em sua

1. Enquanto escrevemos estas linhas, o Brasil ultrapassa a marca de 225 mil mortos, fora a subnotificação. Sobre "passar a boiada", referimo-nos à frase cínica de Ricardo Salles, da pasta do meio ambiente, em reunião ministerial que expôs o desastre brasileiro em rede nacional, realizada em 22 de abril de 2020.

lógica interna, a ser reconstruída no nível do pensamento, com suas múltiplas determinações.

Foi o que Marx fez ao nos revelar a lógica interna da produção e reprodução do capitalismo, destrinchando a mercadoria, quando percebeu que, subjacente ao grande arsenal de produtos do trabalho humano, estava a exploração da força de trabalho, com a extração de mais-valor e uma relação social de dominação (alimentada pelo fetichismo e a reificação). Essa era a chave para compreender a lógica da totalidade da sociedade burguesa, conforme retomamos na primeira parte deste livro para compreender o fundo público. Qual é a conexão dessas observações teórico-metodológicas com a primeira frase deste item?

Subjacente aos inúmeros elementos de barbarização da vida social que têm desfilado diante de nossos olhos nos noticiários e nas ruas, instituições e famílias, há um movimento da totalidade. Há um projeto devastador em curso e é preciso ir além de suas expressões fenomênicas, superficiais, para compreender seu sentido e derrotá-lo duradouramente[2]. O bolsonarismo é mais que um pesadelo que vai passar quando (e se) a classe trabalhadora acordar e forem realizadas novas eleições no país, "restaurando a civilidade", como se antes dele estivéssemos no melhor dos mundos, o que não corresponde à realidade, como procuramos mostrar. Essa é a saída que alguns setores à esquerda parecem aguardar — contrapondo muitas vezes civilização e barbárie, e não socialismo e barbárie, tal como na afirmação de Rosa Luxemburgo, olvidando que foi do seio dessa civilização que despontaram os bárbaros[3] —, limitando-se à política institucional-parlamentar

2. Como o(a) leitor(a) a esta altura deve ter observado, este livro não se coloca teórica e metodologicamente na perspectiva da neutralidade científica ou axiológica da ciência. Nosso patamar de observação crítico e dialético opera para o devir, para a emancipação humana, para disparar as "armas da crítica" para superar a desigualdade, o embrutecimento, a exploração e as opressões. Nesse sentido, nossa análise do governo neofascista e ultraneoliberal que temos hoje no Brasil buscará trazer à tona os elementos factuais que sustentam essa caracterização, sempre tendo como mote o fundo público.

3. Em concordância com a reflexão de Mauro Iasi na conferência de abertura da Jornada Internacional de Políticas Públicas (UFMA, 2019).

e tratando cada "boletim de ocorrência" diário de forma pontual, ou fustigando o governo e alguns de seus arautos mais nefastos.

Após um ano na prisão para ser impedido de participar das eleições de 2018, Lula foi solto[4] e, para alguns segmentos, ele desponta como o único contrapeso para todos os males, sem qualquer autocrítica do passado recente, onde vários desses elementos de barbarização da vida já estavam em curso, sem maiores e consistentes combates. Pensamos que erodir sistematicamente o governo em curso, que claramente tem pés de barro, e construir alternativas políticas e eleitorais de curto prazo seja também fundamental. Mas é nitidamente insuficiente, tamanha a urgência de colocar um freio na devastação. É preciso aprofundar essas fissuras e alargá-las muito para sustar esse curso dos acontecimentos. As ruas precisarão falar mais alto do que já o tem feito — mesmo nos tempos de pandemia.

O bolsonarismo expressa no Brasil um projeto de extrema direita com traços de fascismo que encontra parceiros e eco no mundo (articulações com Steve Bannon, Trump, entre outros) e está deixando marcas destrutivas indeléveis e cada vez mais profundas, na medida em que o tempo segue seu curso e são implementadas suas medidas reais — formais e paralelas. Essas últimas, por meio de *twitters*, *lives* e *fake news*, incentivam o que há de pior na sociedade brasileira, incrementando todo tipo de violência, como se dissessem aos monstros (supostamente) reprimidos que agora "liberou geral" e podem fazer o que quiserem: atear fogo nas florestas, invadir terras indígenas, matar

4. Vale registrar que consideramos a prisão de Lula como política e defendemos sua liberdade como um elemento central da defesa das liberdades democráticas no país, o que não significa a subscrição de seu projeto político nem de muitas de suas ideias. Lula é uma das mais importantes lideranças operárias que se produziram na redemocratização brasileira, mas o que Gramsci chamou de transformismo molecular e coletivo teve grande impacto na sua trajetória, que se confunde com a do Partido dos Trabalhadores. Há inúmeros balanços desse processo, mas, neste momento, remetemos ao registro fílmico, recomendando os documentários *Peões* (Eduardo Coutinho, 2004), *Entreatos* (João Moreira Salles, 2004) e *Democracia em vertigem* (Petra Costa, 2019). Vê-los em sequência é um exercício interessante para compreender Lula como um sujeito político decisivo do Brasil dos últimos 40 anos e, que ganhou e partiu o coração de muitas e muitos.

mulheres e LGBTQI+, chicotear jovens negros que roubam barra de chocolate e impor o poder das milícias nas comunidades, que mataram uma pessoa a cada dois dias no Rio de Janeiro (*O Globo*, 1 set. 2019), e, por fim, tratar a pandemia como uma "gripezinha" e dizer "e daí?" para suas vítimas. Os exemplos são inúmeros e apenas quando foi preso Fabrício Queiróz (julho de 2020), parceiro de milicianos e da família presidencial, houve alguma tênue contenção.

Enquanto isso, avançam a agenda econômica ultraneoliberal, que comentaremos mais adiante de forma mais detida, e a ofensiva contrarreforma intelectual e moral, tendo em vista solidificar as bases de legitimidade desse projeto que se funda no mais arraigado individualismo, na deslaicização do Estado e em um menu amplo de desvalores. Estamos de acordo com o artigo recente de Sonara Santos (2019)[5], em que discorre que a verborragia vociferante do bolsonarismo longe está de ser cortina de fumaça para as medidas econômicas ultraneoliberais, mas forma com estas a totalidade em movimento.

Há um debate sobre se estamos ou não efetivamente diante do fenômeno do fascismo ou de traços de fascismo (protofascismo), como em algumas caracterizações, ao fazerem a crítica do discurso e de algumas práticas concretas do governo, desde janeiro de 2019. De que é um projeto de extrema direita, que ataca direitos e coloca-se a serviço do capital — com destaque ao imperialismo estadunidense —, não parece restar dúvidas. A questão é a caracterização de fascismo e outras variações, como protofascismo ou neofascismo, dadas as dificuldades de encaixar a realidade brasileira atual num termo síntese que expressa processos históricos anteriores que tiveram características determinadas, mediadas por particularidades nacionais das formações sociais, onde o fascismo se constituiu como processo social e se erigiu em regime político (com destaque para Itália e Alemanha).

---

5. Confira: https://esquerdaonline.com.br/2019/08/30/forma-necessaria-ultraneoliberalismo-politica-social-e-conservadorismo-moral-sob-governo-bolsonaro/. Acesso em: 20 ago. 2020.

Parece certo que não estamos diante de um *regime* fascista[6]. Os sinais de recrudescimento antidemocrático possivelmente nos aproximam da "democracia blindada que não dispensa os blindados" no marco de um semibonapartismo (DEMIER, 2019), mas que pode se desdobrar para uma ditadura aberta (e fascista), caso a dinâmica da luta de classes não coloque os freios necessários. Há interpretações bastante diferentes sobre o significado de fascismo e os processos que estão diante de nós, os quais ora se aproximam, ora se afastam peremptoriamente dessa caracterização, levando-nos a constatar que estamos diante de uma espécie de simulacro. Seria, pedindo licença a Marx ([1852] 2011), a história não se repetindo, a não ser como tragédia ou farsa? E neste caso, tragédia e farsa?

Parece ser um consenso que o termo fascismo advém de *fascio littorio*, um feixe de varas, símbolo do poder de punir na tradição etrusca e da autoridade e poder na cultura romana, e que foi incorporado no governo Mussolini a partir de 1922, na Itália. O *Dicionário de economia* (SANDRONI, 1985, p. 131-132) informa que o fascismo é um regime político totalitário, de partido único, com hipertrofia do aparato policial, marcado pela "exaltação nacionalista", o "antiliberalismo" e o "anticomunismo", com defesa do Estado como "dirigente da economia nacional", característica que afastaria inteiramente o atual governo brasileiro da ideia de fascismo, dado seu ultraneoliberalismo visceral, eleito democraticamente e sustentado politicamente por diversos partidos com representação no Legislativo nacional. Se, inicialmente, o fascismo foi marcado pelo combate ao "capitalismo de rapina" financeiro, a sequência foi de associação aos grandes grupos econômicos, no mesmo passo em que se instituía o corporativismo em meio aos trabalhadores.

Aqui temos outra característica que difere o fascismo de ontem do momento atual, dado que não se trata de cooptar corpos coletivos

---

6. Sobre a distinção entre governos e regimes políticos, confira o denso e didático capítulo Estado, regime, governo, no livro *O que é uma revolução?*, escrito a três mãos por Raquel Varela, Valério Arcary e Felipe Demier (Lisboa, Edições Colibri, 2015).

da classe trabalhadora, mas de instituir o individualismo possessivo, meritocrático, que vem aliado à precarização do trabalho e ao discurso de empreendedorismo. Sandroni nos fala ainda do forte enraizamento do fascismo nas camadas médias, insatisfeitas com a crise econômica do período entreguerras, e das tensões políticas entre liberais, social-democratas e socialistas. Essa dinâmica está presente no que temos vivido.

Em outra fonte, o *Dicionário de política* (BOBBIO *et al.*, 1986, p. 466-475), encontramos uma análise que mostra a complexidade do tema do fascismo para a teoria política. Há teorias singularizantes, que enfatizam a situação nacional na qual se originou o fascismo, e generalizantes, como um fenômeno supranacional com características análogas e homogêneas. O fascismo pode ser abordado como movimento ou regime — que resulta daquele, mas com o qual não se confunde, e cuja erupção advém da crise do capitalismo entre as duas guerras mundiais.

Também pode ser caracterizado como uma ditadura aberta da burguesia, exercida sem a mediação das instituições da democracia parlamentar, numa contrarrevolução burguesa, e que mobiliza camadas pequeno-burguesas, diante de um vigoroso movimento operário e popular, camadas estas que são movidas por um forte ressentimento para objetivos fictícios e recompensas mais simbólicas que materiais. Segundo Saccomani, autor do longo verbete, confluem elementos de "irracionalismo, voluntarismo, anticapitalismo e antissocialismo", quando o fascismo se expressa como movimento de "revolta pequeno-burguesa", elemento que podemos, claramente, identificar no Brasil recente após a captura das mobilizações de junho de 2013 pelo discurso "contra a corrupção" (DEMIER, 2017).

Neste momento de ditadura aberta da burguesia, sem ser diretamente conduzida por ela, fascismo e bonapartismo são processos que convergem, sendo esse último uma espécie de cessão temporária do poder político a uma força que tem relativa autonomia em relação ao núcleo central das classes dominantes. As ditaduras militares na América Latina foram as expressões mais contundentes de bonapartismo e têm sido reivindicadas, hoje, como exemplos de colocar as "coisas em ordem", como o dizem as faixas e manifestações verde-amarelistas (CHAUI, 2000) de 2020 para "fechar o STF e o Congresso" e combater uma imaginária "ameaça comunista".

O caminho das análises no campo da tradição marxista (não vulgar) tende às referidas abordagens generalizantes. Neste interessante verbete de Saccomani no *Dicionário de Política*, ainda temos o fenômeno do fascismo como parte do advento do totalitarismo, no entanto não vamos aqui enveredar nesse debate. Afastamo-nos dele pela equiparação muitas vezes rasteira entre o fascismo e a experiência soviética, com seus Gulags e o stalinismo, que merecem explicações distintas, e, claro, a firme recusa a ambos por razões também diversas.

O termo totalitarismo se assemelha a autoritarismo e tende a ser um guarda-chuva muito amplo, prestando-se a sustentar argumentos da direita de todos os matizes, que se coloca sempre como apologista da democracia (formal, limitada e, mais recentemente, blindada) contra os socialistas/comunistas que, nas suas mais respeitadas e profundas formulações, apontaram para a democracia substantiva, das maiorias fazendo a crítica das experiências do chamado "socialismo real". Ellen Wood (2003) chega a contrapor democracia e capitalismo em um trabalho imprescindível para esse debate.

Uma interpretação consistente do fascismo podemos encontrar em Ernest Mandel (1976), ao comentar em longa apresentação o conhecido texto de Leon Trotsky, *Sobre o fascismo* ([1931] 1976). Vejamos. Para Mandel, é fundamental compreender a natureza e a função do fascismo para combatê-lo. Para ele, em que pese uma verborragia difusa, como vimos anteriormente, os regimes fascistas ao longo da história do século XX longe estiveram de colocar em questão as leis imanentes que regem o sistema capitalista, de forma que a análise materialista, histórica e dialética deve buscar trazer à tona o que tais regimes realmente fazem ou fizeram, e menos o que eles dizem ou disseram, diga-se, suas representações sobre si mesmos, em geral fantasiosas. A autonomia dos governos (e regimes) fascistas, enfim do poder político em relação às classes dominantes e às contradições econômicas, é muito relativa, sendo a maior expressão disso o militarismo, que longe está de ter sido ou ser hoje algo oposto ao capitalismo monopolista. Portanto, o fascismo denota a irracionalidade de conjunto do capitalismo em sua maturidade, que irrompe em condições políticas particulares, tendo uma "origem muito real e racional" (1976, p. 27).

Se os movimentos de massa pequeno-burgueses e fascistas mobilizam o ódio e a agressividade, não é porque isso seria parte de uma espécie de natureza humana adormecida ou por razões meramente psicológicas. Essa necessidade do terror e da violência teve, na Itália e, especialmente, na Alemanha, profunda relação com o capitalismo monopolista e suas demandas de reprodução após a debacle de 1929 a 1932, e com o imperialismo, tendo em vista a retomada das taxas de lucro, inclusive pelo militarismo. Ou seja, "o que é realmente essencial é a propriedade privada e a possibilidade de acumular capital e extrair mais-valia" (MANDEL, 1976, p. 27).

Neste passo, o ascenso do fascismo foi (e, dizemos, é) expressão da grave crise do capitalismo maduro e decadente, uma crise de reprodução do capital. Nesse sentido, "a tomada do poder pelo fascismo é a alteração pela força e a violência, a favor dos grupos decisivos do capital monopolista, das condições de reprodução do capital" (1976, p. 29). Se o fascismo não é a forma desejável e "normal" da dominação burguesa, não há pudores em lançar mão dele em condições determinadas — *de crise* —, mobilizando a fração enfurecida pequeno-burguesa para esmagar as organizações operário-populares, na forma de falanges e esquadrões paramilitares inclusive.

Para Mandel, como ademais para Trotsky ([1931] 1976, p. 102), antes dele, a resposta ao fascismo está na frente única operária, ou seja, uma frente que reúne o conjunto das organizações da classe para a resistência e a autodefesa ante o "esmagamento da classe operária, a destruição das suas organizações e a supressão das liberdades políticas no momento em que os capitalistas se mostram incapazes de governar e de dominar com a ajuda da mecânica democrática", colocando a pequena-burguesia "à disposição de seus piores inimigos" (TROTSKY [1931], 1976, p. 117).

A partir dessas considerações e alguns marcadores, sem evidentemente pretender esgotar um tema tão complexo e controverso, podemos sintetizar que há nítidos elementos de fascismo naquilo que o bolsonarismo está fazendo no seu conjunto e desencadeando na sociedade brasileira, num contexto de crise estrutural do capitalismo (MANDEL [1972], 1982; MÉSZÁROS, 2002), ainda que não tenha se instaurado um regime fascista — uma ditadura aberta —, hipótese que não pode nem deve ser, infelizmente, descartada. Estamos diante da combinação de tragédia e farsa. A tragédia é a devastação que iremos comentar adiante, hoje ampliada pelo trato à pandemia. A farsa é o simulacro em que o "nacionalismo" vem associado à entrega do patrimônio público ao usufruto do imperialismo (o que remete às palavras anteriores de Mandel); onde o "combate à corrupção" significa aparelhar as instituições para interesses escusos; onde as eleições gerais são contaminadas pela prisão do adversário e pelas *fake news* em associação com a Cambridge Analytica[7]. Pelo exposto, vamos utilizar o termo neofascismo para caracterizar o governo, não o regime.

8.2 O que estamos chamando de devastação?

Vejamos alguns elementos fenomênicos nessa totalidade que se move numa direção perversa para favorecer o grande capital. A devastação se materializa nas queimadas criminosas na Amazônia brasileira que tiveram aumento espantoso em comparação com anos anteriores como mostram os dados do Instituto Nacional de Pesquisas Nacionais (Inpe) renegados pelo próprio governo por mais de uma vez[8]. Iniciativas espúrias como o tal "Dia do Fogo", construído por

7. Cambridge Analytica é a empresa que coletou ilegalmente dados de 87 milhões de usuários do Facebook e virou alvo de investigações em diferentes países. O uso desses dados em campanhas da extrema direita está retratado no documentário intitulado *Privacidade hackeada*.

8. Em 13 de julho de 2020, os dados do INPE referentes a junho de 2020 mostravam desmatamento de 1.034,4 km², 11% acima do mesmo mês de 2019, na Amazônia, desmentindo

WhatsApp pelos autointitulados "homens de bem" — empresários, fazendeiros, lojistas e seus amigos grileiros no sul do Pará —, com certeza são sinais do clima de impunidade que se instaurou no país desde janeiro de 2019. A grilagem de terras e o garimpo ilegal não são novidade no país e não encontraram os freios devidos antes. No entanto, a intensidade e a perversidade têm sido inéditas, lançando até uma nuvem de fuligem sobre a maior cidade da América do Sul, São Paulo, numa metáfora macabra dos maus presságios que estão sobre o Brasil.

Com isso, vieram as ameaças aos povos indígenas, amplamente denunciadas em marchas em Brasília, pela circulação internacional de lideranças indígenas e de ativistas engajados na defesa do meio ambiente, e em inúmeras matérias na imprensa. A mais recente e brutal ameaça aos povos originários brasileiros são a pandemia, considerando a particularidade da saúde indígena em comunidades isoladas e com falta de recursos elementares, e a invasão de suas terras, além da circulação de indígenas em busca do auxílio emergencial, o que os colocou em contato com as cidades, fazendo o vírus circular[9].

A devastação não é apenas da natureza, é sobretudo humana e para além dos povos da floresta que são os primeiros atingidos. Isto porque o papel da maior floresta tropical do mundo na contenção do aquecimento global, que Ricardo Salles e seus cúmplices querem

---

afirmações do governo sobre sua atuação e controle na questão. A divulgação dos dados foi certamente a razão pela qual a técnica Lubia Vinhas, do INPE foi exonerada do cargo. Mais recentemente, em agosto de 2020, diante da nova expansão das queimadas, o presidente foi à reunião internacional onde afirmou sua tolerância zero com queimadas, numa escandalosa desconexão com a realidade.

9. A Articulação dos Povos Indígenas do Brasil (APIB) informou, em 10 de julho de 2020, que havia "13.241 infectados e 461 mortos de 127 povos distintos. Isso de uma população total de menos de 900 mil indígenas que habitam territórios localizados no Brasil, formando 300 povos que falam 200 línguas". Nesse contexto mortal, a caneta presidencial vetou instrumento legal que previa vários suportes a esse segmento. Ao fazê-lo, Bolsonaro replicou a fala de seu ex-ministro da Educação, que afirmou odiar povos indígenas na fatídica reunião ministerial de 22 de abril de 2020. Confira em: https://esquerdaonline.com.br/2020/07/11/genocidio-indigena-e-destruicao-ambiental/?fbclid=IwAR31bcTORZVzF_RdgrcFxgDMyxOq-SAVetFNfox3-4JlaFp7tYYwp4NDRhNk.

minimizar, é central. Por outro lado, é importante que se diga: o aquecimento global é responsabilidade principal dos grandes monopólios e países imperialistas, de sua emissão de gás carbônico (EUA e China na liderança), de uma relação predatória para com os recursos naturais. Os mesmos que cobram o cuidado brasileiro com a Amazônia são os que enviam ao Brasil contêineres de lixo. Ou seja, o planeta Terra aquece porque o capitalismo em crise, maduro e decadente o exaure. E encontra no governo brasileiro, com sua leniência e cumplicidade para com os piromaníacos, o melhor dos mundos.

Mais precisamente, a materialização da devastação que vimos nas imagens dramáticas da floresta em chamas é produto de uma relação homem-natureza determinada — a forma capitalista de produção e reprodução social — que coloca ambos em risco e constitui, no presente, um futuro sombrio. A relação homem-natureza é histórica e social, ou seja, estamos tratando aqui de decisões, destacadamente daqueles que detêm os meios de produção, os burgueses proprietários, e que na ânsia imediata e insaciável pelas taxas de lucro, padecem de um presenteísmo abominável, justamente por seu egoísmo passional, que diferentemente da utopia smithiana do século XVIII, não levou nem levará ao bem-estar coletivo e ao atendimento generalizado das necessidades humanas. O produtivismo predatório do capital em sua fase madura e decadente é uma verdadeira máquina destruidora de homens, mulheres e natureza. Aí reside a essência da problemática amazônica, acirrada no ambiente reacionário produzido pelo bolsonarismo.

Ainda mais diretamente devastadoras sobre homens e mulheres brasileiros/as são as medidas implementadas pela programática ultraneoliberal no Brasil, desde o golpe de Estado de 2016. Hoje, sabemos que os predadores golpistas queriam as ECs n°s 93 e 95, a contrarreforma trabalhista, mais uma contrarreforma da Previdência e outras medidas que vêm surgindo do Ministério da Economia dirigido por Paulo Guedes. O objetivo é criar um bom "ambiente de negócios" para extrair mais-valia, de um lado, e realizar a maior punção possível do fundo público, de outro. Este último, insistimos, é formado pela mais-valia socialmente produzida (trabalho excedente) e por parte do trabalho necessário (renda dos trabalhadores), onde incidem os impostos e contribuições, de forma extremamente regressiva no Brasil. O fundo público, como um pressuposto da reprodução ampliada do capital, em tempo de crise passa a ser disputado ferozmente como vimos anteriormente. Nesse sentido, a política econômica bolsonarista se volta a aprofundar muito os parâmetros do ajuste fiscal brasileiro. Este foi o sentido do golpe de 2016 que abriu caminho para a vitória eleitoral desse projeto neofascista em 2018.

A aprovação da Emenda Constitucional nº 95 no governo Temer foi um momento decisivo desse curso dos acontecimentos. Este tem sido um elemento central do novo regime fiscal ultraneoliberal, cujas consequências estão na draconiana contrarreforma da Previdência de 2019, nos ataques recentes à educação e às políticas sociais, sob o discurso presidencial — que não é novidade, mas agora vem sem mediações — de que "não há dinheiro para nada", como se isso fosse uma força da natureza à qual o governo deve se render e os cidadãos devem aceitar. Quando a incontinência verbal presidencial coloca esse parâmetro em questão, o grande capital mantém um olímpico distanciamento crítico, que se reflete nas lideranças institucionais dos demais poderes da república. Esses são os setores que aplaudiram entusiasticamente a contrarreforma da Previdência de 2019, cujo significado analisaremos adiante.

No caso da educação, tais ataques fazem parte da agenda da contrarreforma ultraneoliberal do Estado combinando sua face econômica à intelectual e à moral, no sentido de tornar o país mais dependente e heterônomo, esvaziando a pesquisa; no mesmo passo, asfixiar a crítica social produzida nas universidades públicas, tendo em vista — pela força — forjar a adesão ao projeto privatista, de ensino aligeirado e de baixo custo à distância. O projeto Future-se consolidou essa direção. Proposto pelo grosseiro ex-ministro Weintraub[10], trouxe a

---

10. A queda de Abraham Weintraub foi uma derrota para o bolsonarismo "de raiz", pois ele fazia parte do núcleo mais duro e era homem de confiança do clã Bolsonaro. Saiu praticamente

grande novidade (*sic*!) das organizações sociais (OS), agora na gestão de universidades, o que já está posto como orientação desde o Plano Diretor da Reforma do Estado de 1995, mas que vêm acompanhadas das pitadas destrutivas do presente: alienar patrimônio público para constituir um fundo de financiamento, por exemplo.

Sobre as OS, há inúmeros trabalhos acerca de seu impacto na área da saúde que mostram que estas são verdadeiras gambiarras de recursos públicos para o setor privado sem melhorar a eficiência de serviços (CISLAGHI, 2015). Em 2020, no contexto da pandemia, foi pela via da relação entre governos estaduais e municipais com as OS que vieram à superfície os dutos de corrupção na compra de equipamentos e montagem de hospitais de campanha, a exemplo do Rio de Janeiro e outros estados e municípios.

No mesmo momento em que o governo fez essa proposta para a educação — agosto de 2019 —, o orçamento para 2020 propunha diminuir pela metade os recursos da Coordenação de Aperfeiçoamento de Pessoal de Nível Superior (Capes) e equalizar os orçamentos das IFES, desconsiderando suas abissais diferenças. Vale observar que os bancos ficaram felizes, não apenas pela movimentação na Bolsa de Valores de ações dos tubarões da educação, dado o fortalecimento do setor privado, mas também pelo oferecimento de crédito educativo aos estudantes de pós-graduação para realizarem seus estudos a juros módicos, substituindo as bolsas de mestrado e doutorado! Os estudantes e a comunidade universitária realizaram várias jornadas de lutas e elaboraram estudos e documentos sustentando um contraponto ao governo, a exemplo do ANDES e da ANDIFES, ao longo de 2019, mas não houve recuo significativo do governo.

Enquanto parecia não existir recursos "para nada" e a culpa recaia — mais uma vez — sobre os direitos à Previdência, o problema

fugido do país, após falas agressivas na famosa reunião ministerial de 22 de abril de 2020 e a abertura de processo judicial. As circunstâncias em que saiu do país em tempos de pandemia são ainda um tanto obscuras. Assumiu uma direção executiva no Banco Mundial, com um lauto salário após este episódio.

da dívida pública permaneceu intocado e as instituições financeiras realizaram tranquilamente sua punção de fundo público, os devedores da Previdência não foram punidos e os detentores de grandes fortunas não foram incomodados. Chegaria a ser cômica, se não fosse trágica, a leitura dos jornais sobre o orçamento de 2020, onde a mistificação da "falta de recursos" foi reproduzida sem nenhum pudor. Assim foram justificados os elementos ultraneoliberais da programática do governo neofascista: a projeção de venda de 17 estatais, a contrarreforma da Previdência, o Future-se, cortes e contingenciamentos de recursos para as políticas sociais. É evidente que a pandemia colocou alguns dilemas nesse andamento, conforme veremos adiante, já que o orçamento de 2020 teve que responder à presença do vírus no país. Contudo, mesmo na situação de calamidade pública, veremos que seu custo vem sendo efetivamente deslocado para a classe trabalhadora.

Quem são os grandes beneficiários dessa lógica? O imperialismo, com favorecimento direto dos EUA, tratados com pompa e circunstância bajuladora pelo presidente, seus filhos e o chanceler, que busca nichos de valorização em tempos em que se anuncia uma nova crise endêmica e global, tendência aprofundada pela pandemia. A subserviência do governo brasileiro aos EUA é impressionante: chega a ofertar uma "política ambiental" conjunta com esse país na Amazônia, com a participação de empresas norte-americanas! As instituições financeiras, credoras dos títulos da dívida brasileira, em especial da dívida interna, já que os fundos de pensão, que a contrarreforma da Previdência busca favorecer, são aqui os principais credores. Seus prepostos estão instalados no Planalto e no superministério da Economia — não podemos esquecer que Guedes tem relações com o BTG-Pactual.

Tem-se uma burguesia brasileira cujo caráter antinacional, antipúblico e antidemocrático — segundo as análises de pensadores como Caio Prado Jr., Florestan Fernandes, Octavio Ianni e Rui Mauro Marini — está ainda mais evidente, bastando observar declarações e movimentos da Federação das Indústrias do Estado de São Paulo (Fiesp) (o que inclui a assessoria de militares a essa entidade) e que, em linhas gerais, subscreve esses processos em curso e ri das piadas misóginas de mau gosto de Bolsonaro e Guedes em eventos públicos.

Os resultados desse recrudescimento do ambiente de ajuste fiscal permanente que marca a redemocratização brasileira, como vimos sustentando, são destrutivos: dados do Instituto Brasileiro de Geografia e Estatística (IBGE) mostraram que, como efeito da contrarreforma trabalhista de Temer, havia, em final de 2019, cerca de 36 milhões de trabalhadores vivendo em condições precárias de trabalho e com baixos rendimentos, já que a renda média dos trabalhadores brasileiros caiu de R$ 2.311/mês para R$ 2.286/mês. A precarização e a informalidade marcam, portanto, um mundo do trabalho sem direitos, o que explodiu em 2020, no contexto da pandemia, em razão das demissões em massa e da imensa demanda pelo auxílio emergencial de R$ 600 arrancado do governo.

Essa ausência de direitos tende a aumentar quando se aprova uma contrarreforma da Previdência que conjuga a obrigatoriedade de 35 anos de contribuição com 65 anos de idade (para homens) para receber uma aposentadoria no teto da Previdência pública. Essa proposta foi aprovada pelos "civilizados" deputados, sob a liderança daquele que vem se cacifando como referência para a burguesia "civilizada" no país, Rodrigo Maia[11]. E qual é o sentido da constituição desse mundo do trabalho precário e sem direitos? É o *modus operandi* do capital em sua caça apaixonada do valor, cuja acumulação depende da subsunção do trabalho. É capitalismo em estado puro, exaurindo a força de trabalho como forma de recompor suas taxas de lucros, o que corrobora o debate anterior sobre a função precípua do fascismo.

Estamos diante de um gritante empobrecimento da população — cuja explicação remete à lei geral da acumulação, em Marx (1982 a). Seus efeitos na sociabilidade são dilacerantes: o crescimento da população de rua, da violência difusa nas ruas como estratégia desesperada de sobrevivência, o crescimento do crime organizado pelo tráfico e pelas

11. Vem evitando a abertura de processo de *impeachment* de Jair Bolsonaro, apesar dos inúmeros indícios de crime de responsabilidade, ao menos até agosto de 2020.

milícias, "empregando" jovens sem perspectiva e no desalento. Esses mesmos jovens são estimulados às saídas individuais e, diante das frustrações de um mercado de trabalho e de consumo que não se abre para todas e todos, partem para saídas imediatistas e que colocam a vida deles e a da população em geral em risco. A contraface tem sido um brutal crescimento da face penal do Estado, com o uso da violência desmedida e deliberada sobre as populações pobres e segregadas, em especial jovens e negras, reproduzindo o racismo estrutural brasileiro, conforme a importante contribuição de Almeida (2018).

O número de mortes pela polícia, de mortes em geral no contexto da violência endêmica e o encarceramento crescente subscrevem a imensa devastação humana. Fora as "balas perdidas", temos as perdas inúteis de vidas, produzidas por políticas de segurança pública resultado do senso comum difundido pelo projeto em curso no país de que "bandido bom é bandido morto". Tais "violência que vem de cima" e "gesta da segurança pública", lembrando Loïc Wacquant (2007), promovem um brutal enfrentamento cotidiano, com direito a tiros de helicóptero sobre as comunidades e a manobras e demonstrações viris estúpidas pelos governantes (Witzel e Doria, por exemplo). Com isso, tornam a vida em comunidades pobres um verdadeiro inferno, do que se aproveitam muito os novos apóstolos da salvação, o pentecostalismo autônomo, que transforma tudo numa questão individual, de comportamento, de contrição.

Já que a vida na Terra é um inferno, que se busque um passaporte para o céu. O documento carimbado para a salvação é evidentemente caro e os sinais de enriquecimento desses setores com base na exploração da fé são inúmeros e não encontraram freios consistentes nas últimas décadas. O resultado é que o bolsonarismo cria raízes aí nesse espaço de trabalhadores/as pobres, que ganham entre dois e cinco salários mínimos e enganam-se com os falsos acenos de segurança na terra e no céu. Trabalhadores e trabalhadoras que lutam todos os dias pela sobrevivência mais imediata, que majoritariamente estão desorganizados/as e com os quais é decisivo e urgente dialogar para virar o jogo.

Poderíamos listar outros elementos devastadores: a censura no campo da arte (cinema, teatro); o machismo como um componente central, além do já referido racismo estrutural; a militarização acelerada das instituições, inclusive do Ministério da Saúde, o que tem sido uma tragédia no enfrentamento da pandemia; o desmonte de estruturas de controle democrático; a intervenção em escolas e universidades, desrespeitando eleições democráticas de reitores e diretores. Adentremos mais detalhadamente em algumas das medidas econômicas ultraneoliberais em curso, tendo em vista capturar a dinâmica do fundo público nesse contexto.

8.3 Mais uma contrarreforma da Previdência[12]

No difícil dia 10 de julho de 2019, em que perdemos importantes vozes dissonantes em relação ao "coro dos contentes", como o grande Francisco de Oliveira e o afiado Paulo Henrique Amorim, a Câmara dos Deputados aprovou por 379 votos contra 131 da oposição o texto-base do relator da "reforma" da Previdência. Trata-se de mais um capítulo trágico — do ponto de vista da classe trabalhadora — do golpe de Estado de novo tipo de 2016, em que as instituições "funcionam", porém cada vez mais apartadas das maiorias, conforme aponta Felipe Demier (2020).

Arvorando-se em representantes da vontade nacional, a maioria dos deputados — inclusive segmentos minoritários de partidos com posições contrárias, a exemplo do PDT e do PSB, e com o apoio de governadores petistas, apesar da posição contrária do partido que foi seguida por todos os seus parlamentares — não escutou a voz majoritária das ruas e aprovou uma "reforma" devastadora para a classe

12. A primeira versão dessa análise está publicada em minha coluna do *Esquerda Online*. Disponível em: https://esquerdaonline.com.br/2019/07/11/contrarreforma-da-previdencia-as-consequencias-destrutivas-do-fatidico-10-de-julho/.

trabalhadora. Se não damos ouvidos às manipulações de dados da grande mídia, que ademais fala em "déficit da Previdência" há trinta anos, embora ele não exista, é possível afirmar que as manifestações nas ruas disseram não à contrarreforma da Previdência. Contudo, desde aquela fatídica data, os deputados e, posteriormente, os senadores, optaram por dar voz ao verde-amarelismo tacanho (CHAUI, 2000), que defende medidas contra si mesmo, que não compreende o significado da "reforma", segundo o Datafolha, mas a apoia na esteira do mais uma vez disseminado discurso da "salvação nacional".

Uma escolha, óbvio, regada à liberação de cerca de 40 milhões para cada deputado em emendas parlamentares, ou seja, desenhada pela velha e caquética política, tendo à frente Rodrigo Maia, o mais novo queridinho da mídia brasileira, em busca desesperada de uma liderança menos bizarra que a família *outsider* no poder e mais confiável pelo núcleo duro da burguesia brasileira para as próximas eleições presidenciais de 2022.

Nosso enfoque é sobre o que perdemos com a contrarreforma da Previdência, quem vai pagar essa conta de forma mais árdua e quem está ganhando. A contrarreforma da Previdência de 2019, a contrarreforma trabalhista e as Emendas Constitucionais n°s 93 e 95 representam os mais draconianos ataques às condições de vida e de trabalho das maiorias no Brasil recente. Ademais, são políticas intimamente relacionadas que prometeram a mítica retomada do crescimento, à custa da expropriação de milhões de trabalhadores(as). Mais uma vez, estão socializando os custos da crise, com promessas que não serão cumpridas, mas com medidas que locupletarão os banquetes dos ricos.

8.3.1 *Seguridade social: a "Geni" do ajuste fiscal permanente*

A luta pela redemocratização do país emplacou o conceito constitucional de seguridade social no Brasil, em 1988, com mais de 40 anos de atraso em relação às suas primeiras formulações e à brasileira — com uma cobertura bem mais restrita de direitos. Mesmo assim, desde o dia seguinte, a começar pela derrota política nas eleições de 1989 com a eleição de Collor, foram 31 anos de ataques sistemáticos ao conceito de seguridade social, aos direitos de Previdência Social, saúde, assistência social e trabalho ali previstos e, destacadamente, ao seu financiamento. Por isso, é tentador lembrar o refrão buarqueano: "Joga pedra na Geni, joga bosta na Geni, ela é feita para apanhar, ela é boa de cuspir..." ("Geni e o Zepelim", Chico Buarque, 1979).

Se Collor não era o *condottiere* ideal e teve vida curta, FHC assumiu o timão da nave nacional com o Plano Real, em 1994, de controle da inflação e estabilização econômica e, na sequência, foi eleito presidente, tendo lançado, em 1995, o Plano Diretor da Reforma do Estado/ Ministério da Administração Federal e da Reforma do Estado (PDRE/ MARE), como afirmamos antes, um documento orientador de todo o período da redemocratização e do ajuste fiscal permanente (capítulo 7). O PDRE abriu sua justificativa afirmando que a Constituição de 1988 era perdulária e rígida e falou sobre a necessidade urgente da "reforma da Previdência". Não existia em suas linhas qualquer referência à seguridade social. Desde então, houve no país várias iniciativas de contrarreformas da Previdência já citadas aqui — todas culpabilizando essa importante política social pelas dificuldades econômicas e pela "crise do Estado" e "desequilíbrio fiscal".

Após a greve geral de 28 de abril de 2017, quando os trabalhadores disseram "reaja agora ou morra trabalhando", Temer foi obrigado a "criar" a intervenção militar no Rio de Janeiro para não assumir sua derrota política por não conseguir aprovar a proposta de contrarreforma da Previdência.

Desde 1995, o fato é que há um repetido argumento de governos com matizes diferentes: o país está quebrado e a crise é do Estado, produzida pelo "déficit da Previdência". Hoje, há jovens que nasceram escutando esse mantra e não conseguem compreender que nunca irão se aposentar. A título de exemplo, Carlos Alberto Sardenberg, uma das "autoridades" econômicas da Rede Globo e da CBN, reivindica os dados de um estudo do Instituto Millenium, um aparelho privado de hegemonia da direita liberal, que tenta nos convencer de que a Previdência ocupa 54,7% dos gastos do governo federal (disponível desde 7 de maio de 2019 na página da entidade[13]).

No entanto, nossos estudos orçamentários (Grupo de Estudos e Pesquisas do Orçamento Público e da Seguridade Social/Universidade do Estado do Rio de Janeiro) e de outros grupos, pesquisadores e instituições (Grupo de Estudos e Pesquisas sobre Seguridade Social e Trabalho/Universidade de Brasília, Associação Nacional dos Auditores Fiscais da Receita Federal, Ivanete Boschetti, Evilásio Salvador, Denise Gentil, Sara Graneman, entre outros) mostram que a Previdência Social é o segundo item de gasto do governo federal após o pagamento de juros, encargos e amortizações da dívida pública que, obstinadamente, não entram nessa conta enviesada dos liberais, em que há apenas os gastos primários do governo federal.

E mostram mais: que a seguridade social conseguiria arrecadar e custear seus gastos (que, ademais, geram renda, consumo e tributos pelo país) se não fossem os instrumentos do ajuste fiscal permanente, como a Desvinculação de Receitas da União (DRU), que hoje retira 30% do Orçamento da Seguridade Social, o Superávit Primário alimentado pela DRU e as isenções fiscais sobre as fontes da Seguridade Social, com destaque para a Contribuição para o Financiamento da Seguridade Social (Cofins), para segmentos determinados, sem falar da astronômica dívida empresarial para com a Previdência Social de R$ 427,4 bilhões em 2019, segundo relatório da Instituição Fiscal Independente (IFI), ligada ao Senado Federal, da qual se avalia que 63% poderia ser recuperada, retornando aos cofres públicos aproximadamente R$ 157,9 bilhões de reais.

É interessante que a referida instituição considera irrelevante a cobrança dessa dívida, em razão do tamanho do suposto déficit da Previdência, estimado em R$ 309 bilhões. Portanto, que a conta bilionária seja financiada pelo corte dos direitos!

---

13. Disponível em: https://www.institutomillenium.org.br/.

Partimos de outra análise: não houve e não há déficit da Previdência. O que há é um ajuste fiscal draconiano que tem relação com a EC nº 95, para canalizar recursos para o pagamento de juros, encargos e amortizações da dívida pública, este sim o primeiro item de gasto do orçamento geral da União, no mesmo passo da leniência fiscal para com o empresariado brasileiro. Mas existe algo mais subjacente à contrarreforma: o "olho grande" nos recursos que a seguridade social mobiliza, tendo em vista sua apropriação pelo capital, especialmente pelas instituições financeiras, diga-se, jogar parte dos trabalhadores no mercado de capitais por meio da capitalização. Essa medida foi retirada da proposta bolsonarista, num recuo que consideramos importante e que foi resultado da luta, que conseguiu mostrar sua perversidade gerando um incômodo real entre os parlamentares.

Mas há um acordo com o ultraneoliberal pinochetista Paulo Guedes — interessado direto na matéria, dada sua íntima relação com os bancos — de retomá-la adiante, pelo que precisaremos estar atentas(os). Também foram retirados do texto-base o ataque à aposentadoria rural e ao Benefício de Prestação Continuada para idosos, que já identificávamos como "bodes na sala" para a negociação. Mas é preciso dizer: esses elementos não tornam a contrarreforma aprovada menos covarde, já que seu núcleo duro foi mantido e constitui uma imensa derrota para a classe trabalhadora brasileira. Senão vejamos.

8.3.2 *Covardia, racismo e manutenção de privilégios: a contrarreforma de 2019*

O mais violento ataque sofrido pelos trabalhadores(as), especialmente para os jovens a ingressarem no regime geral da Previdência, é a combinação entre idade mínima — 65 anos para homens e 62 para mulheres — e o tempo de contribuição mínimo de 15 anos para mulheres e 20 para homens. Apenas com 30 (mulheres) e 35 (homens) anos de contribuição um(a) trabalhador(a) poderá receber o máximo a que tem direito, e claro, limitado pelo teto baixo da Previdência Social brasileira — fixado em R$ 6.101,06 em 2020. O cálculo da aposentadoria será pela média do tempo de contribuição, com tendência a baixar o valor final da aposentadoria. Pensionistas receberão 50% da pensão a que teriam direito pelos critérios anteriores, mais 10% por dependente até sua emancipação, numa medida que atinge especialmente as mulheres trabalhadoras. No caso da aposentadoria por invalidez, exceto acidentes de trabalho e quem recebe apenas um salário mínimo, ela se reduz a 60% do que seria hoje o direito do(a) trabalhador(a).

Pensamos que esse é um processo claro de expropriação dos meios de vida dos trabalhadores e que vai gerar um generalizado, e ainda mais ampliado que hoje, contexto de empobrecimento da população no médio prazo. Estamos num país onde a taxa de subutilização da força de trabalho, segundo o IBGE, era de 25% por ocasião da aprovação da contrarreforma, a maior desde 2012. Isso representava um grupo de 28,3 milhões de pessoas que reúnem os desocupados, os subocupados com menos de 40 horas semanais e os que estão disponíveis para trabalhar, mas não conseguem procurar emprego por motivos diversos. Havia, ainda, cerca de 4,9 milhões de pessoas em situação de desalento e, assim, chegamos à espantosa cifra total de 33,2 milhões de pessoas aptas ao trabalho e que não o encontravam em 2019.

A taxa média de rotatividade no mercado de trabalho brasileiro, entre 2003 e 2007, ficou na média de 54% no segmento de celetistas (trabalhadores com carteira assinada) e passou por elevação em anos recentes, chegando a 63% entre 2008 e 2014, segundo o IBGE. Os setores mais afetados pelas altas taxas de rotatividade são a agricultura e a pecuária, a construção civil e o comércio. São setores cujas características próprias da atividade econômica incidem nessa questão, seja por estarem atreladas a aspectos sazonais, seja por causa da dinâmica de produção, como é o caso da construção civil, com trabalhadores alocados em obras por prazo determinado.

A pergunta óbvia é: como sustentar de 15/20 a 30/35 anos de contribuição para o direito à aposentadoria, cruzando com a idade mínima exigida, com essas taxas de desemprego e rotatividade?

O drama para os/as trabalhadores/as se aprofunda com a contrarreforma trabalhista, que ampliou a precarização no emprego e não gerou empregos, em detrimento dos discursos apologéticos à época. Na verdade, esta última veio para facilitar a rotatividade e forçou os trabalhadores a aceitarem qualquer trabalho para a máxima extração de mais-valor ou o que a Confederação Nacional da Indústria (CNI) chamava de "alívio das empresas"[14]. A contraface dessas propostas foi dar de presente aos ruralistas, no mesmo relatório, o perdão de dívidas bilionárias, ou seja, tem-se aí renovado o banquete dos ricos.

O conjunto Conselho Federal de Serviço Social/Conselhos Regionais de Serviço Social, organização política central das(os) assistentes sociais brasileiras(os), lançou uma campanha de combate ao racismo no Brasil, em 2019, que teve o seguinte mote: "Regressão de direitos tem classe e cor. Assistentes sociais no combate ao racismo"[15]. Subscrevendo e dialogando com a campanha, sustentamos que a contrarreforma da Previdência reforça o racismo no Brasil. É uma contrarreforma conduzida de forma misógina e racista, porque, na classe trabalhadora, esses segmentos — mulheres e negros/as — são os setores mais atingidos.

Em 2019, Jair Bolsonaro deu na TV uma declaração tão emblemática quanto problemática: "Racismo é coisa rara no Brasil". Porém, se foi a primeira fala sobre esse assunto no cargo em que ocupa enquanto escrevo essas linhas, esta não foi sua primeira fala pública. Vejamos mais algumas: ainda em campanha, em conhecido discurso de ódio contra os negros quilombolas e indígenas no Clube Hebraica do Rio de Janeiro, Bolsonaro afirmou que "o afrodescendente mais leve lá pesava sete arrobas", referindo-se a um negro quilombola como um senhor de escravos o fazia durante o período da escravização. Perguntado por Preta Gil o que faria se seu filho se casasse com uma

14. Cf. o artigo "A 'reforma' trabalhista gerou os efeitos pretendidos", de Jorge Luiz Souto Maior, 2019, procurador do Trabalho, disponível em: https://www.jorgesoutomaior.com.

15. Todo o material da campanha está disponível em: http://servicosocialcontraracismo.com.br.

mulher negra, afirmou que seu filho "foi bem-criado" e disse, ainda, ao jornal *O Estado de S.Paulo*: "Eu não entraria em um avião pilotado por um cotista nem aceitaria ser operado por um médico cotista".

Portanto, não se trata de mais uma bizarrice "politicamente incorreta" para ganhar espaço polêmico de mídia. Pelo lugar a que foi levado por 57,8 milhões de votantes (contra os 47 milhões de Haddad, 10 milhões de brancos e nulos e 31 milhões de abstenções), trata-se de uma lógica classista e racista de governo, no poder, na gestão e direção do Estado brasileiro, com impactos sérios sobre a maioria da população brasileira, a exemplo da contrarreforma da Previdência.

Vejamos alguns aspectos da desigualdade brasileira que articulam a condição de classe e raça, a partir das pesquisas da Pesquisa Nacional por Amostra de Domicílios (PNAD), realizadas pelo IBGE em anos recentes[16], e são fundamentais para sustentar o caráter também racista e misógino dessa contrarreforma da Previdência de 2019, já que são tendências que não foram revertidas, mas tenderam ao aprofundamento, especialmente com os impactos da pandemia em 2020.

Sobre trabalho e renda, a PNAD Contínua de 2017 mostrou que havia forte desigualdade na renda média do trabalho no Brasil: R$ 1.570 para negros, R$ 1.606 para pardos e R$ 2.814 para brancos. Repare que os valores estão muito abaixo do teto da Previdência (que, repetimos, é baixo). A contrarreforma provocará ainda mais redução da renda de pretos(as) e pardos(as) que tenderão à aposentadoria com o salário mínimo. O desemprego, referido anteriormente, também é fator de desigualdade intraclasse: a PNAD Contínua do terceiro trimestre de 2018 registrou um desemprego mais alto entre pardos[17] (13,8%) e pretos (14,6%) do que na média da população (11,9%). Vale lembrar que o desemprego da média da população brasileira cresceu nos primeiros

16. Antes de prosseguir, cabe reiterar que a defesa do IBGE e de um Censo 2020 que nos coloque diante de nós mesmos tem sido absolutamente estratégica, apesar das derrotas sofridas nesse âmbito. Tudo indica que teremos um censo limitado em seus indicadores. O desmonte do IBGE faz parte desse projeto de ataque à razão, à ciência e ao conhecimento, o que envolve também a universidade.

17. Termos utilizados pelo IBGE.

meses de 2019, alcançando 12,7% da população economicamente ativa, e ainda mais na pandemia, com 12,9% em junho de 2020, dado que exclui os demais subutilizados e o desalento, segundo as abordagens mais recentes do IBGE.

O acesso à educação no país também é desigual, incidindo sobre as condições de empregabilidade e acesso à Previdência Social. A taxa de analfabetismo é mais que o dobro entre pretos e pardos (9,9%) do que entre brancos (3,9%), de acordo com o *Boletim informativo do IBGE*, de 2019[18]. Quando se fala no acesso ao ensino superior, de acordo com a PNAD Contínua de 2017, a porcentagem de brancos com 25 anos ou mais que tem ensino superior completo é de 22,9%. É mais que o dobro da porcentagem de pretos e pardos com diploma: 9,3%. Esse dado por si só justifica as políticas de cotas nas universidades, combatidas pelo neofascismo. Já a média de anos de estudo para pessoas de 15 anos ou mais é de 8,7 anos para pretos e pardos e de 10,3 anos para brancos.

Dados também da PNAD, agora de 2015, mostram que apesar de os negros e pardos representarem 54% da população na época — o que não se alterou significativamente desde então —, sua participação no grupo dos 10% mais pobres era muito maior: 75%. Ou seja, a classe trabalhadora em seus extratos mais pauperizados é negra. Nessa amostra de 2015, tem-se que, no grupo do 1% mais rico da população, a porcentagem de negros e pardos era de apenas 17,8%. A informalidade atingia 48,3% da população negra contra 34,2% da população branca. O cruzamento desses dados com o indicador sexo nos leva à situação dramática das mulheres negras com as piores colocações em todos esses indicadores sociais.

A Agência Brasil divulgou os seguintes dados do IBGE de 2019: "Pretos e pardos que compõem a população negra do país são maioria entre trabalhadores desocupados (64,2%) ou subutilizados (66,1%), segundo o informativo Desigualdades Sociais por Cor ou Raça no Brasil,

18. Disponível em: https://biblioteca.ibge.gov.br/visualizacao/livros/liv101681_informativo.pdf.

divulgado hoje (13 de novembro de 2019) pelo Instituto Brasileiro de Geografia e Estatística (IBGE)". Outros dados também do IBGE, de 2018, corroboram a permanência e as marcas do racismo estrutural no Brasil: apenas 29,9% dos cargos de gerência no Brasil eram ocupados por negros e negras; e apenas 24,4% dos parlamentares no Brasil são negros/as. A taxa de homicídios entre jovens negros/as por 100 mil é de 98,5%, destacadamente homens jovens negros.

Esses são elementos factuais que mostram, a nosso ver, a desigualdade de condições intraclasse trabalhadora para inserção no mercado de trabalho no país, o que incidirá no acesso também desigual à Previdência Social, entre outros direitos. Assim, a contrarreforma atinge a classe trabalhadora na sua totalidade, mas, de forma particular, mulheres, negros e negras.

8.4 A emergência é fiscal ou social?[19]

A contrarreforma da Previdência foi apenas o primeiro movimento da destrutiva agenda ultraneoliberal. Paulo Guedes esteve na grande mídia, em 5 de novembro de 2019, para falar de um "novo pacto federativo" e da necessidade de uma "nova cultura de responsabilidade fiscal", como se a Lei de Responsabilidade Fiscal, a EC nº 95, a contrarreforma da Previdência, enfim, o conjunto das medidas do ajuste fiscal permanente não fosse suficientemente duro. Ele apresentou ao Congresso três novas propostas de ECs complexas e repletas de armadilhas. A proposta de EC do Pacto Federativo (Mais Brasil) acenava a inversão do percentual de alocação dos *royalties* do petróleo que cabem ao governo federal, que passaria para 70% para estados e municípios e 30% para a União, gerando uma distribuição de 400 bilhões ao longo de 15 anos, diretamente aos demais entes federativos.

19. A primeira versão desse item foi publicada em novembro de 2019, no *site Esquerda Online*: https://esquerdaonline.com.br/2019/11/11/emergencia-e-social-nao-fiscal/.

A arrecadação federal do salário-educação — 9,8 bilhões — também iria para os entes federativos subnacionais. Como contrapartidas, os estados abririam mão de contenciosos com o governo federal em torno de questões tributárias, a exemplo da Lei Kandir sobre isenções tributárias de ICMS sobre exportações. Fez parte da negociação também o apoio federal à inclusão de Estados e municípios na contrarreforma da Previdência.

Já municípios com menos de 5 mil habitantes teriam que provar que arrecadam 10% de sua receita para continuar existindo, o que colocava em questão a existência de cerca de 1.254 cidades brasileiras. Se houve irracionalidade, oportunismo e clientelismo político na criação de municípios, esse é um tema delicado que envolve a heterogeneidade estrutural brasileira e processos locais e ainda mais tenso quando vem de cima para baixo, sem diálogo. A experiência internacional também poderia ser observada, destacadamente a Europa. A França, por exemplo, conta com mais de 16 mil comunas (municípios), mas com uma estrutura muito mais leve e que respeita e assegura as dinâmicas locais, não sendo o critério tributário o único que justifica sua existência. Mas, sigamos.

Houve também a criação de um limite para benefícios tributários que tem causado perdas de mais de 4% do PIB na arrecadação, o que vimos criticando e sinalizando (SALVADOR, 2017b; SALVADOR; BEHRING; LIMA, *et al.*, 2019), os quais não poderão ultrapassar 2% do PIB até 2026. Aqui cabe discutir sobre quais tributos e setores recaem as isenções fiscais ou gastos tributários, já que nossa crítica se dirige prioritariamente ao impacto destes sobre os recursos das políticas sociais, bem como à baixa tributação da grande propriedade e grandes fortunas no país. Sabe-se que está em curso a proposição de uma "reforma" tributária que poderá descaracterizar o financiamento, por exemplo, da seguridade social, extinguindo suas fontes de recursos, a exemplo da Cofins, em nome da simplificação tributária. Assim, a diminuição das isenções provavelmente não vai impactar o aumento de recursos para a área social. Além disso, quebra-se a lógica orçamentária constitucional que articulava planejamento e orçamento, com a extinção do Plano Plurianual (PPA), o que traria mais flexibilidade ao orçamento público, do ponto de vista da proposta.

A nosso ver, o que temos é o presenteísmo absoluto na formulação de políticas públicas e a inexistência de planejamento de médio prazo. Outro aspecto é que a União passaria a não dar suporte a entes federativos endividados a partir de 2026, exceto em operações internacionais, o que significa um "cada um por si" federativo, nos termos da ótima crítica de Guilherme Santos Melo, economista da Unicamp, que caracterizou o pacote no seu conjunto como um AI-5 econômico, num breve e contundente comentário nas redes sociais[20].

Mas o ataque mais duro é sobre trabalhadores(as) do serviço público. Desde a inauguração do neoliberalismo com Collor — quem não se lembra dos discursos sobre os "marajás"? — e o PDRE (1995), que atacava o Regime Jurídico Único (RJU) dos trabalhadores do setor público, a sanha sobre o serviço público encontrou poucos freios. São trinta anos de ataques ao RJU, conforme indica Oliveira (2019), e que passaram pela limitação dos gastos com pessoal pela Lei de Responsabilidade Fiscal (LRF), pela intensificação da terceirização com ampliação do número de atividades terceirizáveis pelo Estado e, mais recentemente, sob o bolsonarismo, pelo Decreto nº 9.739/2019 que instituiu regras que dificultam o concurso público.

Os governos do PT recompuseram o quadro de pessoal com concursos públicos em várias áreas[21], mas também aprovaram contrarreformas como a da Previdência, em 2003, e a da Fundação de Previdência Complementar do Servidor Público Federal (Funpresp), em 2012, e incentivaram organizações sociais e similares que fragilizam o serviço público, pois têm a função precípua de contratar trabalhadores(as) com vínculos não estáveis. Os dados de Oliveira

20. Confira a nota completa em: https://www.facebook.com/guilherme.s.mello.5/posts/10157216758926542.

21. A título de exemplo, o quadro de assistentes sociais do INSS, praticamente extinto no governo FHC, foi recomposto com concurso em 2009 para 900 profissionais, que foi ampliado nos anos subsequentes, chegando a, aproximadamente, 1.600.

(2019) mostram que, em 2002, o ente federal gastava R$ 857 milhões com trabalhadores terceirizados. Em 2006, já eram R$ 1,6 bilhão e, em 2012, R$ 4,3 bilhões.

A constatação é de que nos governos do PT houve crescimento dos concursos públicos, mas também aumento das contratações terceirizadas. O autor identifica um decréscimo dos concursos a partir de 2015 e que foi acompanhado de pressões produtivistas sobre os servidores, a exemplo da Portaria nº 681/2019 que instituiu o teletrabalho no Instituto Nacional do Seguro Social (INSS). Apesar de o serviço público empregar no país comparativamente menos que em outros países (em 2015, representava 12% das ocupações) e gastar também menos do orçamento que em outros países — em 2019 o gasto de pessoal esteve em R$ 325,9 bilhões, representando 10% do orçamento federal; em 2020, a previsão de gastos era ainda menor: 9,4% (OLIVEIRA, 2019). É importante registrar que esse gasto é fortemente desigual, com supersalários para os cargos comissionados e altos escalões dos três poderes da República.

Na proposta de Guedes, antes da inflexão pandêmica, o horizonte era bem pior: a possiblidade de cortar até 25% dos salários dos trabalhadores em caso de "emergência fiscal", com redução proporcional da carga horária por até dois anos, com a justificativa de reduzir despesas obrigatórias em período de crise. Como já estávamos em plena crise e o governo federal e vários estados vinham descumprindo a regra de ouro segundo a qual não podem contrair dívidas para fazer frente às despesas correntes, tal medida seria de aplicação imediata e, ao mesmo tempo, vigoraria como gatilho em crises futuras. Guedes queria economizar 28 bilhões de reais em dois anos, sobre as costas dos/as trabalhadores/as do serviço público, o que vinha acompanhado da suspensão de progressão funcional (exceto de juízes, Ministério Público, militares e diplomatas, diga-se dos mais altos salários do país), suspensão de concursos, suspensão de licenças de capacitação, congelamento dos salários, reestruturação de carreiras e perseguição de funcionários com filiação partidária, os quais perderiam a estabilidade.

No contexto da pandemia, o debate foi recolocado diante da situação de calamidade pública. No festival de incontinência verbal e horrores que marcou a famosa reunião ministerial de 22 de abril de 2020, Guedes chegou a dizer: "Coloquei uma granada no bolso do inimigo", o equivalente sem mediações de frases como: "Os servidores têm que fazer sua parte". Se o corte de salários não foi aprovado no congresso, sob forte pressão dos trabalhadores, mas também de Estados e municípios que perderiam em arrecadação, seu congelamento foi acompanhado de paralisação de nomeações de concursados e realização de concursos, inclusive de setores de ponta no combate à pandemia.

Outro aspecto é a proposta de unificar os pisos da educação e saúde, deixando aos estados e municípios a tarefa de alocar 37% dos recursos nas duas políticas. A proposta inicial previa redução de gastos nessas políticas centrais e inclusão dos inativos no percentual, o que, na prática, reduziria o orçamento, mas houve um recuo diante da saraivada de críticas até nas hostes governistas. Há, ainda, a criação do Conselho Fiscal da República, com participação de representações dos entes federativos, que teria a tarefa de monitorar ações e gerar a tal "cultura de responsabilidade fiscal", segundo o espantoso argumento ultraneoliberal, inexistente após todos esses anos de ajuste (!?). Evidentemente, trata-se de um conselho tecnocrático e judicial (o que vem sendo questionado, considerando a autonomia dos poderes), sem qualquer participação de trabalhadores(as). Por fim, foi apresentada a EC dos Fundos — já aprovada na Comissão de Constituição e Justiça e de Cidadania da Câmara dos Deputados —, que recolheria R$ 220 bilhões de fundos setoriais que estão "parados", afetando 248 fundos, entre os quais fundos setoriais de políticas sociais ou de interesse público que não deveriam estar parados.

O objetivo dessa medida é declaradamente pagar a dívida pública, que correspondia a 76% do PIB brasileiro em 2019, relação que poderá ultrapassar 90% no contexto de crescimento negativo da pandemia de 2020, segundo projeções do próprio governo e mesmo com a taxa de juros em baixa, combalida pela recessão econômica, o que mostra que o sacrifício penaliza o país, mas afeta muito pouco a dinâmica da dívida colada à taxa Selic. Existe alguma previsão de alocação desses recursos para políticas de combate à pobreza e investimentos de infraestrutura, mas o acompanhamento que vimos fazendo do orçamento até aqui nos diz que tal menção são lantejoulas para tornar a proposta mais atraente. Há desindexação das despesas obrigatórias que passam a não ser corrigidas pela inflação, abrindo o flanco para sua redução, exceto a Previdência e o Benefício da Prestação Continuada (BPC), conforme já mencionado. Esse pacote se combina a uma ofensiva aos serviços públicos com as privatizações, com destaque para a Eletrobras, mas que inclui até a Casa da Moeda entre as 17 empresas sinalizadas.

Em linhas gerais, essas são as propostas que estavam em curso antes da pandemia. A pergunta é: será que elas buscam atender ao objetivo de equilíbrio/estabilidade fiscal? Somos da opinião de que serão ineficazes quanto a esse objetivo, mas muito consistentes para socializar mais uma vez o custo da crise com os trabalhadores e assegurar a rotação do capital necessária à reprodução ampliada do capital. A contrarreforma do Estado de FHC, a partir de 1995, anunciava o controle da dívida e ter recursos para investimentos em políticas sociais e infraestrutura. Suas medidas foram tomadas e esses objetivos não foram efetivamente alcançados. Já a transferência de R$ 49 bilhões de dólares em patrimônio público para mãos privadas foi um sucesso (BEHRING, 2003).

O destino do pacote ultraneoliberal de Guedes tende a ser o mesmo. Ademais, perguntamo-nos se medidas drásticas que culpabilizam os/as trabalhadores/as do serviço público seriam necessárias. O discurso de que "não há dinheiro para nada" é mentiroso. A conta que fazem reduz os gastos públicos aos gastos primários correntes, deixando de lado a monumental gambiarra de recursos que é o pagamento de juros, encargos e amortizações da dívida pública, o primeiro item de gasto do governo federal e que retira, em média, entre 25% e 30% do orçamento brasileiro, variando ano a ano para menos ou para mais, como revelam os dados apresentados anteriormente.

Nenhuma dessas medidas coloca a dívida em xeque, ao contrário: mantêm o país refém dessa lógica, inclusive extinguindo fundos para continuar pagando, remunerando o capital portador de juros e a sua forma fictícia, à custa da expropriação de milhões de trabalhadores(as). Portanto, são medidas que, na prática, "enxugam gelo" no que se refere ao déficit das contas públicas, ao passo que socializam os custos da crise com a parcela da classe trabalhadora que é a mais atingida pela exploração e opressão.

Enquanto o pacote ultraneoliberal é tratado pela grande imprensa conivente como algo do "governo que trabalha", apesar de algumas fricções pontuais com os "excessos" verbais presidenciais, a verdadeira emergência, a social, vai ganhando contornos cada vez mais dramáticos e explosivos, especialmente com a pandemia em 2020. Deparamo-nos com notícias alarmantes: trabalhadores(as) sem carteira assinada e sem direitos somavam, no final de 2019, o recorde de 11,8 milhões e este tem sido o resultado da contrarreforma trabalhista.

Em São Paulo, um(uma) trabalhador(a) da periferia ou de comunidades pobres vive 20 anos a menos que nos bairros de classes média e alta, o que nos mostra o impacto da contrarreforma da Previdência sobre esses setores, destacadamente as mulheres, os negros e negras, que dificilmente conseguirão contribuir por 15 ou 20 anos, quanto mais por 35 anos para ter acesso ao teto a que tiverem direito; metade dos/as brasileiros/as vive, em média, com R$ 413,00, dados da Pesquisa Nacional por Amostra de Domicílios/IBGE e que se relacionam à passagem, desde 2015, de 1 milhão de pessoas por ano para abaixo da linha de pobreza. O número de ambulantes aumentou em 510% no mesmo período.

Diante dessa dramática condição social, a resposta de Guedes é colocar em questão por que os pobres não poupam (sic!) e sugerir o congelamento do salário mínimo. Trata-se do mais profundo darwinismo social ultraneoliberal, de um ataque inédito aos trabalhadores(as) dos setores público e privado. Ao juntar todas as faixas de desemprego do IBGE, há mais de 30 milhões de desempregados/as. No contexto da pandemia, foram fechados 7,8 milhões de postos de trabalho, e a taxa de desemprego foi para 12,9% da população economicamente ativa (PEA), lembrando que esse percentual não considera trabalhadores ocupados em atividades informais ou que estejam buscando emprego na semana da pesquisa.

Pela primeira vez, desde junho de 2020, menos da metade da PEA está ocupada no país. A força de trabalho subutilizada ficou em 30,4 milhões de trabalhadores(as). Esses são dados do IBGE de junho de 2020, que mostram uma imensa tragédia que essa perspectiva ultraneoliberal não tem qualquer condição de enfrentar, ou mesmo o desejo, já que se orienta por uma visão meritocrática, segundo a qual o desemprego é um problema individual e os bens e serviços devem ser acessados no sacrossanto mercado deificado, o que é acompanhado do negacionismo da pandemia. E mais: o que vemos como precarização e trabalho sem direitos eles veem como empreendedorismo.

8.5 A serpente está solta, destilando veneno[22]

Muito se tem utilizado a referência ao filme de Ingmar Bergman, *O ovo da serpente* (1977)[23], para analisar o triste Brasil que ocupa as manchetes dos jornais todos os dias, que inquieta os que tem olhos para ver e coração para sentir os acontecimentos em seus significados mais profundos e deletérios para a vida social e as liberdades democráticas. Trata-se de uma referência clara: o bolsonarismo lembra, no Brasil deste início de século XXI de crise profunda e decadência do mundo do capital, o que o nazismo representou na Alemanha dilacerada pela derrota na Primeira Guerra Mundial e pela crise do capital no

22. A primeira versão deste texto está disponível em nossa coluna, no *site Esquerda Online*, no seguinte *link*: https://esquerdaonline.com.br/2020/02/26/56276a-serpente-esta-solta-golpismo-neofascismo-ruas-congresso/.

23. O excelente livro que reúne artigos de Cid Benjamin, Felipe Demier e Valério Arcary traz essa alusão no título: *O ovo da serpente*: a ameaça neofascista no Brasil de Bolsonaro (2020).

entreguerras, com a onda de desemprego e o "salve-se quem puder" se instalando nas entranhas das relações sociais.

Com eles, instalavam-se saídas individuais e coletivas bárbaras, o que, somado aos erros monumentais da esquerda à época, incapaz de realizar uma frente única antifascista para uma saída civilizatória (TROTSKY [1931], 1976), levou a humanidade a um de seus capítulos mais deploráveis. Se não é possível utilizar essa referência sem as mediações históricas necessárias, pois este Brasil atual não é a Alemanha das décadas de 1920 e 1930, com suas histórias e particularidades, nem a crise do capitalismo tem as mesmas expressões e repertório de respostas burguesas, são evidentes as correspondências. Temos, contudo, uma boa metáfora para expressar este momento histórico.

Neste passo, a serpente saiu do ovo no Brasil, explícita e vociferante, destilando todo o seu veneno, todo o seu ódio. Desde a eleição do governo neofascista e que encontra apoio social significativo, infelizmente unindo setores da classe trabalhadora dilacerados pela crise e/ou convencidos pelos mercadores da fé e uma burguesia brasileira pragmática em busca dos benefícios da superexploração da força de trabalho precarizada, temos sido testados e ameaçados diuturnamente quanto à garantia das liberdades democráticas no Brasil. Nessa avalanche, há ameaças e censura real à cultura e à imprensa, alusões ao AI-5 da ditadura militar, perseguição à universidade e à ciência, e, sobretudo, fortalecimento de setores paramilitares armados: milicianos nas cidades e grileiros que põem fogo na Amazônia e ameaçam as populações indígenas.

Recentemente, surgiram setores sublevados de polícias militares estaduais que, em nome de uma pauta corporativa, tomaram atitudes inaceitáveis dignas do crime organizado, ameaçando e constrangendo a população, nitidamente animados e incentivados pelo bolsonarismo. A leniência para com esses segmentos pelo governo federal foi escandalosa, enquanto cresceram os assassinatos no estado do Ceará, epicentro desse movimento ocorrido entre fevereiro e março de 2020. Os tiros no senador Cid Gomes pelos policiais amotinados foram tratados com lentidão paquidérmica, mesmo se considerarmos que a mobilização de uma retroescavadeira pelo coronelismo destemperado dos Gomes em "sua" terra pudesse ter causado mortes também.

Moro foi absolutamente protocolar no Ceará. O movimento dos amotinados da PM do Ceará buscava bases de apoio na soldadesca da PM para gerar um efeito-contágio no país. As PMs têm sido caixa de ressonância ideológica do bolsonarismo, com vínculos com paramilitares, atitudes racistas e contra a classe trabalhadora pobre e favelada, sem falar da forte repressão aos movimentos sociais. O fato é que estamos, em 2020, diante de elementos novos e inéditos nessa escalada antidemocrática, desde o golpe de Estado de novo tipo de 2016.

Na sua linda e colorida catarse momesca de fevereiro de 2020, o Brasil falou alto, denunciando a desigualdade social, a intolerância religiosa, a violência do Estado contra as populações nas comunidades pobres, ameaças à vida das mulheres, com a linda e combativa Elza Soares, na Mocidade Independente de Padre Miguel, o racismo, a misoginia e a intolerância religiosa: "Eu respeito seu amém, você respeita o meu axé" — Grande Rio. Houve também a defesa da educação e do proscrito Paulo Freire (Águia de Ouro, São Paulo). E ainda tivemos a busca de outras relações sociais — "Não há futuro sem partilha" — Mangueira.

Enquanto isso, a peçonha do neofascismo circulava nas redes sociais. Setores bolsonaristas, replicando generais instalados no Planalto, passaram a difundir chamadas para seguidos atos pedindo o fechamento do Congresso e do Supremo Tribunal Federal (STF). Para selar o anticlímax da alegria e da resistência e impor o fim da festa, o próprio presidente chamava para os atos e passou a participar diretamente deles, no contexto da pandemia, sem máscara, difundindo o negacionismo genocida pelo qual entrará para a história. No vídeo que abriu essa sequência de eventos, Bolsonaro aparece como vítima, como quem fez um sacrifício — diz que levou facada para salvar o Brasil da esquerda (sempre ela...) —, e chama a mobilização da população em sua defesa.

Ele é retratado como um verdadeiro messias ao som de um hino nacional melancólico, chamando seus fiéis. Muitas vozes de vários segmentos e instituições no país, além daquelas diretamente envolvidas, representantes do Congresso e membros do STF, logo lembraram a inconstitucionalidade da postura do presidente. Sua resposta foi alegar que o vídeo seria pessoal, como se não soubesse o lugar que ocupa. Mas não se pode esperar muito das instituições, já que as atitudes inconstitucionais e os vínculos suspeitos com o crime organizado, especialmente as milícias, vêm se avolumando com lentíssima solução de continuidade. Outras vozes, inclusive na grande imprensa, não deram o destaque que a gravidade da situação exige, mostrando conivência direta ou indireta com essa avidez antidemocrática, desde que as "reformas" ultraneoliberais andem bem e os mercados fiquem tranquilos. Um ar *blasé*, já que não é exatamente um silêncio, nada inocente.

Nossa conclusão diante desses fatos do início de 2020 foi uma só: o antídoto para esse tipo de veneno seria a classe trabalhadora nas ruas em defesa das liberdades democráticas e dizendo em alto e bom som: "Basta!". Seria a hora de canalizar as insatisfações e as resistências para o enfrentamento sem tréguas do neofascismo, lembrando que apesar de ter maioria dos votos válidos, a maior parte do eleitorado não elegeu esse projeto e que parte foi movida por *fake news* (hoje denunciadas pela Comissão Parlamentar de Inquérito e por investigações do STF), com o suporte de empresas como a Cambridge Analytica. Eleição não é cheque em branco para desrespeitar a Constituição. Ademais, desde a posse do presidente, houve perda significativa de bases de apoio ao governo e existem lutas e resistências. Os petroleiros e os trabalhadores da Empresa de Tecnologia e Informações da Previdência (Dataprev) e do Instituto Nacional do Seguro Social (INSS) são exemplos desses caminhos. Em meio a essa escalada, os petroleiros, por exemplo, mantiveram uma greve combativa e longa para os padrões recentes.

Mas é preciso mais: para colocar um freio na devastação e preservar as liberdades democráticas, faz-se necessária uma mobilização muito mais ampla e generalizada. Uma greve geral que paralise todos os setores estratégicos, que levante as comunidades, que mobilize a resistência cultural, que denuncie o quão é inaceitável esse projeto de país autocrático, heterônomo, sem ciência, sem cultura, sem soberania. Uma mobilização que lembre que o Estado é laico e não pode ser conduzido por um fundamentalismo religioso extemporâneo e hipócrita.

Para conter uma ofensiva em tantas frentes entrelaçadas, urge uma resposta que envolva economia, política, cultura e que resista à exploração e a opressões. É fundamental continuar fustigando esse governo, tendo em vista empurrá-lo para uma queda livre, aprofundando suas fissuras e contradições. A agenda de lutas não pode apostar num futuro meramente eleitoral. Ela precisa se fazer presente e contundente nas ruas, nos meios virtuais, nas universidades, nos debates. Cada espaço de disputa se torna central como espaço educativo para a construção de uma contra-hegemonia, da resistência e da autodefesa.

Para tanto, urge também o fortalecimento de uma esquerda anticapitalista à altura das requisições deste tempo de crise e decadência desta forma de organização da vida e que nos traz a morte, a "necropolítica" (MBEMBE, 2018) associada ao Estado de Exceção (AGAMBEN, 2004): o capitalismo maduro e decadente e sua expressão neofascista no Brasil. Uma esquerda capaz de realizar uma frente única de lutas contra os retrocessos, contra a hipoteca do futuro. Uma esquerda que possa desencadear uma ampla campanha de mobilização popular, demonstrando a devastação em curso e que apenas as ruas podem contê-la, já que as instituições da democracia blindada (DEMIER, 2017) parecem não ser capazes de qualquer passo consistente que imponha freios à barbárie, apesar de uns poucos deslocamentos em 2020, destacadamente a ação que levou à prisão de Fabrício Queiroz, operador da família Bolsonaro.

É inegável que a "direita esclarecida" tradicional surfa nas ondas ultraneoliberais, favorecendo-se delas em vários aspectos e tentando controlar os "excessos", já que não conseguiu emplacar eleitoralmente seus desgastados candidatos, seu "museu de grandes novidades", abrindo uma avenida para esse discurso da "nova política", tão decrépita, nepotista e violenta. Em um artigo de 10 julho de 2019 (*O Globo*), Fernando Henrique Cardoso mostrou isso: o incômodo com o monstro que ajudaram a criar com o golpe de Estado de 2016 e a necessidade de um basta à incontinência verbal do presidente da República (em minúscula mesmo, inspirada por Mauro Iasi), como se esse fosse o único problema. Eles tentam acumular para as eleições de 2022.

Parte do campo à esquerda, especialmente aquele que aposta sobretudo na institucionalidade parlamentar, se equivocou quando não organizou uma greve geral no dia da primeira votação da contrarreforma da Previdência (10 de julho de 2019). O movimento sindical e social patina nas suas divisões internas e ante desafios estruturais reais após anos de neoliberalismo.

A superação com grandeza e coragem desse estado de coisas no campo da classe trabalhadora e de seus instrumentos e organizações, para um enfrentamento contundente e não exclusivamente eleitoral da devastação, é, quiçá, a maior das urgências: a formação de uma frente única dos trabalhadores. Nesse mesmo diapasão, urge a afirmação de uma alternativa de conjunto, de um programa de transição ao socialismo, posto que o capitalismo, em seu movimento essencial, há muito só tem a ofertar a destruição de muitos para o benefício de pouquíssimos. Trataremos dessa discussão no capítulo 9.

8.6 A Inflexão pandêmica de 2020 e o fundo público[24]

Ao longo do livro, inserimos reflexões, notas e atualizamos dados com a perspectiva de dar visibilidade ao impacto da pandemia de covid-19 no Brasil e de suas consequências econômicas e políticas.

---

24. Neste momento, apresentamos uma consolidação das ideias e dados que analisamos em diversas *lives* desde 16 de março de 2020, quando iniciaram a quarentena e o isolamento social.

Ao seguir as tendências dos debates críticos nacional e internacional, temos a avaliação de que tais impactos já são profundos e serão duradouros em inúmeros aspectos: sobre o fundo público, a política social, as condições de oferta da força de trabalho e para a construção das lutas sociais e resistências. As respostas ultraneoliberais e neofascistas buscam e buscarão socializar ao máximo os custos da crise num futuro pós-pandêmico. É nesse sentido que desenvolvemos as linhas que seguem, mesmo com o risco de parecerem conjunturais. Na verdade, são contribuições a um debate que acontece no calor da hora, pois todos os dias temos sobressaltos com novos acontecimentos e determinações.

Nossa hipótese é a de que a pandemia de covid-19 teve um encontro explosivo com o Brasil pós-golpe de novo tipo de 2016. Mas, antes disso, a pandemia é uma espécie de catalisador de tendências de crise mundial do capitalismo que já estavam em andamento, apesar de não se limitar a essa característica, como se verá logo adiante. Temos alguns sinais: realinhamento e disputa feroz do mercado mundial entre EUA e China; queda dos preços do petróleo; busca por condições de exploração da força de trabalho para a retomada das taxas de lucro, com contrarreformas trabalhistas e previdenciárias; avanço sem precedentes da extrema direita internacionalmente; políticas de austeridade fiscal e desfinanciamento do setor público, em especial das políticas sociais, em nome da resposta à crise, à superacumulação de capitais, buscando desesperadamente nichos de valorização.

Husson (2020) nos mostra que o vírus, de fato, não atacou um "corpo são", mas que é mais que um catalisador, já que a combinação entre crise sanitária e crise econômica sob o signo do confinamento dessincronizado é inédita e atinge desigualmente diferentes segmentos — a exemplo do setor de serviços intensivos em força de trabalho — e países. Nesses termos, a crise pode se transformar em alimentar, obrigando milhões de pessoas a escolher entre a fome ou a exposição ao vírus, destacadamente na periferia do capitalismo. Para o capital, em que pesem as perdas, a crise pode ser uma espécie de janela de oportunidades.

Se, num primeiro momento, em vários países os princípios neoliberais foram colocados em suspensão, com forte intervenção dos Estados para conter a propagação do vírus e seus efeitos econômicos, compensando os efeitos da pandemia, para Husson, a seu tempo, haverá uma ofensiva para retomar a taxa de mais-valia e recuperar o tempo perdido, descarregando sobre a classe trabalhadora a enorme dívida que está sendo contraída, como o fizeram depois de 2008/2009, e retornando ao *business as usual*, após uma ampla destruição de forças produtivas.

Neste passo, são abundantes os sinais de uma nova ofensiva sobre a força de trabalho, com forte automatização, precarização do trabalho, flexibilização de regras nos contratos de trabalho, rebaixamento de salários, entre outros, aprofundando a reestruturação produtiva. Por outro aspecto, a combinação paradoxal entre competição ofensiva e protecionismo defensivo tende a se instaurar na economia mundial, refletindo as desiguais e dessincrônicas respostas à crise. Nesse sentido, o autor prevê uma amplificação das tensões entre EUA e China no próximo período. Outro elemento importante é a titularização da dívida pública assumida no contexto da pandemia que deverá gerar um retorno à austeridade. Assim, longe de ser um momento de revelação e de afastamento dos princípios neoliberais, a gestão burguesa da crise tende a retornar à ortodoxia, assim que as condições o permitam.

No caso do Brasil, como vimos, antes do golpe de novo tipo de 2016, já vínhamos no ambiente de ajuste fiscal permanente com desfinanciamento e desinvestimento públicos, mesmo com algum deslocamento leve dos governos petistas. Porém, após 2016, adentramos no novo regime fiscal, destacadamente com a EC nº 95, mais conhecida como Proposta de Emenda Constitucional (PEC) da Morte ou do Fim do Mundo que, já sabemos, congelou os gastos primários federais por 20 anos, em nome do ajuste fiscal. É nesse período que teremos também a imensa ofensiva sobre os trabalhadores por meio da contrarreforma trabalhista e previdenciária e o suporte legal às terceirizações e à precarização do trabalho.

Do ponto de vista político, o ascenso do projeto neofascista e ultraneoliberal de Bolsonaro e Guedes contou, até maio de 2020, com o apoio do lavajatismo antipetista de Moro[25]. O espectro de apoio a esse projeto envolveu, destacadamente, o agronegócio e grandes e médias empresas da indústria, comércio e bancos; foi fortemente apoiado pelas camadas médias urbanas e segmentos da classe trabalhadora. Ainda tivemos (e temos) o pentecostalismo autônomo empresarial (Edir Macedo, Silas Malafaia e Marco Feliciano) e setores ultraconservadores da Igreja Católica (renovação carismática), milícias urbanas e rurais, narcomilícias e setores das Forças Armadas. Todo esse universo foi investido de poder político a partir de 2019, desencadeando uma ofensiva conservadora econômica, social e cultural.

Porém, destacadamente do ponto de vista econômico, o que vínhamos acompanhando era um retumbante fracasso: mesmo com a contrarreforma do trabalho e da Previdência, não houve a prometida retomada econômica nem o crescimento de empregos formais, e 2019 fechou com um medíocre "pibinho" de 1,1% e 11,6% de desemprego, uma medíocre redução em face dos 12,7% de 2017, provocada tão somente pelo crescimento do trabalho sem carteira e por conta própria, resultado das contrarreformas. Na sequência, a inflexão pandêmica se encontrou de forma explosiva com esse Brasil já dilacerado.

Já havia aumento da fratura da desigualdade social crônica, conforme dados apontados anteriormente. Mas com a pandemia e as medidas para seu suposto enfrentamento, aquela fratura se tornou exposta, ou seja, utilizando metaforicamente a linguagem ortopédica,

25. Sérgio Moro entrou no imaginário nacional como um "caçador de corruptos", ainda que sua atuação na Operação Lava Jato tenha sido muito controvertida e discricionária, apontada para apenas um alvo, Lula e o PT, segundo as análises de juristas; e tivesse "pés de barro" como mostrou a série jornalística de *The Intercept Brasil*, intitulada Vaza-Jato. Disponível em: https://theintercept.com/series/mensagens-lava-jato/. Ele assumiu o Ministério da Justiça de Bolsonaro e pediu demissão após a famosa reunião ministerial de abril de 2020, que nitidamente confirmou as intenções de interferir na Polícia Federal para proteger a família Bolsonaro. A movimentação de Moro certamente implicou o enfraquecimento de Jair Bolsonaro entre os que viam sua presença como um aval ético ao governo, o que não é o nosso caso.

aquela fratura passa a se comunicar com seu meio externo. Quais medidas tomou o governo quanto à força de trabalho neste momento de curto-circuito no ciclo do valor produzido pela condição do confinamento/isolamento social, mesmo que não tenha sido na forma de *lockdown*, o que apenas prolongou a crise no tempo e espaço? Houve diminuição dos salários e da jornada de trabalho, diga-se, suspensão dos contratos sem demissão, e políticas de apoio às empresas por meio das Medidas Provisórias n°s 927 e 936. Ainda assim, dados do IBGE revelavam que, até junho de 2020, houve a extinção de 7,8 milhões de postos de trabalho e a solicitação de seguro-desemprego para 3,9 milhões de trabalhadores. Em julho, a taxa de desemprego chegou a 13,1% e 522 mil negócios suspenderam atividades ou fecharam definitivamente[26].

Aquelas medidas revelaram-se frágeis e foram acompanhadas pelo auxílio emergencial — inicialmente proposto pelo governo no valor de R$ 200 e recomposto pelo Congresso em R$ 600, ao longo de cinco meses para usuários do Bolsa Família, inscritos no CadÚnico e trabalhadores informais inscritos no aplicativo da Caixa Econômica Federal. A imensa procura pelo auxílio, uma medida que se revelou fundamental, revelou aos desavisados o tamanho da desigualdade brasileira. Até julho de 2020, a Dataprev analisou 108,4 milhões de cadastros, dos quais 64,1 milhões estão recebendo o auxílio, conforme apontamos anteriormente, incluindo os inscritos no Bolsa Família, a um custo de R$ 90,8 bilhões de reais. Chama atenção na conta o número de solicitações negadas, o que requisitaria uma investigação mais profunda sobre os fundamentos do bloqueio de acesso. Houve residuais tentativas de fraude no programa que foram amplamente divulgadas na imprensa, mas que não diminuem o impacto desses números e menos ainda das imagens das filas na frente das agências da Caixa, que lamentavelmente se tornaram focos de propagação do vírus.

---

26. Conforme noticiado na mídia, 35% de bares e restaurantes, sobretudo de pequeno porte, fecharam as portas definitivamente com a pandemia, e sem ter conseguido apoio governamental.

Alimentando a crise social, temos a resposta econômica ultraneoliberal, instaurando a lógica do contador e do Estado asfixiado e buscando socializar o custo da crise, a exemplo da ofensiva sobre o funcionalismo público e dos anúncios de pós-pandemia com novos impostos que estão longe da taxação das grandes fortunas e de fechar a gambiarra de fundo público por meio da dívida pública. Diante do impacto do auxílio emergencial, o governo fala de um novo programa de transferência monetária para chamar de seu, mais abrangente que o Bolsa Família, mas com valores mais reduzidos, e que tem sido chamado de Renda Brasil, mas sem qualquer disposição política para revogar as ECs n°s 93 (DRU) e 95 (teto de gastos). Assim, tais custos, bem como o dos gastos com a calamidade pública de maneira geral, serão certamente repassados aos trabalhadores: fala-se do fim do abono salarial, do seguro defeso e até do seguro-desemprego, todos direitos trabalhistas, e de uma contrarreforma tributária que compense o gasto com o novo programa.

O chamado "orçamento de guerra" ofertou a migalha de R$ 13,8 bilhões de reais para a saúde ao lado do lastro de R$ 1,2 trilhão para operações de crédito pelos bancos, abrindo a possibilidade de compra de títulos podres com recursos do Tesouro Nacional! Então, não estamos falando de guerra contra o vírus, mas de salvamento das empresas no contexto da crise. A saúde, o melhor exemplo nessa altura da nossa análise, já vinha sendo desfinanciada, mantendo-se num gasto percentual em torno de 1,73% sobre o PIB, em 2015, e 1,74% sobre o PIB, em 2019, e num gasto público total (União, estados e municípios) de 3,9% sobre o PIB[27].

Trata-se de um percentual irrisório e cobrou seu preço na pandemia, com falta de leitos, equipamentos e pessoal. Com a EC nº 95, a saúde foi a política que mais perdeu recursos, conforme já indicado (9,9% entre 2016 e 2018, segundo BOSCHETTI; TEIXEIRA, 2019). Manteve-se no mesmo patamar em 2019 e, em 2020, houve uma leve

27. Cf. Siga Brasil, acessado em maio de 2020.

recomposição diante da crise sanitária (Siga Brasil, junho de 2020). Portanto, Guedes e sua equipe não dormiram neoliberais e acordaram neokeynesianos, reivindicando mais Estado. Quando passar o pior da pandemia, cobrarão a conta, provavelmente com mais um combo de horrores econômicos. Por aqui, o ultraneoliberalismo anda de braços dados com o neofascismo.

O terceiro elemento explosivo com o qual a pandemia se encontra no Brasil é o neofascismo genocida, que impulsiona uma atitude negacionista da ciência e fatalista a respeito dos impactos de uma pandemia destrutiva como a covid-19. Enquanto escrevemos essas linhas, ultrapassamos 115 mil mortos, fora as subnotificações, e temos mais de 3 milhões de contaminados[28]. Pela lógica neofascista, não importam vidas poupadas, mas sim o ciclo implacável D — M — D', a liberação da atividade econômica a qualquer custo. As projeções de pesquisadores da Fundação Oswaldo Cruz (Fiocruz) e da Universidade Federal do Rio de Janeiro, entre outras instituições, eram de que caso o projeto de liberação total da atividade econômica prosperasse da forma proposta por Bolsonaro e seus asseclas, morreriam mais de um milhão de pessoas no Brasil[29].

Esse projeto de genocídio de massa e que poderia ser evitado, a exemplo de outros países, como a vizinha Argentina, encontrou lamentável apoio entre segmentos empresariais e setores das Forças Armadas[30]. E tem apoio nas hostes mais radicalizadas do bolsonarismo,

---

28. Gilberto Calil, professor da Unioeste, vem se dedicando a analisar os números da pandemia, realizando programas analíticos no site *Esquerda Online*, onde mostra a subnotificação por meio do crescimento inédito das mortes por doenças respiratórias agudas. Somadas aos números da covid, chegamos a mais de 145 mil mortes na primeira semana de agosto de 2020. Em outubro de 2020, esse número ultrapassou 200 mil óbitos. Sua imensa contribuição pode ser consultada em: https://esquerdaonline.com.br/colunistas/gilberto-calil/ ou no canal do *Esquerda Online*, no YouTube.

29. Assertivamente, o STF retirou essa decisão do governo federal, transferindo-a aos estados e municípios, o que conteve a sanha mortal parcialmente, até porque muitos governos estaduais e municipais aderiram à agenda do bolsonarismo diante da pandemia.

30. Os ministros militares ficaram muito incomodados com o termo genocídio quando utilizado por um ministro do STF, entrando inclusive com processo judicial, considerando que

com suas falanges neofascistas agressivas, que estiveram inclusive acampadas e armadas na Esplanada dos Ministérios, intimidando manifestações contrárias ao presidente e constrangendo o STF e o Congresso. Gente que falava em "ucranização" do Brasil, ou seja, em guerra civil[31].

Como afirmamos nas primeiras linhas deste capítulo, não estamos diante de uma irracionalidade nem de uma feroz natureza humana adormecida. Estamos diante do fascismo do século XXI, o neofascismo, do qual as classes dominantes lançam mão para assegurar a propriedade privada e o lucro. Daí advém a indiferença: quem está morrendo massivamente é a classe trabalhadora, pois o vírus não impacta igualmente em todos e todas. Podemos dizer sem riscos que a população negra (pretos e pardos, segundo o IBGE) vem sendo mais atingida. Outro dado é que até junho de 2020 cerca de 83 mil profissionais de saúde foram contaminados, com 169 mortes[32]. A falta de testagem segura também é um sintoma de como a pandemia está sendo abordada no país, dificultando intencionalmente que tenhamos uma dimensão mais precisa da propagação do vírus e de sua letalidade.

A dificuldade dos contrapesos ao arbítrio e a posturas antidemocráticas do Executivo, pelas demais instituições conforme a Constituição de 1988, e a fragmentação política após o golpe de novo tipo de 2016 também corroboram para o curso caótico e funesto dos acontecimentos. Após subscrever o golpe de 2016 e sob ataque das hostes bolsonaristas, o Congresso e o STF têm sido lenientes, com poucos momentos de exceção. Basta observar que existem inúmeros

---

o Ministério da Saúde está sob o comando interino de um general enquanto escrevemos estas linhas, já que os médicos que lá estiveram antes não quiseram rasgar seus diplomas, recomendando a cloroquina, entre outras medicações sem eficácia comprovada, e desqualificando o isolamento social como forma de combate à pandemia enquanto não há vacina.

31. Lideranças desses setores receberam ordem de prisão, após ações antidemocráticas e ameaças a ministros do STF, ou seja, estão temporariamente contidas, o que foi um enfraquecimento importante do bolsonarismo, ainda que estejamos distantes de sua derrota definitiva.

32. Esse número já deve ser maior, visto que não encontramos dados atualizados para outubro de 2020.

crimes de responsabilidade denunciados por pedidos de *impeachment* e que não têm solução de continuidade. Após as negociações bolsonaristas com o Centrão — esse câncer não extirpado —, onde cargos e dinheiro asseguram o apoio a não importa o quê, Rodrigo Maia foi se tornando cada vez mais cordato. Notícias da grande imprensa informam que cada deputado pode estar recebendo uma espécie de "carimbo" de cerca de 10 milhões em recursos que deveriam ir para a saúde pública, depois que se abriram os cofres para a calamidade pública. Assim, os recursos chegam na ponta como conquista do deputado/senador fulano ou sicrano, no mais puro clientelismo político.

Aliás, o pior das tradições políticas brasileiras tem aparecido nesse momento dramático: superfaturamento de respiradores, de equipamentos de proteção individual, de montagem de hospitais de campanha, na lógica de tirar vantagem de tudo. Vem à tona também um individualismo exacerbado por anos de neoliberalismo, do não cultivo de qualquer consciência do que é comum e público, o que vamos tratar no próximo e final subitem.

A fragmentação política que vinha de antes da pandemia também atingiu as resistências, que ficaram confinadas a denúncias nas redes sociais e inúmeras *lives*. Esse confinamento da dissidência impôs dificuldades à luta contra o neofascismo e o ultraneoliberalismo, pelas liberdades democráticas, pelos direitos sociais e humanos, pela vida. Mas, ainda assim, diante da intensidade e ferocidade das manifestações fascistas, a resistência se levantou e foi possível fazer intervenções públicas, seja das janelas, seja nas ruas e praças, a exemplo das manifestações de enfermeiras(os), assistentes sociais[33] e médicos/as

33. Sobre as vidas perdidas de assistentes sociais, o Conselho Federal de Serviço Social (CFESS), o Conselho Regional de Serviço Social de São Paulo (CRESS) e a Associação Brasileira de Ensino e Pesquisa em Serviço Social (ABEPSS) construíram um memorial em sua homenagem e memória, intitulado Nosso Luto, Nossa Luta, disponível em: http://www.cfess.org.br/visualizar/menu/local/memorial. Há também o projeto Inumeráveis, que revela as pessoas sob os números, disponível em https://inumeraveis.com.br/. São iniciativas muito importantes para as famílias e amigos que não puderam se despedir de seus entes queridos e que ultrapassam a barreira dos números. São atitudes de reconhecimento e compaixão, às quais nos somamos.

residentes na frente do Palácio do Planalto, além das manifestações das torcidas antifascistas em várias capitais, mesmo sob hostilidades bolsonaristas.

Os atos-instalação-manifesto têm sido momentos de grande criatividade coletiva e que dão alento de que dias melhores virão. Tem ocorrido um importante trabalho de disputa de sentido e de hegemonia por meio dos instrumentos de comunicação. Tem havido um trabalho de solidariedade de classe para com os que estão sofrendo na pandemia, mobilizando movimentos sociais nas periferias.

8.6.1 Ultraneoliberalismo, neofascismo e "esmaecimento dos afetos" na pandemia

"Nada que é humano me é alheio."

(Terêncio, citando certa feita por Karl Marx brincando com suas filhas)

Durante os meses da pandemia, temos nos deparado com situações que nos fizeram e fazem temer pelo futuro da humanidade. Não falamos apenas da covid-19 que, sim, coloca milhões em risco. Referimo-nos aos inúmeros indícios de perda de humanidade, de embrutecimento, que marcam as respostas da sociedade e do Estado à pandemia no Brasil, ainda que não exclusivamente, vide também os pronunciamentos de Trump nos EUA. As sombrias "carreatas da morte" têm sido a expressão maior desse processo de evidente desumanização. Em São Paulo, tiveram requintes inimagináveis de crueldade, dificultando o trânsito de ambulâncias e fazendo chacota com caixões, próximas ao Hospital Emílio Ribas, com suas UTIs lotadas e profissionais de saúde sendo postos à prova, submetidos a riscos cotidianos.

No Rio de Janeiro, segundo matéria de Bernardo de Mello Franco, em *O Globo* (22 abr. 2020), essas carreatas circularam barulhentamente por vários bairros, nem sempre recebidas com acolhimento, para nosso alento. Contudo, consta que a PM carioca, cuja contaminação miliciana é pública e notória, voltou as armas para os que queriam jogar ovos no verde-amarelismo funesto e espantoso, no Morro do Vidigal. Nesta (minha) cidade "purgatório da beleza e do caos", houve "rolezinho" de *jet skis* orquestrado para desafiar o decreto público de esvaziar as praias. Um deputado bolsonarista teve a desfaçatez de mandar sua família para a praia e filmar a ação da polícia que lhes deu ordem de prisão por desacato, já que se recusavam a sair.

Mas há muitos outros sinais de que a sociedade está embebida por um espírito do tempo que acirra o "esmaecimento dos afetos", como nos ensina Jameson (1996), amplia o ressentimento, como chama atenção Maria Rita Kehl (2004), a violência e a banalização da vida e da morte. Elementos que andam de mãos atadas ao ultraneoliberalismo e ao neofascismo. São médios e grandes empresários ligados especialmente ao capital comercial — com o apoio explícito de Bolsonaro —, pressionando contra o necessário isolamento social para combater a pandemia, e que encontram apoio mais discreto em outros segmentos do capital industrial, do agronegócio e dos banqueiros. São as milícias que vivem de extorsão, obrigando pequenos comerciantes a abrir as portas, também com claras conexões com o atual governo brasileiro e governos estaduais.

Há pessoas querendo tirar vantagem do lastro de ignorância que se mistura à crendice, vendendo remédios milagrosos. Viram-se comerciantes desonestos vendendo itens em falta por preços estratosféricos (máscaras, gás, álcool em gel, respiradores!). Há os mercadores da fé, querendo dízimo a qualquer custo: os vendilhões do templo querendo abrir seus cultos. Há situações bizarras associando o vírus ao demônio, com pessoas se ajoelhando nas ruas e rezando, como se isso pudesse combater a doença. Por fim, nesse breve inventário de até onde pode ir a desumanização e a maldade, há uma profusão de *fake news* circulando, com ares de verdade, confundindo a população sobre a doença, seu combate e os recursos disponíveis.

Todo esse ambiente — e isso é muito mais grave — é fortemente estimulado pelo governo federal e alguns governos estaduais que aderiram à agenda bolsonarista total ou parcialmente, da economia acima da vida, dos lucros acima da vida, enfim, do efetivo desprezo pela vida.

Enquanto em todo o mundo as estratégias de distanciamento, isolamento e de quarentena têm sido utilizadas para combater um vírus para o qual ainda não há vacinas, aqui a principal autoridade do país fala em "gripezinha" e arvora-se ao exercício ilegal da medicina, receitando medicamentos para os quais não há comprovação de eficácia. Se não fosse suficiente despropósito, questionado sobre o número de mortos, o presidente verbalizou sua postura pusilânime: "Não sou coveiro", ou pior: "E daí?". Do governo federal não vieram palavras de consolo para os que estão sofrendo, para as famílias dos mortos. Bolsonaro associou sua cruzada contra a vida à cruzada contra as liberdades democráticas, mobilizando um setor significativo e fanático que ainda o apoia contra os demais poderes republicanos, como vimos.

As instituições e a imprensa reagiram à provocação golpista, mas a agenda do governo vem sendo paulatinamente imposta até o momento em que escrevemos essas linhas: o fim ou relaxamento do isolamento social mesmo com os números da pandemia em ascensão no país; a retomada econômica pífia, marcada pelas indicações da socialização dos custos da crise, conforme escritos anteriores quando comentamos a programática ultraneoliberal.

Ao discutir a lógica cultural do capitalismo na sua maturidade e decadência — o pós-modernismo — Fredric Jameson (1996) nos adverte para o espírito do tempo. Aponta o fascínio pelo *kitsch* numa produção estética fortemente mercantil, ou seja, a ampliação do fetichismo da mercadoria, da reificação do capital e da alienação. Fala de uma espécie de "nova falta de profundidade" e do "enfraquecimento da historicidade", que são duas características desse tempo que saltam aos olhos. A superficialidade e o presentismo proliferam, estimulados até mesmo pelas novas tecnologias e redes sociais. Uma espécie de frivolidade gratuita, que se conecta ao "esmaecimento dos afetos". Um mecanismo pelo qual os indivíduos se libertam da ansiedade moderna, substituindo-a por um tipo particular de euforia pós-moderna. É o tempo da canibalização cultural e do simulacro, fugindo da história e das representações da experiência corrente.

Tal ambiente se combina à "nova razão do mundo" neoliberal (DARDOT; LAVAL, 2016) e que aqui entre nós assume ares ainda mais brutais com o ultraneoliberalismo associado ao neofascismo. A naturalização da lógica do mercado e o darwinismo social vêm produzindo relações sociais marcadas por profundo aviltamento e violência, levando a uma luta hobbesiana de uns contra os outros, o que, segundo esse autor contratualista, levaria mesmo à morte, e no contexto da pandemia, pode levar inevitavelmente. Os indivíduos são estimulados ao empreendedorismo e ao trabalho sem proteção, neste capitalismo destrutivo, constituído como norma geral de vida (e de morte).

Em nome do *laissez-faire* generalizado, os Estados adotam, paradoxalmente, medidas fortemente intervencionistas, diferentemente de seu recorrente discurso de Estado mínimo. Porém, requisitam um estado forte para o capital e cujos custos recaem sobre a classe trabalhadora majoritariamente. Um Estado forte que vem operando contra as liberdades democráticas, num processo de blindagem progressiva da democracia burguesa (DEMIER, 2017), especialmente das conquistas que os trabalhadores conseguiram arrancar com a luta: a participação política, os direitos humanos e sociais.

Se o Estado foi uma espécie de parteiro do capitalismo no seu ascenso, como nos alerta Ernest Mandel ([1972] 1982), seu suporte econômico e coercitivo para um capitalismo em crise e decadência nos dias de hoje tem sido decisivo, deslocando parcelas crescentes do fundo público ao processo de assegurar as condições de produção e reprodução social, tais como vimos sinalizando ao longo deste livro. Dardot e Laval (2016) falam de um processo de "desdemocratização" em curso e que consiste em "esvaziar a democracia de sua substância sem a extinguir formalmente", para que a economia encontre seu caminho aparentemente natural e inabalável, que conta com o suporte visceral do Estado, o que se traduz em conjunturais regimes políticos e governos autocráticos, a depender da correlação de forças nos espaços nacionais e da localização na economia mundial.

Já temos décadas de neoliberalismo no Brasil, com seu ajuste fiscal draconiano e permanente. Os governos do PT lamentavelmente não reverteram essa lógica nem no Estado, nem na sociedade, perdendo uma grande oportunidade histórica. Após o golpe de novo tipo de 2016, essa norma internalizada de convivência, espírito e *ethos* do tempo, profundamente individualista e competitiva, impôs-se com toda a força, ao se encontrar com o verde-amarelismo bolsonarista burguês, branco, masculino e fundamentalista religioso.

Contudo, também há contradição no real e que deve se expressar na nossa análise, portanto. Existe gente de carne e osso, individual e coletivamente, disputando todos os dias por um outro curso dos acontecimentos, por um outro projeto de sociedade e das relações sociais. Temos os trabalhadores e trabalhadoras da saúde, temos as resistências nas favelas, como nos exemplos da Maré, no Rio de Janeiro, e de Paraisópolis, em São Paulo. Temos movimentos sociais como o Movimento dos Trabalhadores Sem-Teto (MTST) e o Movimento dos Trabalhadores Rurais Sem Terra (MST) realizando trabalhos importantes nas periferias e no meio rural. Há trabalhos de apoio às mulheres vítimas de violência em tempo de confinamento. Há experiências de formação política com as *lives* que vieram para ficar. Há palmas nas janelas para profissionais da saúde. Há vaias e barulhaços nas janelas gritando #ForaBolsonaro combinadas a ações via redes sociais. Temos o movimento dos trabalhadores de aplicativos, da saúde, da Petrobras, das torcidas antifascistas. Ou seja, tem muita luta e solidariedade para além das migalhas que os arautos do mercado estão disponibilizando, muitas vezes fazendo *marketing* com a dor alheia.

De repente, os capitalistas aparecem dotados de alma, fazendo doações e mais doações, amplamente propagandeadas em nome da Solidariedade S.A.! Isso depois de levarem ao poder Bolsonaro e Paulo Guedes, com sua programática dilapidadora da força de trabalho e seus direitos e do fundo público. Que não se confunda solidariedade de classe com solidarismo empresarial! Todos os laivos de esperança devem nos interessar para construir um outro futuro com caravanas de vida, não de morte! Para derrotar a morte desnecessária — que nada tem a ver com sua inevitabilidade para todos —, é preciso derrotar o vírus pela ciência e por meio da proteção social e sanitária, poupando o máximo de vidas possíveis. O que remete a derrotar esse governo e seus projetos econômico, social, cultural e político. Se nada que é humano nos deve estranhar, inclusive a maldade e o sadismo, para nós o que vale é a consigna dos *communards* parisienses, em 1871: "Estamos aqui pela humanidade".

CAPÍTULO 9

Emancipação, revolução permanente e política social*

"A vida é bela, que as gerações futuras a limpem de todo o mal, de a toda opressão, de toda a violência, e possam gozá-la plenamente."

Leon Trotsky
Coyoacán, 27 de fevereiro de 1940

---

* Esta é uma versão revista do capítulo publicado na coletânea intitulada *Que política social para qual emancipação?* (2018), organizada por Ivanete Boschetti, Evilásio Salvador, Rosa Stein e Sandra Teixeira, apresentado no VI Seminário Internacional de Política Social (UnB, 2017), em que estão sistematizadas algumas reflexões que vimos amadurecendo, especialmente nos debates com os estudantes de doutorado do Programa de Pós-Graduação em Serviço Social da Universidade do Estado do Rio de Janeiro (PPGSS/UERJ), na disciplina de Política Social e Serviço Social, aos quais agradecemos desde já, e que se referem à relação prenhe de mediações, determinações e contradições entre esses dois processos: política social e emancipação. Tivemos o privilégio de debater esses conteúdos no Seminário com Ivo Tonet e Ana Elisabete Mota, intelectuais que estão num campo de interlocução que expressa a direção acadêmica e política da emancipação humana, ou seja, da superação do mundo do capital, aos quais também agradeço. Na sua primeira versão, como agora, dedico este texto a José Paulo Netto e Sérgio Lessa em memória do debate quente que realizamos no Encontro Nacional de Pesquisadoras(es) em Serviço Social (ENPESS) de 2006, em Recife.

Neste capítulo final, realizamos um debate teórico-político a respeito do lugar da política social e da disputa pelo fundo público para sua materialização na agenda das lutas sociais, da esquerda, da superação do mundo do capital. O ponto de vista da crítica da economia política, que orienta este livro, requisita, situa-se e constrói um meio acadêmico que se posiciona, que não faz concessões ao falso ascetismo nem ao mito da neutralidade científica. Trata-se de um lugar de pensamento e investigação que dá suporte à luta da classe trabalhadora pela emancipação humana, pelo socialismo. Luta que, por sua vez, neste capitalismo maduro, decadente e em crise, passa pela resistência à violenta ofensiva sobre essa classe, tendo em vista a ampliação da extração do mais valor, bem como pelas expropriações em curso, condição para a exploração da força de trabalho. Tal violência material e simbólica/ideológica se expressou, de forma contundente, a partir do destrutivo golpe de Estado de novo tipo de 2016 e que levou ao ultraneoliberalismo combinado ao neofascismo, já qualificado nos capítulos anteriores.

Dessa resistência, temos a convicção, da qual faz parte a defesa dos direitos sociais como mediações importantes, entre outras, e que são materializados pelas políticas sociais financiadas pelo fundo público. Os direitos vêm sendo duramente atacados no ambiente de ajuste fiscal permanente, como vimos no nosso percurso até aqui. O fato é que a agenda da defesa dos direitos é mais atual do que nunca no Brasil e no mundo, mas é necessário qualificar melhor o seu sentido para um campo de esquerda, para que não nos limitemos ao horizonte dos direitos no capitalismo, o que poderia nos remeter a uma espécie de programa mínimo reformista, num capitalismo cada vez menos permeável às reformas.

Nossas contribuições, nesta direção, são algumas indicações sobre o entendimento que temos do debate da emancipação em Marx e de como a questão dos direitos e da política social pode ser posta a partir deste prisma, o que nos leva ao debate da teoria da revolução permanente, em Trotsky ([1930] 2007). Nesse percurso, pretendemos delinear os limites e possibilidades da luta pelos direitos e políticas sociais — tendo em vista a disputa pelo fundo público — no contexto contrarreformista e contrarrevolucionário, de ofensiva burguesa, em que nos encontramos.

Trata-se de quarenta anos de uma onda longa com tonalidade de estagnação do capitalismo (MANDEL [1972], 1982) e que comportaram também uma monumental reação burguesa — o advento do neoliberalismo e da contrarreforma do Estado, da reestruturação produtiva e da mundialização do capital — que não foi capaz de reverter as tendências de crise, o que nos remete à constatação de uma crise estrutural. Reconhecemos, assim, que as saídas capitalistas serão cada vez mais bárbaras e destrutivas, esgotando-se definitivamente o elemento civilizatório do capital.

9.1 Sobre a relação entre política social e emancipação

A primeira questão a ser pontuada é a de que os direitos e as políticas públicas que os materializam expressam um campo de contradições, de luta de classes. A luta pela regulamentação das jornadas de trabalho no século XIX, que Marx trata em *O Capital*, no fundamental capítulo VIII do livro I, nos primeiros movimentos desse processo de constituição dos direitos sociais, é posta como a luta entre o capitalista coletivo e o trabalhador coletivo (MARX [1867], 1988, p. 181), em que a classe trabalhadora "atordoada pelo barulho da produção, recobrou de algum modo seus sentidos, começou sua resistência" (MARX [1867], 1988, p. 211), numa "guerra civil de longa duração mais ou menos oculta entre capitalistas e trabalhadores" (idem, p. 227).

Ali a contradição explode na forma da disputa dos trabalhadores pela diminuição da jornada de trabalho e ampliação do tempo de trabalho necessário para sua reprodução, enquanto os burgueses burlam a legislação ou intensificam o processo de trabalho na sua incessante "caça apaixonada do valor", conforme retomamos no primeiro capítulo deste livro. Isso significa ampliar o tempo de trabalho excedente pelo aumento da jornada ou produzir mais em menos tempo, o que vai gerar um sem-número de outras contradições e tendências de crise do capitalismo, decorrentes da tendência histórica de queda das taxas de lucro.

As respostas burguesas foram, em grande parte, operacionalizadas pelo Estado — seu comitê executivo para gerir os negócios comuns (MARX; ENGELS [1848], 1998, p. 7) — nas variadas formas que assumiu ao longo da constituição e consolidação da sociedade capitalista madura (com mais ou menos autonomia relativa, com mais ou menos capilaridade para as contradições, tal como debatemos no capítulo 4). Foram respostas que buscaram gerir/administrar o conflito de classes no mesmo passo em que interferiam diretamente na reprodução da força de trabalho e nas suas condições de oferta, nos períodos históricos determinados: do arraigado liberalismo da Lei dos Pobres de 1834, com suas violentas *workhouses* e a forte repressão policial, forçando a subsunção do trabalho ao capital em quaisquer circunstâncias, e que não admitia direitos nem políticas sociais para viabilizá-los; num novo momento do capitalismo e da luta de classes, em que os trabalhadores se encontravam fortalecidos e organizados a partir de fins do século XIX, combinado ao processo de monopolização do capital, quando se inicia a construção do Estado Social em seus formatos diversos a partir de Bismarck, mas que se consolidará efetivamente após a Segunda Guerra Mundial, com o Relatório Beveridge, o pleno emprego keynesiano-fordista e o *Welfare State* no centro do capitalismo (BEHRING; BOSCHETTI, 2006).

Tem-se, então, a generalização do Estado Social nos seus vários desenhos (BOSCHETTI, 2016), mais ou menos abrangentes, a depender das condições da luta de classes, mas na maior parte dos quadrantes do mundo sem conhecer a condição do pleno emprego e da universalização de direitos; por fim, o período dos últimos 40 anos, com sua onda longa com tonalidade de estagnação aberta na viragem da década de 1970, de crise e de ofensiva capitalista neoliberal (NETTO, 1993), a partir dos anos 1980, que destrói os direitos conquistados no período anterior e adapta a política social ao novo ambiente, sempre atuando na reprodução da força de trabalho e mediando suas condições de oferta, por meio de políticas sociais desencadeadas pelo Estado.

Hoje, as políticas sociais se concentram na administração a baixo custo da superpopulação relativa, voltadas que estão ao "combate à pobreza", com o crescimento exponencial de programas assistenciais de transferência monetária — nem sempre reconhecido o direito social da assistência social como política pública. Crescem políticas de incentivo a trabalhos precarizados, muitas vezes vinculadas à assistência social, que incentivam o empreendedorismo, e a ampliação das capacidades para a ativação dos trabalhadores (SEN, 2000; BOSCHETTI, 2016). Propostas que, ilusoriamente, se assentam no discurso de "portas de saída", tendo em vista disputar um lugar ao sol num mercado de trabalho estreito, em contraposição à dependência passiva do indivíduo supostamente promovida pela proteção social welfareana, como sustenta Pierre Rosanvallon (1998). São políticas sociais que encontram seu eixo no empoderamento, no fortalecimento da resiliência, na vigilância social, na inclusão e tantas outras criações e marcas da *novilíngua* e das medidas concretas de uma proteção social à imagem e à semelhança do neoliberalismo.

O que queremos apontar nesse percurso até aqui é que a política social é um processo histórico típico da sociedade burguesa, é produto da luta de classes (portanto, marcada por contradições), se articula ao processo de acumulação como mecanismo de gestão da força de trabalho (política e econômica) e reprodução ampliada do capital, responde a necessidades de reprodução da força de trabalho — donde é disputada pelos trabalhadores —, sendo financiada pelo fundo público (cuja composição, como vimos, vem se fundando cada vez mais na renda do trabalho), e altera-se ao longo dos ciclos do capital.

Nessa perspectiva, qual seria a relação entre política social e emancipação? Parece mais evidente a relação entre política social e emancipação política, essa última compreendida nos termos de Marx (2010b). Os direitos e as políticas sociais que as materializam estão no plano da cidadania burguesa, da igualdade formal de todos perante a lei, especialmente nos espaços geopolíticos onde adquiriram mais densidade e concretude, ou seja, estão no plano do máximo de emancipação — *política* — que essa sociedade pôde propiciar, ainda que de forma datada, geopoliticamente situada e bastante variada e desigual no mundo capitalista, cada vez mais acanhada diante dos sucessivos ataques aos direitos.

9.2 A questão da emancipação em Marx

Para seguir adiante, cabe explicitar o entendimento que temos da questão da emancipação em Marx, especialmente em *Sobre a questão judaica* ([1844] 2010). A partir do debate com Bruno Bauer sobre a eventual emancipação dos judeus com a ampliação da liberdade religiosa e superação do Estado cristão, Marx investiga a relação entre emancipação política e emancipação humana ([1844] 2010, p. 36 e 38). Ele defende que a ideia republicana da liberdade religiosa é limitada, pois não se trata de emanciparmo-nos do Estado cristão, mas do Estado em geral, o que nos levaria ao terreno da emancipação humana.

O Estado político faz valer sua generalidade e, ao fazê-lo, deixa que a propriedade privada, direito civil burguês inalienável e salvaguardado, atue a seu modo e com seu egoísmo na sociedade civil. Assim, ironiza Marx, "a relação entre o Estado político e a sociedade burguesa é tão espiritualista quanto a relação entre o céu e a terra" (idem, p. 40), forjando uma generalidade irreal, já que há uma cisão entre o indivíduo real e o cidadão. Marx afirmava: "A emancipação política, de fato, representa um grande progresso" (idem, p. 41), mas é fundamental que "não tenhamos ilusões quanto ao limite da emancipação política", já que ela não visa, no caso da liberdade religiosa, suprimir a "religiosidade real do homem" (idem, p. 42), o que representaria um passo fundamental da emancipação humana.

Marx critica a suposta universalidade dos valores apontados na Declaração dos Direitos do Homem de 1791, a exemplo da liberdade, pois, para ele, trata-se da liberdade do homem como mônada isolada, dobrada sobre si mesma e, nesses termos, "a aplicação prática do direito humano da liberdade equivale ao direito humano da propriedade privada" (idem, p. 49), fundamento da sociedade burguesa, uma sociedade em que o direito de uns limita o direito de muitos. Da mesma forma, a igualdade parte dos indivíduos como mônadas isoladas e iguais perante a lei e o Estado político que zela por ela. A segurança, que também é um princípio da Declaração, trata da preservação do egoísmo, na forma da propriedade privada, e não de sua superação.

Assim, a cidadania para Marx é serva do homem burguês, este sim o verdadeiro e autêntico cidadão, preservado pela vida política no Estado democrático, o Estado real, sendo a emancipação política um fim em si mesma, pois é compatível com os direitos desse cidadão. Para Marx, a emancipação política expressa a dissolução da velha sociedade feudal. Sacudiu-se o jugo ao antigo regime e, ao mesmo tempo, quebraram-se as cadeias que aprisionavam o espírito egoísta da sociedade burguesa e este homem, "o membro da sociedade burguesa, passa a ser a base, o pressuposto do Estado político. Este o reconhece como tal nos direitos humanos" (idem, p. 52). O homem na sociedade civil surge como homem natural — donde decorre a naturalização das relações econômicas e do egoísmo. No Estado, há o cidadão abstrato apartado do homem real.

É evidente, então, que a emancipação política fez parte das revoluções burguesas, no período progressista e utópico do projeto burguês, tão bem analisado por Marx e Engels, no belíssimo primeiro capítulo do *Manifesto do Partido Comunista* ([1848] 1998). Para Marx, ainda em *Sobre a questão judaica* ([1844] 2010), quando o homem recupera suas "forças próprias" e já não separa de si a força social sob a forma de força política, somente então se processa a emancipação humana. Trata-se de superar a condição na qual, no mundo moderno, cada qual é a um só tempo escravo e membro da comunidade. É precisamente a escravidão da sociedade burguesa, na aparência a sua maior liberdade, onde o privilégio é substituído, aqui, pelo direito.

Veja que há, entre emancipação política e humana, uma contradição, uma relação dialética. A emancipação política, é importante que se diga, não é uma etapa burguesa rumo à emancipação humana, mas a condição de existência do homem burguês e da propriedade privada. Marx expõe os limites da emancipação política e a necessidade de sua superação com a emancipação humana, que advém com o fim da sociedade burguesa, do cidadão burguês. Esse processo só é possível quando o homem real transformar sua força social em força *política* (idem, p. 54), no contexto da luta de classes que é sempre uma luta política, como Marx e Engels afirmam no Manifesto de 1848: "Todas as lutas de classes são *lutas políticas*" ([1848] 1998, p. 16 — grifo nosso).

Após essa breve imersão nos argumentos marxianos, evidencia-se que a igualdade, a liberdade e a fraternidade, bandeiras tremulantes da Revolução Francesa, foram enunciadas pelo projeto burguês, moderno e ilustrado, com uma pretensa universalidade, mas muito rapidamente os trabalhadores vão compreender que tais valores e condições não serão usufruídos por todas e todos. Em 1848, na Primavera dos Povos, essa suposta universalidade do projeto burguês é posta em xeque e ele perde seu componente utópico, quando adentra o contexto da decadência ideológica da burguesia (NETTO, 1998 e 2010). Nesse sentido, evidenciavam-se já ali, para os trabalhadores, os limites da luta pela emancipação política.

É preciso observar que estamos no cerne da contradição do projeto moderno: a burguesia o realiza de forma limitada e parcial, submetida ao seu egoísmo, à acumulação do capital. A liberdade, a igualdade e a fraternidade substantivas são abandonadas pelo projeto burguês, interessado apenas em trabalhadores "livres como os pássaros" para suas engrenagens desumanizadoras e num direito formal que assegure esse projeto. Mesmo reformas agrárias, que significaram a repartição do latifúndio e a distribuição do título de propriedade da terra a pequenos e médios proprietários, os quais fizeram parte das revoluções burguesas de primeira hora, foram paulatinamente sendo abandonadas. Podemos pensar que a ampliação dos direitos humanos e sociais na segunda metade do século XX foi a última fronteira e, em condições históricas muito específicas, da emancipação política. Com o advento do capitalismo em crise estrutural, maduro e decadente, a burguesia é ainda mais incapaz de realizar ou mesmo de ser portadora dos valores da sua revolução pretérita.

Apenas um projeto da (e para a) classe trabalhadora pode ter as condições de colocar essa contradição em evidência, de portar aqueles valores de forma substantiva, por meio de um projeto societário de superação do mundo do capital. Trata-se, então, segundo Daniel Bensaïd, em sua bela apresentação à recente edição do texto marxiano no Brasil, no qual relaciona a *Crítica da Filosofia do Direito de Hegel* com *Sobre a questão judaica*, da "guinada decisiva da política concebida como revolução permanente que ultrapassa, sem a renegar, a problemática jacobina da cidadania" (BENSAÏD, 2010, p. 15). Não é mais o caso de marchar sobre os rastros da Revolução Francesa, mas empreender uma revolução inédita, "das necessidades radicais" (idem, p. 16). Para Bensaïd, a revolução permanente é a saída marxiana para o enigma do aparentemente impossível término da revolução burguesa, já que aquela não realizou nem realizará suas promessas.

Para ele, em *Sobre a questão judaica*, Bauer dá a Marx o pretexto para explorar, com base nas condições históricas e materiais da existência, os limites da emancipação política, da retórica dos Direitos do Homem e da Revolução Francesa, fazendo crítica à confusão de Bauer entre seu conceito de Estado, elevado a um fetiche, e a própria humanidade, entre o direito do homem e o próprio homem.

Então, postas essas reflexões, retomemos nosso fio condutor: a rigor, a política social é um produto da sociedade burguesa e não tem vínculo com a emancipação humana, a qual tem relação com um mundo livre das amarras do valor, da propriedade privada e do direito que lhes dá suporte. E mais, a política social se articula com o valor, via reprodução e condições de oferta da força de trabalho, mas também por meio da constituição e alocação do fundo público, com o que participa do movimento do capital como um todo. Ou seja, não é um lado de fora na totalidade concreta da sociedade burguesa madura ou uma espécie de troféu dos trabalhadores na dura eárdua luta de classes.

Porém, a política social é uma mediação nesta sociedade e envolve as necessidades reais da força de trabalho e sua reprodução, numa articulação entre economia e política, entre estrutura e consciência. O capitalismo maduro e decadente coloca em questão os direitos e as políticas sociais, pois apropria-se vorazmente do fundo público, desencadeia uma imensa ofensiva sobre os trabalhadores e retrocede em medidas que estiveram no campo da emancipação política, em seus derradeiros suspiros social-democratas. Donde decorre que estas passam a constituir itens importantes da agenda de lutas dos trabalhadores, transmutam-se como parte do projeto dos trabalhadores rumo à emancipação humana, diga-se, no processo de transição para uma sociedade que se move pelas necessidades, pela igualdade de condições e reconhecimento das possibilidades e diferenças humanas.

Em síntese, sobre a relação entre política social e emancipação, sustentamos que a luta de classes, em condições históricas determinadas, alargou o campo da emancipação política para além do que Marx viveu ou vislumbrava em 1843/1844, quando, aos 25 anos, escreveu *Sobre a questão judaica*, e mesmo mais à frente, em sua obra madura, *O Capital*. Não é por acaso que T. H. Marshall reifica os direitos sociais e os serviços sociais que os materializam no seu texto clássico de 1949 (1967), quando diz que estes, ao invadirem as relações de mercado, implicaram uma superposição da cidadania sobre a desigualdade de classes e que, numa evolução de 250 anos, estaríamos chegando ao socialismo na Inglaterra! Esse era o espírito após a gigantesca destruição produzida pela Segunda Guerra Mundial e ante a expansão do socialismo na União Soviética (com todas as suas contradições) e em outros países do Leste europeu, na China, na América Latina, ou seja, perante a expansão de um projeto alternativo ao capitalismo, ainda que fossem Estados operários burocratizados, conforme a conhecida formulação de Trotsky, em várias de suas obras.

Naquela ocasião, em geral sob a batuta da social-democracia e muitas vezes com a participação dos eurocomunistas e democrata-cristãos, ergueram-se, nos anos gloriosos de crescimento após a guerra, as formas mais abrangentes do Estado Social, levando a emancipação política às fronteiras, a rigor, inadmissíveis pelos liberais ortodoxos e, talvez, impensáveis por Marx e Engels, mas que já formulava preciosas e certeiras críticas às reformas sociais, em 1844, no livro *Glosas críticas marginais ao artigo "O rei da Prússia e a reforma social" de um prussiano* ([1844], 2010).

Mas as condições de hoje, no capitalismo em crise, maduro e decadente, são diferentes. O tempo é de contrarreformas e destruição dos direitos e das políticas sociais que os materializam. O sociometabolismo do capitalismo em crise remete a uma escalada destrutiva de pessoas e da natureza sem precedentes. Se há muito não cabe mais o *horizonte* da emancipação política, claramente limitado como o demonstrou sua plena realização, a agenda da emancipação humana deve necessariamente incorporar *elementos de transição*, numa perspectiva de revolução permanente, como aludiu Daniel Bensaïd (2010).

Nessa transição se incluem direitos e políticas sociais financiadas pelo fundo público — que precisa ser também vigorosamente disputado pelos trabalhadores que o financiam via tributação — e que atendem às necessidades comuns de todas e todos, a exemplo da saúde, da educação, da proteção aos idosos e às crianças, dos direitos das mulheres e sexuais de forma geral, do povo negro, dos direitos dos povos originários, do direito à terra, à energia, à água, ao alimento.

9.3 Reformas, contrarreformas e a agenda da esquerda: a atualidade da revolução permanente

Neste ponto, inserimos outro aspecto nodal da reflexão aqui proposta, que é uma melhor caracterização da presente crise do capitalismo e de contrarreformas, resgatando alguns argumentos que desenvolvi em *Brasil em contrarreforma*: desestruturação do Estado e perda de direitos (2003) e sua articulação com a política social e a emancipação. A primeira pontuação é: mesmo que o termo *reforma* venha sendo largamente utilizado pelo projeto capitalista neoliberal em curso no mundo desde fins dos anos 1970 e no país a partir da década de 1990 ao se autorreferir, partimos da perspectiva de que se esteve e está diante de uma apropriação indébita e fortemente ideológica do termo. Este é destituído de seu conteúdo progressista original, mesmo que discordemos e o recusemos peremptoriamente como um reformismo circunscrito e aprisionado ao horizonte da emancipação política.

A ideia de reforma vem sendo submetida ao uso pragmático e do senso comum, como se qualquer mudança significasse uma reforma, não importando seu sentido, suas consequências sociais nem sua direção sociopolítica. Contudo, a ideia de reforma tem um DNA. Ganhou sentido no debate do movimento operário socialista, melhor dizendo, de suas estratégias gradualistas de chegada ao socialismo, embora tenhamos clareza de suas imensas limitações. Portanto, o reformismo, insistimos, mesmo que não exista concordância com suas estratégias e que se possa e deva criticá-lo enérgica e profundamente, como o fizeram revolucionários de períodos diferentes, a exemplo de Rosa Luxemburgo ([1889] 2010) e Ernest Mandel (1978b), entre outros, vem de um campo de esquerda.

Nesse aspecto, concordamos com Nogueira quando afirma que: "Não é razoável imaginar que a reforma possa se converter na bandeira tremulante do neoliberalismo" (1998, p. 17). Ela só aparece assim porque a burguesia decadente precisa mais uma vez universalizar seu projeto como sendo de todos, produzindo adesão às suas projeções diante da profundidade da crise: a forja da cultura da crise, tão bem discutida em Mota (1995). Então, os conteúdos substantivos das medidas que vêm sendo tomadas precisam ser desmistificados como *contrarreformas* que são, com seus impactos deletérios na vida dos trabalhadores e trabalhadoras[1]. Na verdade, o neoliberalismo e, mais ainda, sua versão ultraneoliberal não comportam reformas.

---

1. Não existem, portanto, "reformas neoliberais" nem congêneres, tais como aquelas com que nos deparamos em muitas análises.

Esse argumento fica mais visível ao considerar a história do século XX, referida aqui anteriormente, na qual o que se pôde chamar de reforma se associava, principalmente, à legislação social e, no pós-guerra, ao Estado Social. Estas foram reformas reais dentro do capitalismo, sob a pressão dos trabalhadores, com uma ampliação sem precedentes do papel do fundo público, desencadeando medidas keynesianas de sustentação da acumulação — o militarismo inclusive —, além da proteção ao emprego e do atendimento de algumas demandas sociais dos trabalhadores.

Estes foram procedimentos viabilizados pelo Estado, no máximo possível de emancipação política no capitalismo, e, na maioria das vezes, sob a condução da social-democracia. Uma social-democracia que renunciou à revolução desde o início do século, como evidenciaram as formulações de Bernstein e as tensões no âmbito da II Internacional com Rosa Luxemburgo e Lenin, mas que propunha a expansão dos direitos e melhores condições de vida e trabalho para a classe trabalhadora, ainda que dentro de uma estratégia reformista de longo prazo.

Tanto que, com todas as diferenças abissais, a esquerda revolucionária e comunista do início do século preconizou estratégias de luta conjuntas, a exemplo do que expressava o conceito de frente única operária contra o fascismo e o nazismo, hoje mais atual que nunca. A trajetória da social-democracia posteriormente, sabemos, foi a de se afastar cada vez mais da tradição marxista e das lutas operárias, tornando-se um projeto eleitoral que opera no limite da "dialética das conquistas parciais" das burocracias sindicais e partidárias, terminando no ostracismo de se tornar um braço burguês, que, na busca de universalização, precisa diluir as fronteiras entre esquerda e direita. Nos últimos quarenta anos, a social-democracia renegou suas próprias reformas pós-1945, tendo adotado políticas neoliberais em vários países a partir dos anos 1980 (ANDERSON, 1995). Mais recentemente, radicalizou-as, a exemplo da *Loi du Travail*, de François Hollande, na França.

Nos áureos anos de crescimento, é evidente que a burguesia "entregou os anéis para não perder os dedos", já que também tinha verdadeiro pânico da existência e do efetivo contágio da União Soviética e dos demais países socialistas como referências política, ideológica e econômica de contraponto ao mundo do capital, mesmo com suas contradições e limites flagrantes. O Estado Social foi claramente uma reforma — uma tentativa temporal e geopoliticamente situada de combinação entre acumulação e diminuição dos níveis de desigualdade no âmbito de alguns Estados-Nação — com alguma redistribuição de renda, dependendo do sistema tributário que, em alguns países, se tornou, de fato, mais progressivo (BEHRING, 1998).

É claro que essa possibilidade histórica se deu com imensas remessas de lucros da periferia, no contexto da troca desigual (MARINI [1973], 2005), e do diferencial de produtividade do trabalho (MANDEL [1972], 1982), diga-se, à custa da superexploração da força de trabalho na periferia e do desenvolvimento desigual e combinado que marca o mundo do capital. Houve um custo político, com seu impacto sobre a consciência de classe dos trabalhadores, e certa acomodação aos padrões de vida e ao consumo propiciados pela experiência *welfareana*, pelo pleno emprego fordista-keynesiano, com perda do horizonte da revolução e da emancipação humana.

Contudo, quanto a esse aspecto, não se podem negligenciar o papel apassivador dos grandes partidos operários, o isolamento da esquerda revolucionária nem os impactos deletérios do stalinismo, dadas as características que assumiu a experiência socialista e que vieram a público, traumaticamente, com o famoso Congresso do Partido Comunista da União Soviética de 1956 e cujos desdobramentos hoje conhecemos: uma imensa derrota histórica com a restauração do capitalismo naquelas paragens. No entanto, sabe-se que aquele pacto *welfareano* mostrou claros sinais de esgotamento a partir de fins dos anos 1960, quando adentramos uma onda longa com tonalidade de estagnação. Já em fins da década de 1970, a reação burguesa entra em cena, diante das frustradas tentativas de reanimação keynesiana (MANDEL, 1990).

Assim, o neoliberalismo se tornou projeto de governos no capitalismo central, com Thatcher (1979), Reagan (1980) e Kohl (1981), após o experimento chileno dos *Chicago boys*, de Milton Friedman e Pinochet. Foi uma reação burguesa conservadora e monetarista, de natureza claramente regressiva, dentro da qual foi posta em curso uma contrarreforma do Estado com fortes impactos nos direitos e nas políticas públicas, especialmente nas sociais. Nas lúcidas palavras do espanhol Pedro Montes, tem-se que:

> O neoliberalismo, mais que menos Estado, propugna outro Estado. O que pretende é mudar algumas de suas pautas, porém não tem asco da intervenção do Estado quando preserva e garante os privilégios do capital, individual ou coletivamente considerados (1996, p. 86).

No Brasil, do ponto de vista de algumas reformas democráticas anunciadas na Constituição de 1988, após forte luta política no período da redemocratização, em alguns aspectos embebida da estratégia social-democrata das reformas e do espírito *welfareano* — destacadamente no art. 6º que enuncia os direitos sociais e no capítulo que se refere à seguridade social —, pode-se falar também de uma contrarreforma em curso entre nós desde os anos 1990.

O Plano Real, de 1994, e o Plano Diretor da Reforma do Estado, de 1995, solaparam a possibilidade política, ainda que tardia e limitada, de *reformas* mais profundas no país, num ambiente de ajuste fiscal permanente, caracterizando-se como verdadeiros instrumentos contrarreformistas, como vimos antes.

Na verdade, aqui cabe uma notação sobre a possibilidade de reformas substantivas no Brasil, este país que viveu uma via não clássica de chegada ao projeto da modernidade, marcado pelo peso do escravismo, pela heteronomia e pela dependência. Um país cuja revolução burguesa sem revolução, pelo alto, constituiu uma burguesia antinacional, antipública e antidemocrática, que modernizou o país pagando tributos ao passado e, nos saltos para adiante, notadamente no Estado Novo de Vargas e na Ditadura Civil-Militar pós-1964, expandiu direitos sociais, limitando direitos civis (sempre preservando a propriedade privada) e políticos.

Nesse ambiente de capitalismo retardatário, quando se colocaram em cena reformas efetivas, a resposta burguesa foi a violência do golpe civil-militar de 1964. Mais recentemente, na redemocratização, com o imperativo econômico da crise e da cultura por ela forjada (MOTA, 1995), foram obstaculizadas as reformas apontadas na Constituição de 1988 — que foram duramente impressas ali (BOSCHETTI, 2006) —, a qual passou a ser considerada retrógrada e perdulária pelo Plano Diretor da Reforma do Estado/Ministério da Administração Federal e da Reforma do Estado (PDRE/MARE) (1995).

A burguesia brasileira não comportou sequer os deslocamentos leves do petismo, chamados de reformismo fraco por André Singer (2012), e que estamos convencidas de que nem isso foram, mas que operaram em curtíssimo prazo, tendo impactos reais na vida de milhões de brasileiros e brasileiras, após anos de Estado engessado, conforme desenvolvemos no capítulo 7. O que queremos apontar com esses elementos é que, no Brasil, a defesa dos direitos e das políticas sociais compõe há muito uma agenda dos trabalhadores, ante a incapacidade estrutural da burguesia brasileira de incorporar sequer uma pauta de emancipação política como o Estado Social em seu formato mais abrangente, tal como estava inscrito em alguns capítulos da Constituição de 1988. Trata-se de uma burguesia associada profundamente ao capital estrangeiro, fortemente cosmopolita, racista, misógina e antidemocrática. Nesse sentido, a agenda dos direitos, sendo a ela impressa uma direção estratégica de esquerda, pode ultrapassar a si mesma, tornando-se explosiva num país onde os processos de emancipação política estiveram sempre muito limitados.

O conceito de revolução permanente (Trotsky, 1930- 2007) oferece pistas para pensar sobre o que vimos afirmando até aqui, diga-se, sobre a relação dialética entre uma agenda de reformas que ainda se inscrevem no plano limitado da emancipação política — a defesa de um conjunto determinado de direitos — e a revolução, na perspectiva da *transição* ao socialismo. O significado de revolução permanente, embora o termo compareça em *Sobre a questão judaica* ([1844] 2010b) e na *Sagrada família* ([1845] 2011) sem o sentido que vai marcar o debate posterior sobre esse tema na tradição marxista e no movimento socialista, encontra-se mais acabado em Marx e Engels, em sua Mensagem ao Comitê Central a Liga dos Comunistas, de 1850.

Para Michael Löwy (1978), que realizou um denso estudo da *ideia* de revolução permanente em Marx e Engels (e não uma teoria da revolução permanente), ali está a intuição/formulação engendrada pelos desdobramentos da Revolução Francesa, especialmente pela postura antidemocrática da burguesia alemã, com sua incapacidade de levar adiante tarefas da emancipação política, diga-se de desempenhar plenamente seu papel revolucionário, o que ficou ainda mais evidente diante dos levantes de 1848/49 naquele país.

Marx e Engels chegam à conclusão de que, dada a postura conservadora da burguesia e sua aliança com o absolutismo feudal, cabe aos trabalhadores tomar para si as tarefas democráticas em combinação com medidas socialistas, visando que as forças produtivas decisivas estejam nas mãos do proletariado, num processo permanente, que não se esgote em um só país e seja conduzido por governos operários revolucionários. Ou seja, Marx e Engels apontam para uma revolução ininterrupta e combinada, segundo Löwy, ideia que será retomada por Trotsky.

Bensaïd também aponta que Trotsky parte dessa ideia de Marx, na análise acerca da revolução de 1905, na Rússia, posteriormente aprofundada por ele ao problematizar também a dinâmica e o curso da Revolução Russa de 1917. Segundo Trotsky ([1930] 2007),

> A revolução permanente, na concepção de Marx significa uma revolução que não transige com nenhuma forma de dominação de classe, que não se detém no estágio democrático e, sim, passa para as medidas socialistas e a guerra contra a reação exterior, uma revolução na qual cada etapa está contida em germe na etapa precedente, e só termina com a liquidação total da sociedade de classes.

Para Trotsky, no mesmo sentido, mas com uma densidade histórica maior, considerando a experiência revolucionária até 1929, a perspectiva da revolução permanente, particularmente para os países da periferia do capitalismo, era a contestação do reformismo e do etapismo do marxismo vulgar, ademais também contrapostos por Lenin, em suas *Teses de Abril* (1977): o cumprimento de tarefas democráticas na periferia, dada a extemporaneidade da emancipação política, só poderia caminhar *pari passu* e sob a hegemonia das tarefas socialistas e com sua condução pelos trabalhadores e camponeses, no contexto da transição socialista, ou seja, sob a ditadura do proletariado, que nada mais é que a democracia da maioria, a democracia socialista.

Portanto, a burguesia tornou-se incapaz de realizar tarefas democráticas internas, a exemplo da democratização do Estado e da distribuição da terra, e de assumir uma posição anti-imperialista consequente, o que é ainda mais intenso na periferia do capitalismo. Essas tarefas e posições só poderiam ser realizadas e assumidas sob a hegemonia dos trabalhadores, nesse contexto em que há uma fusão explosiva de contradições que apontam para passagens bruscas e saltos qualitativos, infirmando qualquer etapismo e qualquer dissociação entre programa mínimo e programa máximo, típica da social-democracia. Para Lenin, o poder dos trabalhadores seria incompatível com a subsunção ao capital e todas as suas consequências, donde decorre uma dialética transformação progressiva das reformas em revolução.

Na boa síntese de Michael Löwy, trata-se de "[...] um processo de 'transcrescimento' da revolução democrática em socialista, um processo de revolução permanente no qual se articulam e se sucedem as medidas democráticas, agrárias, nacionais e anticapitalistas" (2012). Não há qualquer fatalismo nessa formulação, já que, para Trotsky, tal possibilidade objetiva se realizaria a depender da iniciativa dos trabalhadores, da luta de classes como luta política, com o que não se coloca a tentação de qualquer automatismo histórico típico de interpretações mecanicistas. A essa reflexão, Trotsky acrescenta uma dimensão internacional, ou seja, esse processo dialético e permanente seria impensável isolado em um só país.

Com essa formulação, ele recusava duas ideias caras ao marxismo-leninismo vulgar: a "revolução por etapas" e o "socialismo num só país". Também recusava o evolucionismo linear da social-democracia rumo ao socialismo por meio das conquistas parciais. O *Programa de transição*, escrito por Trotsky em 1938 (1988), explicita ainda mais essa lógica e perspectiva, ao combinar reivindicações imediatas e mediatas que sejam apoderadas pelas massas, agora parafraseando Marx, em sua *Introdução à Crítica da Filosofia do Direito de Hegel (Marx, 2013).*

De acordo com essa lógica, portanto, a luta por reformas democráticas, na qual se incluem direitos e políticas sociais, no mundo do capital em crise, mas, particularmente, num país como o Brasil, pode significar uma fusão de contradições e a radicalização do processo, fortalecendo a luta dos trabalhadores no sentido da transição para a emancipação humana. Considerando-se a realidade, o modo de ser visceralmente antidemocrático e conservador da burguesia brasileira, conforme perceberam pensadores como Florestan Fernandes, Caio Prado Jr., Octavio Ianni, Roberto Schwarz, Clovis Moura, entre outros, os contornos da luta por direitos têm potencial explosivo e podem apontar para horizontes que colocam em xeque os limites da emancipação política.

Nas nossas paragens não ocorreram reformas no sentido social-democrata, mas processos de modernização conservadora ou de revolução passiva. Tais processos promoveram mudanças objetivas nas condições de vida e trabalho dos "de baixo", mas sempre contidas e limitadas diante das possibilidades, sempre sob controle das classes dominantes para manter em seu lugar as "classes perigosas", sempre sem dividir o bolo dos saltos para adiante. Hoje, temos contrarreformas ultraneoliberais que implicam as perdas daquelas parcas conquistas, como vimos especialmente nos capítulos 7 e 8 deste livro.

Assim, a resposta à pergunta que deu origem a este texto, sobre "que política social para qual emancipação?", deve considerar que a defesa dos direitos sociais e da política social só faz sentido num projeto de esquerda se compuser um programa de transição, num processo de revolução permanente. Na conhecida formulação de Trotsky, de 1938 (1988), trata-se de um *sistema de reivindicações transitórias* que parte da situação concreta da classe trabalhadora e articula-se dialeticamente com o caráter socialista da revolução, rompendo com o raciocínio binário do programa mínimo *versus* programa máximo, diga-se, com uma razão programática dualista, pedindo aqui licença a Francisco de Oliveira (2003). Nessa perspectiva, Trotsky fala da escala móvel de salários e da escala móvel de jornada de trabalho que atingem o cerne da exploração capitalista. Aponta para os comitês de fábrica e os sovietes no sentido da radicalização do controle democrático da produção, bem como defende a expropriação de determinados segmentos de capitalistas, estatização do sistema bancário em um banco único e coletivização da terra.

O que nos interessa mais de perto é essa articulação entre medidas que a burguesia não comporta mais em seu programa e que são de interesse imediato dos/as trabalhadores/as e um programa socialista, especialmente na periferia do capitalismo. Nesse debate, temos que considerar sempre a bela indicação, agora de Marx, em sua "Carta a Wilhelm Bracke", de 1875, publicada junto à *Crítica do programa de Gotha*, de que "cada passo do movimento real é mais importante do que uma dúzia de programas" ([1875] 2012, p. 20), ou seja, a revolução é um processo de criação histórica, seja num largo tempo, seja num ritmo mais intenso de salto, o que não pode ser predeterminado *a priori*.

Nesse sentido, é importante qualificar qual política social defender e quais direitos podem compor tal programa, ao mesmo tempo que se desmistifica o direito igual (liberal) da sociedade de desiguais, fundada na exploração da força de trabalho, em que a cidadania e o direito surgem como formas de ordenar o conflito de classes, preservando o egoísmo burguês, a propriedade privada e a exploração, e ocultam a dominação política da burguesia (BEHRING; SANTOS, 2009).

Na *Crítica do programa de Gotha*, Marx retoma essa questão afirmando que a defesa do igual direito circunscreve o programa do Partido Social-Democrata alemão ao limite do direito burguês e da república democrática burguesa, um direito ao qual subjaz a desigualdade. Caberia aos socialistas, no contexto da transição, propor um direito que reconheça as necessidades, as possibilidades desiguais e as diferenças, no contexto de um patamar civilizatório superior quanto às condições materiais de existência, sendo assegurada a igualdade de condições a todos e todas.

Pensamos que esse lugar da política social na agenda da esquerda hoje passa pelo combate à mercantilização dos bens e serviços assegurados pelas políticas sociais como direitos financiados pelo fundo público. Essa é uma agenda central e educativa para os/as trabalhadores/as, pois articula-se à crítica da mercadoria, ou seja, pode ganhar uma necessária tonalidade anticapitalista, como bens comuns que são, a serem expropriados dos capitalistas e socializados para todas e todos. Este é o caso principalmente da saúde, da educação e da Previdência Social, entre outras políticas que atendem a necessidades sociais básicas ou necessárias, conforme Heller (1986).

Cabe também a crítica aos programas assistenciais de combate à pobreza que não tocam no problema da desigualdade, desconstruindo a programática focalizada e claramente não universalista da política social capitalista em tempos de neoliberalismo, e que enfatizam a cidadania pelo consumo, reforçando o individualismo e o fetiche da mercadoria. A defesa da assistência social como política pública de seguridade social no Brasil, por exemplo, deve se centrar na garantia e no financiamento dos serviços, sendo os programas de transferência monetária uma defesa tática numa sociedade monetizada, mas que deve inserir-se na lógica do direito e da seguridade social, para combater toda forma de clientelismo e uso político da privação das maiorias. Se compreendemos que é necessário um programa de transição no contexto da revolução permanente, pensamos que não há espaço para a armadilha liberal da cidadania pelo consumo que fortalece a acumulação.

A pauta é de nenhum direito a menos — serviços e benefícios — e a disputa do fundo público para a proteção social aos que necessitam da política social numa sociedade que não oferta (e nunca ofertará) emprego para todos/as, o que se combina com a precarização, combinada à diminuição progressiva da jornada de trabalho, ampliando o acesso ao emprego. Esses são apenas exemplos. O fundamental é que há um enorme campo aberto de tensão a ser estrategicamente trabalhado, com base na materialidade que os direitos e políticas sociais adquirem na vida de bilhões de trabalhadores/as do Brasil e do mundo, tendo em vista forjar as bases da consciência de classe para a superação da lógica do valor, da mercadoria, do capital e, nos termos de Marx, para a superação da pré-história da humanidade, pavimentando o caminho para a emancipação humana.

Referências

ACIOLY, Y. A. *Contribuição à crítica da apropriação capitalista da água no Brasil do agronegócio*. Tese de doutorado. Rio de Janeiro: UERJ, 2019.

AGAMBEN, G. *Estado de exceção*. São Paulo: Boitempo, 2004.

ALMEIDA, S. *O que é racismo estrutural*? Belo Horizonte: Letramento, 2018.

ALVES, G. *O novo (e precário) mundo do trabalho*. Reestruturação produtiva e crise do sindicalismo. São Paulo: Boitempo, 2005.

ANDERSON, P. Balanço do neoliberalismo. *In:* SADER, E.; GENTILI, P. (org.). *Pós-neoliberalismo*: as políticas sociais e o Estado democrático. Rio de Janeiro: Paz e Terra, 1995.

ANFIP. *Análise da seguridade social 2012*. Brasília: Anfip, 2013.

ANGELIM, Yanne. *Contribuição à crítica da apropriação capitalista da água no Brasil do agronegócio*. Rio de Janeiro: Tese de Doutorado do Programa de Pós-Graduação em Serviço Social da UERJ, 2019.

ANTUNES, R. *Adeus ao trabalho?* Ensaio sobre as metamorfoses e a centralidade do mundo do trabalho. São Paulo: Cortez, 1995.

ANTUNES, R. (org.). *Riqueza e miséria do trabalho no Brasil*. São Paulo: Boitempo, 2006.

ANTUNES, R. *O privilégio da servidão*: o novo proletariado de serviços na era digital. São Paulo: Boitempo, 2018.

ANTUNES, R.; BRAGA, R. *Infoproletários*: degradação real do trabalho virtual. São Paulo: Boitempo, 2009.

ARCARY, V. *Um reformismo quase sem reformas*: uma crítica marxista do governo Lula em defesa da revolução brasileira. São Paulo: Sunderman, 2011.

BARAN, P. A. *A economia política do desenvolvimento*. São Paulo: Abril Cultural, 1984.

BARAN, P. A.; SWEEZY, P. M. *Capitalismo monopolista*: ensaio sobre a ordem econômica e social americana. 3. ed. Rio de Janeiro: Zahar, 1978.

BARRETO, M. I. As organizações sociais na reforma do Estado brasileiro. *In:* BRESSER PEREIRA, L. C.; CUNILL GRAU, N. (org.). *O público não estatal na reforma do Estado*. Rio de Janeiro: Clad/FGV, 1999.

BARROSO, M. *O começo do fim do mundo*: violência estrutural contra mulheres no contexto da hidrelétrica de Belo Monte. Tese de doutorado. Rio de Janeiro: PPGSS/UERJ, 2018.

BEHRING, E. R. *Política social no capitalismo tardio*. São Paulo: Cortez, 1998.

BEHRING, E. R. *Brasil em contrarreforma*: desestruturação do Estado e perda de direitos. São Paulo: Cortez, 2003.

BEHRING, E. R. Acumulação capitalista, fundo público e política social. *In:* BEHRING, E.; BOSCHETTI, I. *Política social no capitalismo*: tendências contemporâneas. São Paulo: Cortez, 2008a.

BEHRING, E. R. Trabalho e seguridade social: o neoconservadorismo nas políticas sociais. *In:* BEHRING, E. R.; ALMEIDA, M. H. T. (org.). *Trabalho e seguridade social*: percursos e dilemas. São Paulo: Cortez, 2008b.

BEHRING, E. R. Crise do capital, fundo público e valor. *In:* BOSCHETTI, I. *et al.* (org.). *Capitalismo em crise, política social e direitos*. São Paulo: Cortez, 2010.

BEHRING, E. R. Rotação do capital e crise: fundamentos para compreender o fundo público e a política social. *In:* SALVADOR, E. *et al.* (org.). *Financeirização, fundo público e política social*. São Paulo: Cortez, 2012.

BEHRING, E. R. França e Brasil: realidades distintas da proteção social, entrelaçadas no fluxo da história. *In: Revista Serviço Social & Sociedade*, São Paulo, n. 113, 2013.

BEHRING, E. R. Estado e capitalismo no Brasil "neodesenvolvimentista". *In:* Anais do XIV Encontro Nacional de Pesquisadores e Serviço Social. Natal: ABEPSS, 2014.

BEHRING, E. R. *Fundo público*: um debate teórico estratégico e necessário. Comunicação apresentada e publicada no XV Encontro Nacional de Pesquisadores de Serviço Social. Ribeirão Preto: ABEPSS, 2016.

BEHRING, E. R. A dívida e o calvário do fundo público. *In: Revista Advir*, Rio de Janeiro, n. 36, 2017.

BEHRING, E. R. Estado no capitalismo: notas para uma leitura crítica do Brasil recente. *In:* BOSCHETTI, I.; BEHRING, E.; LIMA, R. L. (org.). *Marxismo, política social e direitos*. São Paulo: Cortez, 2018a.

BEHRING, E. R. Fundo público, exploração e expropriações no capitalismo em crise. *In:* BOSCHETTI, I. (org.). *Expropriação e direitos no capitalismo*. São Paulo: Cortez, 2018b.

BEHRING, E. R. Ajuste fiscal permanente e contrarreformas no Brasil da redemocratização. *In:* SALVADOR, E.; BEHRING, E.; LIMA, R. L. *Crise do capital e fundo público*: implicações para o trabalho, os direitos e a política social. São Paulo: Cortez, 2019a.

BEHRING, E. R. Devastação e urgência. *In:* CISLAGHI, J. F.; DEMIER, F. (org.) *O neofascismo no poder (ano I)*: análises críticas sobre o governo Bolsonaro. Rio de Janeiro: Consequência, 2019b.

BEHRING, E. R. Política social y ajuste fiscal en el Brasil de la democratizaciòn: la persistencia de la contrarreforma neoliberal. *In:* VIDAL, P. (org.) *Neoliberalismo, neodesarrollismo y socialismo bolivariano*: modelos de desarrollo y políticas públicas en América Latina. Santiago: Ariadna, 2019c.

BEHRING, E. R.; BOSCHETTI, I. *Política social*: fundamentos e história. São Paulo: Cortez, 2006.

BEHRING, E. R.; SANTOS, S. M. M. Questão social e direitos. *Serviço Social e competências profissionais*. Brasília: CFESS/ABEPSS, 2009.

BEHRING, E. R. *et al.* O Plano Plurianual do Governo Lula: um Brasil de todos? *In:* FREIRE, L. M. B. *et al.* (org.). *Serviço Social, política social e trabalho*. São Paulo: Cortez, 2006.

BENJAMIN, C.; DEMIER, F.; ARCARY, V. *O ovo da serpente*: a ameaça neofascista no Brasil de Bolsonaro. Rio de Janeiro: Mauad X, 2020.

BENSAÏD, D. *Marx. O intempestivo*: grandezas e misérias de uma aventura crítica. Rio de Janeiro: Civilização Brasileira, 1999.

BENSAÏD, D. Préface de Daniel Bensaïd. *In:* MARX, K. *Les crises du capitalisme*. Texte inédit. Preface de Daniel Bensaïd. Paris: Éditions Demopolis, 2009.

BENSAÏD, D. Zur Judenfrage, uma crítica da emancipação política. *In:* MARX, K. *Sobre a questão judaica*. São Paulo: Boitempo, 2010.

BIHR, A. *La logique méconnue du "capital"*. Lausanne: Editions Page Deux, 2010.

BIONDI, A. *O Brasil privatizado*: um balanço do desmonte do Estado. São Paulo: Fundação Perseu Abramo, 1999.

BNDES. Carga tributária — Evolução histórica. Uma tendência crescente. *Informe-se*, Brasília, n. 29, 2001.

BOBBIO, N.; MATTEUCCI, N.; PASQUINO, G. *Dicionário de política*. Brasília: Edunb, 1986.

BOITO JR., A. *As bases políticas do neodesenvolvimentismo*. São Paulo: Mimeo, 2012.

BOSCHETTI, I. (org.). *Assistência Social no Brasil*: um direito entre originalidade e conservadorismo. 2. ed. rev. ampl. Brasília: GESST/SER/UnB, 2003.

BOSCHETTI, I. *Seguridade social e trabalho*: paradoxos na construção das políticas de Previdência e assistência social. Brasília: Letras Livres; Editora da UnB, 2006.

BOSCHETTI, I. Crise do capital e política social. *In:* BOSCHETTI, I. *et al.* (org.). *Capitalismo em crise, política social e direitos*. São Paulo: Cortez, 2010.

BOSCHETTI, I. A insidiosa corrosão dos sistemas de proteção social europeus. *Revista Serviço Social & Sociedade*, São Paulo, n. 112, 2012.

BOSCHETTI, I. Políticas de desenvolvimento econômico e implicações para as políticas sociais. *Revista Ser Social*, Brasília, n. 33, 2013.

BOSCHETTI, I. *Assistência Social e trabalho*. São Paulo: Cortez, 2016.

BOSCHETTI, I. *Expropriação e direitos no capitalismo*. São Paulo: Cortez, 2018.

BOSCHETTI, I.; SALVADOR, E. Orçamento da seguridade social e política econômica: perversa alquimia. *Serviço Social & Sociedade*, São Paulo, n. 87, 2006.

BOSCHETTI, I.; TEIXEIRA, S. O. O draconiano ajuste fiscal do Brasil e a expropriação de direitos da seguridade social. *In:* SALVADOR, E.; BEHRING, E.; LIMA, R. L. (org.). *Crise do capital e fundo público*: implicações para o trabalho, os direitos e a política social. São Paulo: Cortez, 2019.

BRETTAS, T. Dívida pública, interesses privados. *Revista Advir*, Rio de Janeiro, n. 36, 2017.

CARCANHOLO, M. Apresentação — Sobre o caráter necessário do livro III D'O Capital. *In:* MARX, K. *O Capital*. Livro III. São Paulo: Boitempo, [1895] 2017.

CARVALHO, L. 10 perguntas e respostas sobre a PEC 241 (EC 95). *Blog* da Boitempo, 13 out. 2016. Disponível em: https://blogdaboitempo.com.br/2016/10/13/10-perguntas-e-respostas-sobre-a-pec-241/. Acesso em: 15 out. 2016.

CARVALHO, L. *Valsa brasileira* — do *boom* ao caos econômico. São Paulo: Todavia, 2018.

CASTEL, R. *As metamorfoses da questão social*: uma crônica do salário. Petrópolis: Vozes, 1998.

CASTELO, R. O novo desenvolvimentismo e a decadência ideológica do pensamento econômico brasileiro. *Revista Serviço Social & Sociedade*, São Paulo, n. 112, 2012.

CASTELO, R. *Social-liberalismo*. O auge e crise da supremacia burguesa na era neoliberal. São Paulo: Expressão Popular, 2013.

CHAUI, M. *Mito fundador e sociedade autoritária*. São Paulo: Fundação Perseu Abramo, 2000.

CHESNAIS, F. *A mundialização do capital*. São Paulo: Xamã, 1996.

CHESNAIS, F. *Les dettes illégitimes*: quand lês banques font main basse sur lês politiques publiques. Paris: Raisons D'Agir, 2011.

CISLAGHI, J. F. *Elementos para a crítica da economia política da saúde no Brasil*: parcerias público-privadas e valorização do capital. Tese de doutorado. Rio de Janeiro: PPGSS/UERJ, 2015.

CISLAGHI, J. F. Apropriação privada do fundo público por meio do gasto tributário no Rio de Janeiro. *Revista Advir*, Rio de Janeiro, n. 36, 2017.

CISLAGHI, J. F. Do neoliberalismo de cooptação ao ultraneoliberalismo: respostas do capital à crise. *Esquerda Online*, 8 jun. 2020. Partes I, II e III. Disponível em: https://esquerdaonline.com.br/2020/06/08/do-neoliberalismo-de-cooptacao-ao-ultraneoliberalismo-respostas-do-capital-a-crise/. Acesso em: 25 jan. 2021.

CISLAGHI, J. F.; DEMIER, F. (org.). *O neofascismo no poder (ano I):* análises críticas sobre o governo Bolsonaro. Rio de Janeiro: Consequência, 2019.

DAL ROSSO, S. *O ardil da flexibilidade*: os trabalhadores e a lei do valor. São Paulo: Boitempo, 2017.

DARDOT, P.; LAVAL, C. *A nova razão do mundo*: ensaio sobre a sociedade neoliberal. São Paulo: Boitempo, 2016.

DEMIER, F. *Depois do golpe*: a dialética da democracia blindada no Brasil. Rio de Janeiro: Mauad, 2017.

DEMIER, F. *Crônicas do caminho do caos*: democracia blindada, golpe e fascismo no Brasil atual. Rio de Janeiro: Mauad X, 2019.

DEMIER, F. *Crônicas de dias desleais. Ultraneoliberalismo, neofascismo e pandemia no Brasil*. Rio de Janeiro: Mauad, 2020.

DIAS, Y. A. *Água para o capital no Brasil do agronegócio*: contribuição à crítica da apropriação capitalista da água. 2019. 242f. Tese (Doutorado em Serviço Social) — Faculdade de Serviço Social, Universidade do Estado do Rio de Janeiro, Rio de Janeiro, 2019.

DIDIER, R. *Comprendre la dette*. Paris: Ellipses, 2011.

DIEESE. A reforma trabalhista e os impactos para as relações de trabalho no Brasil. Nota técnica 178. Disponível em: https://www.dieese.org.br/notatecnica/2017/notaTec178reformaTrabalhista.pdf. Acesso em: 15 maio 2017.

DRAIBE, S. As políticas sociais e o neoliberalismo. *Revista USP*, São Paulo, n. 17, 1993.

DRUCK, G.; FRANCO, T. (org.). *A perda da razão social do trabalho*: terceirização e precarização. São Paulo: Boitempo, 2007.

ECO, U. *Reconnaître le fascisme*. Paris: Bernard Grasset, 2010.

ENGELS, F. *A origem da família, da propriedade privada e do estado*. Rio de Janeiro: Civilização Brasileira, [1884] 1987.

EVANS, P. The state as problem and solution: predation, embedded autonomy and structural change. *In:* HAGGARD, S.; KAUFMAN, R. R. *The politics of economic adjustement*: international constraints, distributive conflicts and the State. New Jersey: Princeton University, 1992.

FBO — Fórum Brasil de Orçamento. *Superávit primário*: cadernos para discussão. 2. ed. Brasília: FBO, 2005.

FERNANDES, F. *A revolução burguesa no Brasil*. Ensaio de interpretação sociológica. 3. ed. Rio de Janeiro: Zahar, 1987.

FIORI, J. L. O capital e o nacional: diagnóstico e prognóstico. *Revista Praga —* Estudos Marxistas, São Paulo, n. 9, 2000.

FONTES, V. *O Brasil e o capital imperialismo*: teoria e história. Rio de Janeiro: EPSJV; UFRJ, 2010.

GOMES, G. F. *Conflitos socioambientais e o direito à água*. São Paulo: Outras Expressões, 2013.

GONÇALVES, R. Novo desenvolvimentismo e liberalismo enraizado. *Revista Serviço Social e Sociedade*, São Paulo, n. 112, 2012.

GONÇALVES, R.; FILGUEIRAS, L. *A economia política do governo Lula*. Rio de Janeiro: Contraponto, 2007.

GOTTINIAUX, P. *et al*. *Les chiffres de la dette 2015*. Bruxelas: CADMT, 2016.

GRANEMAN, S. *Para uma interpretação marxista da "Previdência privada"*. Tese de doutorado. Rio de Janeiro: PPGSS/UFRJ, 2006.

GRANEMAN, S. Contrarreforma da Previdência: essencial para quem? *Junho*, 15 nov. 2016. Disponível em: http://blogjunho.com.br/contrarreforma-da-previdencia-essencial-para-quem/. Acesso em: 25 jan. 2021.

HAGGARD, S.; KAUFMAN, R. R. *The politics of economic adjustement*: international constraints, distributive conflicts, and the State. New Jersey: Princeton University, 1992.

HARVEY, D. *Los limites del capitalismo y la teoria marxista*. Cidade do México: Fondo de Cultura Economica, 1990.

HARVEY, D. *Condição pós-moderna*. São Paulo: Loyola, 1993.

HARVEY, D. *O novo imperialismo*. São Paulo: Loyola, 2004.

HARVEY, D. *O neoliberalismo*: história e implicações. São Paulo: Loyola, 2008.

HELLER, A. *Teoría de las necesidades en Marx*. Barcelona: Península, 1986.

HOEVELER, R.; DEMIER, F. *A onda conservadora*: ensaios sobre os atuais tempos sombrios no Brasil. Rio de Janeiro: Mauad X, 2016.

HUSSON, M. *Miséria do capital*: uma crítica do neoliberalismo. Lisboa: Terramar, 1999.

HUSSON, M. El capitalismo tóxico. *Revista Herramienta*, Buenos Aires, n. 41, 2009.

HUSSON, M. *Capitalismo al filo de la navaja*. Bruxelas: CADTM, 2020. Disponível em: https://www.cadtm.org/Capitalismo-al-filo-de-la-navaja. Acesso em: 25 jan. 2021.

IAMAMOTO, M.; CARVALHO, R. *Relações Sociais e Serviço Social no Brasil*. 18. ed. São Paulo: Cortez, [1982] 2005.

IAMAMOTO, M. *Serviço Social em tempo de capital fetiche*: capital financeiro, trabalho e questão social. São Paulo: Cortez, 2007.

IAMAMOTO, M.; BEHRING, E. R. (org.). *Pensamento de Octavio Ianni*: um balanço de sua contribuição à interpretação do Brasil. Rio de Janeiro: Sete Letras; Faperj, 2009.

IANNI, O. *Estado e capitalismo*. São Paulo: Civilização Brasileira, 1984.

IASI, M. O caminho da ditadura. *Blog* da Boitempo, 24 nov. 2016. https://blogdaboitempo.com.br/2016/11/24/o-caminho-da-ditadura/. Acesso em: 25 jan. 2021.

JAMESON, F. *Pós-modernismo*: a lógica cultural do capitalismo tardio. São Paulo: Ática, 1996.

KATZ, C. Ernest Mandel y la teoría de las ondas largas. *Revista da Sociedade Brasileira de Economia Política*. São Paulo, n. 7, dez 2000. Disponível em: http://www.ernestmandel.org/es/lavida/txt/katz.htm. Acesso em: 2 mar. 2021.

KATZ, C. Lección acelerada de capitalismo. *Rebelión*, 4 out. 2008.

KATZ, C. *Neoliberalismo, neodesenvolvimentismo, socialismo*. São Paulo: Expressão Popular; Perseu Abramo, 2016.

KEHL, M. R. *Ressentimento*. São Paulo: Casa do Psicólogo, 2004.

KOSIK, K. *Dialética do concreto*. Rio de Janeiro: Paz e Terra, 1986.

LAZZARATO, M. *La fabrique de l'homme endetté* — Essai sur la condition néolibérale. Paris: Éditions Amsterdam, 2011.

LENIN, W. I. *Imperialismo, fase superior do capitalismo*. São Paulo: Global, [1917] 1987.

LENIN, W. I. *Las tesis de abril*. Moscou: Progresso, 1977.

LESSA, S. A emancipação política e a defesa de direitos. *Revista Serviço Social & Sociedade*, São Paulo, n. 90, jun. 2007.

LORDON, F. *Jusqu'a quand?* Pour em finir avec lês crises financières. Paris: Raisons D'Agir, 2008.

LÖWY, M. Revolução burguesa e revolução permanente em Marx e Engels. *Revista da USP*, São Paulo, n. 9, 1978.

LÖWY, M. *As aventuras de Karl Marx contra o Barão de Munchhausen*: marxismo e positivismo na sociologia do conhecimento. São Paulo: Busca Vida, 1987.

LÖWY, M. Prefácio à edição brasileira. *In:* MARX, K. *Crítica do Programa de Gotha*. São Paulo: Boitempo, 2012.

LUCE, M. S. *Teoria marxista da dependência*: problemas e categorias. Uma visão histórica. São Paulo: Expressão Popular, 2018.

LUX, K. *O erro de Adam Smith*: de como um filósofo moral inventou a economia e pôs fim à moralidade. São Paulo: Nobel, 1993.

LUXEMBURGO, R. O segundo e o terceiro volumes d'*O Capital*. *In:* MARX, K. *O Capital*. São Paulo: Boitempo, [1895] 2017. Livro III.

LUXEMBURGO, R. *Reforma ou revolução?* São Paulo: Expressão Popular, [1889] 2010.

MANDEL, E. *Tratado de economia marxista*. Cidade do México: Era, [1969] 1977. v. I e II.

MANDEL, E. *O capitalismo tardio*. São Paulo: Abril Cultural, [1972] 1982. (Coleção Os Economistas).

MANDEL, E. *Sobre o fascismo*. Lisboa: Antídoto, 1976.

MANDEL, E. *Crítica do eurocomunismo*. Lisboa: Antídoto, 1978a.

MANDEL, E. *Iniciação à teoria econômica marxista*. Lisboa: Antídoto, 1978b.

MANDEL, E. *A crise do capital*: os fatos e sua interpretação marxista. São Paulo: Unicamp e Ensaio, 1990.

MANDEL, E. *El poder y el dinero*. Cidade do México: Siglo XXI, 1994.

MARCONSIN, C. *Cerco aos direitos trabalhistas e crise do movimento sindical no Brasil contemporâneo*. Tese de doutorado. Rio de Janeiro: PPGSS/UFRJ, 2009.

MARINI, R. M. *Dialética da dependência*. São Paulo: Expressão Popular, [1973] 2005.

MARSHALL, T. H. *Cidadania, classe social e status*. Rio de Janeiro: Zahar, 1967.

MARX, K. *Glosas críticas marginais ao artigo "O rei da Prússia e a Reforma Social" de um prussiano*. São Paulo: Expressão Popular, [1844] 2010a.

MARX, K. *Sobre a questão judaica*. São Paulo: Boitempo, [1844] 2010b.

MARX, K. *A ideologia alemã*. São Paulo: Boitempo, [1845-1846] 2007.

MARX, K. *O 18 de brumário de Luís Bonaparte*. São Paulo: Boitempo, [1852] 2011.

MARX, K. *O Capital*. São Paulo: Abril Cultural, 1867/1988. Livro I. Tomo 1. (Coleção Os Economistas).

MARX, K. *O Capital*. São Paulo: Abril Cultural, 1867/1982a. Livro I. Tomo 2. (Coleção Os Economistas).

MARX, K. *Crítica do Programa de Gotha*. São Paulo: Boitempo, [1875] 2012.

MARX, K. *O Capital*. Livro II. São Paulo: Abril Cultural, [1885] 1982b.

MARX, K. *O Capital*. Livro III. Tomos 1 e 2. São Paulo: Abril Cultural, 1895/1982c.

MARX, K. *Les crises du capitalisme*. Texte inédit. Preface de Daniel Bensaïd. Paris: Éditions Demopolis, 2009.

MARX, K. *Teses sobre Feuerbach*. Centaur, 2012.

MARX, K. *Crítica da Filosofia do Direito de Hegel* — Introdução. 3. ed. São Paulo: Boitempo, 2013.

MARX, K.; ENGELS, F. *Manifesto do Partido Comunista*. São Paulo: Cortez, [1848] 1998.

MARX, K.; ENGELS, F. *A Sagrada Família:* ou a crítica da Crítica crítica contra Bruno Bauer e consortes. São Paulo: Boitempo [1845] 2011.

MBEMBE, A. *Necropolítica*: biopoder, soberania, estado de exceção, política da morte. Tradução de Renata Santini. São Paulo: N-1, 2018.

MENDES, Á. *Tempos turbulentos na saúde pública brasileira*. Impasses do financiamento no capitalismo financeirizado. São Paulo: Hucitec, 2012.

MENEGAT, M. *Depois do fim do mundo*: a crise da modernidade e a barbárie. Rio de Janeiro: Relume Dumará/Faperj, 2003.

MENEGAT, M. *O olho da barbárie*. São Paulo: Expressão Popular, 2006.

MENEGAT, M. *Estudos sobre ruínas*. Rio de Janeiro: Revan; Instituto Carioca de Criminologia, 2012. (Coleção Pensamento Criminológico).

MENEGAT, M. *A crítica do capitalismo em tempos de catástrofe*: o giro dos ponteiros do relógio de pulso de um morto. Niterói: Consequência, 2019.

MÉSZÁROS, I. *Para além do capital*. São Paulo: Boitempo; Campinas: Unicamp, 2002.

MILLET, D.; TOUSSAINT, E. (org.). *La dette ou la vie*. Bruxelas: Aden e Liège/ CADTM, 2011.

MONTES, P. *El desorden neoliberal*. Madri: Trotta, 1996.

MOORE JR. B. *As origens sociais da ditadura e da democracia*: senhores e camponeses na construção do mundo moderno. São Paulo: Martins Fontes, 1983.

MOREIRA, E. M. *A contrarreforma agrária no Brasil (1995-2014)*. Tese de doutorado. Rio de Janeiro: PPGSS/UERJ, 2017.

MOTA, A. E. *Cultura da crise e seguridade social*. Um estudo sobre as tendências da Previdência e da Assistência Social brasileira nos anos 80 e 90. São Paulo: Cortez, 1995.

MOURA, R. Consignado: a ilusão do "crédito fácil" como um direito. *Revista Advir*, Rio de Janeiro, n. 36, 2017.

NAVARRO, V. *Neoliberalismo y Estado del bienestar*. 2. ed. Barcelona: Ariel, 1998.

NERI, M. *A nova classe média*: o lado brilhante da base da pirâmide. São Paulo: Saraiva, 2011.

NETTO, J. P. Prólogo: elementos para uma leitura crítica do Manifesto Comunista. *In:* MARX, K.; ENGELS, F. *Manifesto do Partido Comunista*. São Paulo: Cortez, [1848] 1998.

NETTO, J. P *Crise do socialismo e ofensiva neoliberal*. São Paulo: Cortez, 1993.

NETTO, J. P Cinco notas a propósito da "questão social". *Revista Temporalis*, Brasília, n. 3, 2001.

NETTO, J. P. *Capitalismo monopolista e Serviço Social*. 4. ed. São Paulo: Cortez, 2005.

NETTO, J. P. Introdução ao método da teoria social. *Serviço Social*: direitos e competências profissionais. Brasília: CFESS, ABEPSS, 2009.

NETTO, J. P. Posfácio. *In:* COUTINHO, C. N. *O estruturalismo e a miséria da razão*. 2. ed. São Paulo: Expressão Popular, 2010.

NETTO, J. P.; BRAZ, M. *Economia política*: uma introdução crítica. São Paulo: Cortez, 2006.

NOGUEIRA, M. A. *As possibilidades da política*: ideias para uma reforma democrática do Estado. São Paulo: Paz e Terra, 1998.

NOVAES, A. (org.). *Os sentidos da paixão*. São Paulo: Companhia das Letras, 2009.

O'CONNOR, J. *USA*: a crise do estado capitalista. Rio de Janeiro: Paz e Terra, 1977.

OLIVEIRA, F. *Os direitos do antivalor*: a economia política da hegemonia imperfeita. Petrópolis: Vozes, 1998.

OLIVEIRA, F. *Crítica à razão dualista*: o ornitorrinco. São Paulo: Boitempo, 2003.

OLIVEIRA, G. *Fundo público e crise do capital*: expropriação e flexibilização dos direitos dos servidores públicos. Tese de doutorado. Rio de Janeiro: PPGSS/UERJ, 2019.

OSÓRIO, J. *O Estado no centro da mundialização*: a sociedade civil e o tema do poder. São Paulo: Outras Expressões, 2014.

PAIVA, B.; ROCHA, M.; CARRARO, D. Política social na América Latina: ensaio de interpretação a partir da teoria marxista da dependência. *Revista Ser Social*, Brasília, v. 12, n. 26, jan./jun. 2010.

PAIVA, A. B. *et al. O novo regime fiscal e suas implicações para a política de Assistência Social no Brasil*. Nota Técnica, n. 27. Brasília: Ipea, 2016.

PAULANI, L. *Brasil delivery*. São Paulo: Boitempo, 2008.

POCHMANN, M. *Nova classe média?* O trabalho na base da pirâmide social brasileira. São Paulo: Boitempo, 2012.

POULANTZAS, N. *L'état, le pouvoir, le socialisme*. Paris: Les Prairies Ordinaires, [1978] 2013.

ROSANVALLON, P. *A nova questão social*: repensando o Estado Providência. Brasília: Instituto Teotônio Vilela, 1998.

RUBIN, I. I. *A teoria marxista do valor*. São Paulo: Polis, [1928] 1987.

SADER, E. (org.). *Lula e Dilma*: 10 anos de governos pós-neoliberais no Brasil. São Paulo: Boitempo; FLACSO, 2013.

SALVADOR, E. *Fundo público e seguridade social*. São Paulo: Cortez, 2010a.

SALVADOR, E. Crise do capital e o socorro do fundo público. *In*: BOSCHETTI, I. *et al*. (org.). *Capitalismo em crise, política social e direitos*. São Paulo: Cortez, 2010b.

SALVADOR, E. *Renúncias tributárias*: os impactos no financiamento das políticas sociais no Brasil. Brasília: Inesc, 2015.

SALVADOR, E. A desvinculação de recursos orçamentários em tempos de ajuste fiscal. *Revista Advir*, Rio de Janeiro, n. 36, 2017a.

SALVADOR, E. O desmonte do financiamento da seguridade social em contexto de ajuste fiscal. *Revista Serviço Social & Sociedade*, São Paulo, n. 130, 2017b.

SALVADOR, E. Fundo público e conflito distributivo em tempos de ajuste fiscal no Brasil. *In:* CASTRO, J. A.; POCHMAN, M. (org.). *Brasil*: Estado Social contra a barbárie. São Paulo: FPA, 2020.

SALVADOR, E.; BEHRING, E.; LIMA, R. L. (org.). *Crise do capital e fundo público*: implicações para o trabalho, os direitos e a política social. São Paulo: Cortez, 2019.

SALVADOR, E.; TEIXEIRA, S. O. Orçamento e políticas sociais: metodologia de análise na perspectiva crítica. *Revista de Políticas Públicas*, São Luís, v. 18, n. 1, jan./jun. 2014.

SALVADOR, E. *et al.* (org.). *Financeirização, fundo público e política social*. São Paulo: Cortez, 2012.

SANDRONI, P. *Dicionário de economia*. São Paulo: Círculo do Livro, 1985.

SANTOS, S. A forma necessária: ultraneoliberalismo, política social e conservadorismo moral sob o governo Bolsonaro. *Esquerda Online*, 30 ago. 2019. Disponível em: https://esquerdaonline.com.br/2019/08/30/forma-necessaria-ultraneoliberalismo-politica-social-e-conservadorismo-moral-sob-governo-bolsonaro/. Acesso em: 25 jan. 2021.

SANTOS, W. G. *Cidadania e justiça*: a política social na ordem brasileira. Rio de Janeiro: Campus, 1979.

SCORALICH, D. S. A Desvinculação das Receitas da União (DRU) e o ajuste fiscal brasileiro. *Revista ADVIR*, Rio de Janeiro, n. 36, 2017.

SEN, A. *Desenvolvimento como liberdade*. São Paulo: Companhia das Letras, 2000.

SILVA, G. S. *Transferência de renda e capital portador de juros*: uma insidiosa captura. Dissertação de mestrado. Rio de Janeiro: PPGSS/UERJ, 2010.

SILVA, G. S. Transferências de renda e monetização das políticas sociais: estratégia de captura do fundo público pelo capital portador de juros. *In:* SALVADOR, E. *et al.* (org.). *Financeirização, fundo público e política social*. São Paulo: Cortez, 2012.

SILVA, G. S. *BNDES e fundo público no Brasil*: o papel estratégico do Banco no novo padrão de reprodução do capital. Tese de doutorado. Rio de Janeiro: PPGSS/UERJ, 2016.

SILVA, G. S. BNDES nos governos do PT e a reprodução do capital por meio do fundo público. *Revista ADVIR*, Rio de Janeiro, n. 36, 2017.

SINGER, A. *Os sentidos do lulismo*: reforma gradual e pacto conservador. São Paulo: Companhia das Letras, 2012.

SIQUEIRA, L. *Pobreza e Serviço Social*. Diferentes concepções e compromissos políticos. São Paulo: Cortez, 2013.

SOARES, L. T. R. *Ajuste neoliberal e desajuste social na América Latina*. Rio de Janeiro: Vozes, CLACSO e LPP, 2001.

SOUTO MAIOR, J. L. A "reforma" trabalhista gerou os efeitos pretendidos, 2019. Disponível em: https://www.jorgesoutomaior.com/. Acesso em: 25 jan. 2021.

SOUZA FILHO, R. *Fundo público e políticas sociais nos Estados dependentes*: considerações teóricas. Juiz de Fora: Mimeo, 2015a.

SOUZA FILHO, R. *Fundo público e políticas sociais no capitalismo*: considerações teóricas. Juiz de Fora: Mimeo, 2015b.

TAVARES, M. C. *Destruição não criadora*. São Paulo: Record, 1999.

TAVARES, M. C.; FIORI, J. L. *(Des)ajuste global e modernização conservadora*. Rio de Janeiro: Paz e Terra, 1993.

TOUSSAINT, E. *Deuda externa en el Tercer Mundo*: las finanzas contra los pueblos. Caracas: Nueva Sociedad, 1998.

TOUSSAINT, E. La religion du marché. *In:* MILLET, D.; TOUSSAINT, E. *La dette ou la vie*. Bruxelas: Aden e Liège/CADTM, 2011.

TROTSKY, L. *A revolução permanente*. São Paulo: Expressão Popular, [1930] 2007.

TROTSKY, L. *Sobre o fascismo*. Lisboa: Antídoto, [1931] 1976.

TROTSKY, L. *A história da revolução russa*. Rio de Janeiro: Saga, [1932] 1967. v. 1.

TROTSKY, L. *Programa de transição*. São Paulo: Cadernos Democracia Socialista, v. VI, [1938] 1988.

VARELA, R.; ARCARY, V.; DEMIER, F. *O que é uma revolução?*: teoria, história, historiografia. Lisboa: Colibri, 2015.

VIANNA, M. L. T. W. *A americanização (perversa) da seguridade social no Brasil*. Estratégias de bem-estar e políticas públicas. Rio de Janeiro: Revan; IUPERJ; UCAM, 1998.

VVAA. *Manifeste d´économistes atterrés*. Paris: Les Liens qui Libèrent, 2010.

WACQUANT, L. *Punir os pobres*: a nova gestão da miséria nos Estados Unidos. 3. ed. Rio de Janeiro: Revan, 2007.

WOOD, E. M. *Democracia contra o capitalismo*: a renovação do materialismo histórico. São Paulo: Boitempo, 2003.

GRÁFICA PAYM
Tel. [11] 4392-3344
paym@graficapaym.com.br